語言文字叢書

珠三角阡陌間口頭文學田經與其語言特色

馮國強 著

湯序

　　大陸是具有五千年以上[1]文明歷史的農業大國。千百年來，中華民族的祖祖輩輩一貫崇敬「天人合一」、「天地共生」之理念，以農耕為生，尊重自然天道，注重稼穡養殖。

　　這種農耕生活不僅養育了億萬漢民族的後代，也孕育了燦爛的中華文化。其中最能鮮明反映出漢族人民長期農耕生活特點之一的「口頭文學」是豐富的民間農俗諺語，也簡稱為「農諺」。

　　眾所周知，諺語是民間集體創造、廣為流傳、言簡意賅並較為定性的藝術語句，是民眾的豐富生活智慧和普遍人生經驗的規律性總結。而「農諺」則專指農業生產方面的諺語，是農人們在長期農事實踐中總結出來的經驗名句。廣義的農業生產包括農、林、牧、副、漁五業，而「農」之中還包有農作物種植、果蔬栽培、蠶桑養殖、畜牧放養等。加之農業生產離不開土壤、肥料、水分、溫度，以至於季節、氣象、氣候等條件，另外還有緊密的耕種協作，勞作管理等等。這就使得「農諺」所包含的內容必然是多方面而且多層面的。

　　由於大陸疆域廣闊，地大物博。從東到西，由南到北，各自綿延五千多公里，而各地的氣候，物候，地貌、土質則千差萬別，各具特點，因此各地「農諺」均表現出不同的地域色彩。這就是「農諺」所具有的地域特性，即其「地域性」。與此同時，各地域之間又普遍存在著某些相同或者相近的特性，此乃其「普遍性」也。

---

[1] 中國自殷商的甲骨文開始（主要是在商朝早期，約從西元前1600-前1046年）標志著中國進入了「信史時代」。若此，中國有文字記載的歷史約有三千七百多年。

馮國強君是一位相識多年的香港地區大學教員和學者。他在過往幾十年埋頭教書之餘，還潛心從事嶺南地區人民語言、生活、習俗、文化諸方面的學術研究。做到了孜孜不倦，滴水成河。近十數年來他陸續出版了《韶關市區粵語語音編譯研究》、《珠三角水上族群的語言傳承和文化變遷》、《中山市沙田族群的方音傳承及其民俗變遷》、《兩廣海南海洋捕撈漁諺輯注與其語言特色和語彙變遷》、《廣州黃埔區方音與漁農諺和鹹水歌口承民俗的變遷》、《珠三角海洋漁俗文化探微》、《香港白話漁村語音研究》等八部著作。可謂洋洋大觀，作著豐厚。

　　近來馮君又將其新作《珠三角阡陌間口頭文學田經[2]與其語言特色》寄來索序。余閱之後則欣然應允，樂於將此書推介給社會大眾，以饗廣大讀者。

　　馮君《珠三角阡陌間口頭文學田經與其語言特色》（以下簡稱為《珠三角田經》）一書具有下列五點值得稱道之處：其一，作者自一九八二年便開始從事珠三角民間社會的多項語言（方言）、習俗及文化現狀的探究，歷時長達四十餘年之久。這種專注於某特定地區的某些專題進行深入探討的精神是難能可貴的。其二，作者調查的範圍十分廣闊，搜集的語料涉及珠三角的廣大地區[3]，體現了基本語料的廣泛性和豐富性。其三，作者做到始終憑親身施行的實地調查獲取所有實證語料。他做到在每到一地的考察中親自尋找、面談適合的調查對象，親手記錄所有原始語料（包括語音、文字、音檔），實踐了「田野調查」必須做到「實地、實人、實料」的基礎科學方法。其四，作者研究的視野及參閱的範圍囊括了眾多前人已有的研究報告和專書等

2　所謂「田經」即是「農諺」。

3　調查地區涉及廣州從化區、增城區、黃埔區、天河區、白雲區、南沙區；佛山市三水區、南海區、順德區、中山市、深圳經濟特區、東莞市、肇慶市等各個區和鄉鎮。

文獻。[4]讓研究範疇和內容達到一定的「厚度」與「深度」。並因此而具有合符事理的「可信度」。其五，作者試行多學科結合的研究方法，即融合民俗學、語言學、農學、文化學、社會學等多學科角度，詳盡分析並詮釋珠三角農諺的語境、語義、語用、語言結構、修辭特色，從而突顯了珠三角農諺的豐富內涵和學術價值。

就研究報告的論述方法而言，馮君的《珠三角田經》一書，還具有敘述詳細，篇章完整，引證豐富，分析恰當、結構合理等諸多特點。最值得關注的還有，此書最後的第五章專門探討了珠三角地區當今農諺的承傳與傾向瀕危之現象。作者鄭重提出了「加強對農諺價值的認識」的主張，指出繼續廣泛搜集、完整記錄、深入研究、積極傳承農諺的重要性和可行性。因而也更加特顯出進行此類研究工作的迫切性、必要性以及農諺保育價值方面的問題。

學界一般認為，農諺的起源應該與農耕起源是一致的。但農耕的起源應遠早於文字的記載，所以農諺的起源也一定早於有文字以前。前人研究說，現今農諺中「稻如鶯色紅，全得水來供」見之於明末的《沈氏農書》；「寸麥不怕尺水，尺麥但怕寸水」見之於明末的《天工開物》；「無灰不種麥」「收麥如救火」見之於十六世紀初的《便民圖纂》；「六月不熱，五穀不結」見之於十四世紀初的《田家五行》；「正月三白，田公笑赫赫」見之於八世紀初唐朝的《朝野僉載》；「耕而不

---

4 參考文獻計有廣州民間文藝研究會、廣州市群眾藝術館編印《廣州民間成語農諺童謠》（1963年）、廣州市群眾藝術館《粵語農諺參考資料》（1963年6月）、廣東省地理學會科普組主編《廣東農諺》（1983年2月）、三水縣科學技術委員會、科學技術協會印《三水農諺選注》（1984年6月）、中山市民間文學三套集成編委會印《中山諺語》（1988年）、增城縣文聯編印《增城縣民間歌謠、諺語選》（第一集）（1988年11月）、中國民間文學集成全國編輯委員會，中國民間文學集成廣東卷編輯委員會，林澤生本卷主編；馬學良主編《中國諺語集成　廣東卷》（1997年7月）、馮國強《中山市沙田族群的方音承傳及其民俗變遷》（2018年8月）、馮國強《廣州黃埔區方音與漁農諺和鹹水歌口承民俗的變遷》（2021年8月）等。

勞，不如作暴」見之於六世紀的《齊民要術》。

但是古書中引用的農諺時還往往冠曰「諺云」或「古人云」，說明被引用的該句農諺起源更為早。有些農諺甚至可以遠溯至數千年前，如現今浙江農諺：「大樹之下無豐草，大塊之間無美苗」見之於西漢西元前一世紀桓寬的《鹽鐵論・輕重第十四》。「茂林之下無豐草，大塊之間無美苗」、「驟雨不終日，颶風不終朝」與《老子道德經》第二十三章「飄風不終朝，驟雨不終日」相似。

近代大規模的搜集農諺，始見於《中國農諺》一書（正中書局，1941年出版），為費潔心先生（1904-1969，小學校長，中國民俗學會吳興分會會員）所著，已經收有五九五三條農諺，由時令、氣象、作物、飼養、箴言等五大部分組成。

一九八〇年五月中國農業出版社以呂平先生為主編進行了有計劃的全國農諺搜集工作，共得十萬餘條，經過歸併整理分類，最後得三一四〇〇餘條，分成《中國農諺》上下兩冊出版。（上冊731頁，1987年4月出版，下冊649頁），上冊是農作物部分，包括大田作物、棉麻、果蔬、蠶桑、豆類、油料直至花卉為止，共約一六二〇〇餘條。下冊為總論及畜牧、漁業、林業等部分。總論包括土、肥、種、田間管理、水利及氣象等，共約一五二〇〇餘條。

惟進入二十一世紀，大陸社會正大步走向商業化、工業化和現代化。縱觀今日之鄉村，傳統小農耕種式生產正逐漸被工業機械化作業方式所替代。另一方面，伴隨著大批農村青壯年紛紛進城務工，留在農村的人口已大幅減少，而繼續留守在故鄉務農的亦多是中老年農人。可以說，現在農村的生產與生活狀況與昔日已有「天壤之別」。故此反映農村傳統生活和農事生產的傳統農諺逐漸就處於瀕危狀態，趨勢也越來越明顯了。

當值時代變換之時，覺察到繼承和承傳農諺有其必要性及重要

性，馮君毅然擔負起學者的職責，身體力行，奔走於廣東各處，搜集、記錄、整理、分析、銓敘當地民間的農諺語句，其理念、意志、毅力、行為均值得倡導。

願馮君今後能繼續努力，求真、求實，為探究廣東地區民情、民俗、民生及文化做出新的貢獻。

此為序。

（湯志祥）

二〇二四年十一月八日

劉序

　　在這個快節奏、數字化的時代,我們往往容易忽視那些深藏於民間、口耳相傳的寶貴文化遺產。然而,正是這些看似樸素無華、卻蘊含著深厚智慧與生命力的口頭文學,構成了我們民族文化的根基與靈魂。今日,我有幸為馮國強博士的新著作《珠三角阡陌間口頭文學田經與其語言特色》作序,心中滿是激動與敬意。

　　馮國強博士,一位深耕於語言學與民俗文化研究的學者,多年來致力於挖掘、整理與傳承珠三角地區的口頭文學。他的足跡遍布田間地頭,他的耳畔常常迴盪著農夫們口口相傳的諺語。這份對民間文化的熱愛與執著,使他成為了這一領域內的佼佼者,也為我們帶來了這部充滿溫度與深度的佳作。

　　珠三角,這片位於大陸南疆的沃土,自古以來便是農業的繁華之地。這裡的農民,在長期的生產生活中,創造了無數富有哲理與生活氣息的口頭文學。這些文學作品,或描繪四季更疊、天氣變化,或講述農耕、生活瑣事,它們以簡潔明了的語言,傳達著人們對自然的敬畏、對生活的熱愛以及對未來的憧憬。

　　馮國強博士的新作,正是對珠三角地區口頭文學的一次全面梳理與深入挖掘。書中,他不僅詳細記錄了眾多鮮為人知的農諺,更通過對這些文學作品的細緻解讀,揭示了它們背後所蘊含的深厚文化底蘊與民俗風情。這些文學作品,如同一面鏡子,映照出珠三角人民的生活狀態、思想情感與價值觀念。

　　在閱讀這部著作的過程中,我深受觸動。那些原本只存在於口頭

傳唱中的文學作品，經過馮國強博士的整理與呈現，變得鮮活而生動。我彷彿能聽到農民在田間地頭低吟，他們的聲音穿越時空的阻隔，與今天的我們產生共鳴。

值得一提的是，馮國強博士在整理這些口頭文學作品時，並非簡單地羅列與堆砌，而是進行了深入的分析與研究。他運用語言學、民俗學、歷史學等多學科的知識與方法，對作品中的語言特色、文化內涵與歷史背景進行了全面剖析。這種跨學科的視角與方法，不僅使我們對這些文學作品有了更為深刻的理解，也為我們提供了一個全新的視角來審視珠三角地區的文化與歷史。

此外，馮國強博士的新作還具有重要的現實意義。在全球化與現代化的浪潮中，許多地方的口頭文學正面臨著消失的危險。馮國強博士的這部著作，無疑為珠三角地區的口頭文學保護與傳承工作做出了重要貢獻。它為我們提供了一個寶貴的資源庫，讓後來的學者與研究者能夠從中汲取靈感與智慧，繼續推動這一領域的學術研究與發展。

作為一位長期關注與熱愛民間文化的學者，我深知保護與傳承口頭文學的重要性與緊迫性。因此，我衷心希望馮國強博士的這部新作能夠得到廣泛的關注與認可，也希望更多的學者、研究者與愛好者能夠加入到這一領域中來，共同為保護與傳承我們的文化遺產貢獻自己的力量。

Lau（劉鎮發）

二〇二四年十一月一日

目次

湯序 …………………………………………… 湯志祥　I
劉序 …………………………………………… 劉鎮發　VII

第一章　緒言 …………………………………………… 1

　　第一節　農諺 …………………………………………… 1
　　第二節　搜集之困難 …………………………………… 2
　　第三節　研究方法 ……………………………………… 3
　　第四節　研究珠三角農諺的意義和價值 ……………… 4
　　第五節　珠三角農諺研究現狀 ………………………… 4

第二章　珠三角農諺 …………………………………… 7

　　第一節　農諺 …………………………………………… 8
　　第二節　氣候 …………………………………………… 93
　　第三節　畜牧 …………………………………………… 111
　　第四節　生活 …………………………………………… 119
　　第五節　活產 …………………………………………… 122
　　第六節　生產管理 ……………………………………… 129

第三章　珠三角農諺的語言特色……………………131

第一節　修辭……………………………………………131
第二節　押韻……………………………………………139
第三節　ABB式形容詞…………………………………144
第四節　句式結構………………………………………146
第五節　音節結構………………………………………152
第六節　粵方言詞和口語………………………………156
第七節　珠三角農諺語彙的變異………………………167

第四章　農民生計的寫照和智慧的反映……………177

第一節　反映農耕的辛苦方面…………………………177
第二節　反映農耕的樂觀方面…………………………195
第三節　反映農耕的生活智慧…………………………201
第四節　反映農耕的生活哲學…………………………208

第五章　珠三角當今之農諺傳承與瀕危現象………213

第一節　農諺傳承的瀕危現象…………………………213
第二節　加強對農諺價值的認識………………………223

後記………………………………………………………225

參考文獻…………………………………………………229

第一章
緒言

第一節　農諺

　　〔西漢〕范勝之所著的《范勝之書》、〔東漢〕崔寔的《四民月令》、〔北魏〕賈思勰的《齊民要術》，以及〔明〕徐光啟的《農政全書》，均屬於田經類典籍。農諺，作為田經不可或缺的一部分，凝聚了儉樸的智慧與豐富的經驗，這些寶貴的精華深深植根於農耕生活的實踐與對田間細微之處的敏銳觀察之中。這些精煉且富含深意的格言或語句，常在鄉間社群流傳，經由世代口耳相承，傳達有關耕作、氣候、季節更迭、動植物習性、自然災變及農作物管理等諸多方面的知識與指引。農諺不僅是對自然界律則的精妙概括，更是一種生活智慧的體現，勸勉人們秉持敬畏自然、順時而動的價值取向。這些言簡意賅的表述，凝聚了農人對生活、自然及時間的深切領悟，即便在當代社會，亦能發揮啟迪與導向的作用。農諺往往以簡潔明快、押韻或具韻律的形式呈現，以利於記憶與傳續。它們是簡短的句子或詞組，寓意鮮明。在鄉村社群中，這些諺語經由口耳傳遞，常在特定情境下被引述，作為應對農業活動、氣候變化或生活挑戰的智慧提醒。雖然農諺的形式因地域與文化差異而各具特色，但它們共通之處在於，均以簡潔易記的方式，傳達了深邃的智慧與經驗累積。

第二節　搜集之困難

　　搜集農諺是一項頗為艱巨的任務，其難度與搜集漁諺不相上下。在佛山市三水縣的農諺調研過程中，筆者有幸得到一些幹部的推薦，他們引薦筆者認識了農藝師麥昭慶，他長期以來一直致力於搜集和整理三水地區的農諺。早在一九五八年，麥先生便已著手搜集三水農諺。然而，他的專著《三水農諺選注》直至一九八四年才得以問世，且僅為一本內部流通的小冊子，篇幅僅有三十五頁。值得一提的是，這本書也歷經了二十六年的時光才最終公開面世，這足以證明搜集農諺的艱難程度，其搜集難度與漁諺相比，同樣是不易盡數搜集的。筆者是在九〇年代才得以認識麥先生，他正好從美國 Arlando 回國探親，我們因而有幸相識。可惜的是，他的著作已無多餘一本可供贈送，且當時他並未隨身攜帶，為了讓筆者能夠一睹這本珍貴的農諺專著，他便親自帶筆者前往三水縣科學技術委員會進行了抄寫。由於時間不許可停留太久，只能記錄農諺，而注釋卻沒有抄寫下來，筆者感到十分遺憾。

　　近日，筆者在網絡上發現內地的廣東省立中山圖書館和佛山圖書館珍藏了麥昭慶先生的農諺專著。由於這一本書屬於內部流通資料，存在借閱限制，因此一直處於「入藏」狀態，且被歸類為「不流通」圖書，從來沒有人借閱過。鑒於無法直接借出，筆者請了香港樹仁大學圖書館研究支援主任方艷笑小姐協助，通過文獻傳遞的方式，聯繫該圖書館以掃描的形式為筆者獲取這些寶貴資料。約一個月後，來了個好消息，該圖書館終於將《三水農諺選注》掃描成圖像，通過電郵傳過來了，才得以參考。

第三節　研究方法

　　本書通過多種方法進行，涵蓋田野調查、口述傳承、跨學科方法、語言學分析等多方面。

　　田野調查方面。自一九八二年開始調查珠三角漁民的方音、詞彙、漁諺、民俗、鹹水歌等，有空時，便在漁村附近的農村實地調查農諺，與當地農民交流，聽取他們口述的農諺和相關故事。通過與農民的親身交流，深入地瞭解到農諺的實際應用和傳承情況。

　　口述傳承方面。與老一輩的農民交流，記錄下他們所熟知的農諺，並瞭解這些農諺在實際生活中的應用。

　　跨學科方法方面。研究農諺涉及到文化、語言、農業、環境等多個領域。因此，本書採用跨學科的方法，結合民俗學、語言學、農學等多個學科的知識可以更全面地理解農諺的價值和意義。

　　語言學分析方面。對農諺的語言結構、詞彙使用和語義進行分析，幫助研究者更深入地理解農諺的表達方式和含義。

　　此外，本書的撰寫，不按著培育壯秧、排灌水、施肥、土壤、良種、密植、植保、管理等方面處理進行注解和分析，而是按著季節而分或春令、夏令、秋令、冬令、物象、活產、生產管理等進行注解和分析，也就是根據氣候的變化定位，這樣處理比較簡單、清晰且有條理。

　　一切大氣變化的現象，如風、雨、雷、電等，統稱為「氣象」。氣象知識就是要認識立春、雨水、驚蟄、春分、清明、穀雨、立夏、小滿、芒種、夏至、小暑、大暑、立秋、處暑、白露、秋分、寒露、霜降、立冬、小雪、大雪、冬至、小寒、大寒等節氣知識。所以農夫在長期生產、生活實踐中，積累了豐富的反映物候特徵的經驗，這些經驗世代口頭流傳，形成了農諺。當一名農夫確實是不容易的，是需要有氣象知識方能當好一名農夫。

第四節　研究珠三角農諺的意義和價值

　　研究珠三角農諺具有深遠的意義，其涵蓋了智慧和語言層面。在智慧方面，農諺中包含了許多關於人生、道德、人際關係等方面的智慧。透過研究農諺，我們能夠從中汲取實用的生活智慧，指導現代人更好地處理人生困境和抉擇。

　　語言價值方面，農諺作為一種特殊的口頭表達方式，擁有獨特的文化價值和語言特點，在語言與表達的研究領域提供了寶貴的資源和視角。透過對農諺的研究，我們可以深入瞭解不僅是其表達方式，還有其中隱含的隱喻和修辭手法，進而豐富我們對語言的理解。這種研究不僅能夠解析農諺的內涵和文化意義，同時也有助於拓展語言學的研究範疇，使其更加全面和多元。因此，研究農諺不僅有助於保護和傳承珍貴的民間智慧，同時也為語言學和表達研究領域帶來了新的視野和突破。借助農諺的研究，我們能夠深入挖掘中國的智慧寶庫，學會如何處理生活中的瑣碎問題，並從中獲得實用的人生智慧。同時，透過對農諺的語言分析和研究，我們能夠深入瞭解語言的多樣性和表達的多元性，豐富我們對語言的理解和認識，同時也為語言學和研究帶來了新的視野和突破，進一步豐富了我們的文化遺產和學術領域。

第五節　珠三角農諺研究現狀

　　著作方面，有《廣東農諺集》[1]、《廣州民間成語農諺童謠》[2]、

1　廣東省土壤普查鑑定委員會編：《廣東農諺集》（缺出版社資料，1962年）。
2　廣州民間文藝研究會、廣州市群眾藝術館編印：《廣州民間成語農諺童謠》（廣州市：廣州民間文藝研究會、廣州市群眾藝術館編印，1963年）。

《粵語農諺參考資料》[3]、《廣東農諺》[4]、《三水農諺選注》[5]、《中山諺語》[6]、《增城縣民間歌謠、諺語選》(第一集)[7]、《中國諺語集成 廣東卷》[8]、《中山市沙田族群的方音承傳及其民俗變遷》[9]、《廣州黃埔區方音與漁農諺和鹹水歌口承民俗的變遷》[10]等。《三水農諺選注》、《中山市沙田族群的方音承傳及其民俗變遷》、《廣州黃埔區方音與漁農諺和鹹水歌口承民俗的變遷》有進行過注解,其餘的書只是排列出一堆農諺而已。期刊論文方面,有何婉萍〈廣州話農諺初探〉[11]。從現有文獻來看,有關珠三角地區農諺的研究僅有何婉萍的《廣州話農諺初探》這一篇論文,而在書籍方面,也僅有《廣州黃埔區方音與漁農諺和鹹水歌口承民俗的變遷》這一部著作涉及該領域。專門針對珠三角地區農諺的研究,則幾乎可以說是空白。

---

3 廣州市群眾藝術館:《粵語農諺參考資料》(廣州市:廣州市群眾藝術館,1963年6月)。
4 廣東省地理學會科普組主編:《廣東農諺》(北京市:科學普及出版社;廣州分社,1983年2月)。
5 麥昭慶編注:《三水農諺選注》(三水縣:三水縣科學技術委員會、科學技術協會印,1984年6月)。
6 中山市民間文學三套集成編委會印:《中山諺語》(中山市:中山市民間文學三套集成編委會印,1988年)。
7 增城縣文聯編印:《增城縣民間歌謠、諺語選》(增城縣:增城縣文聯,1988年11月),第一集。
8 中國民間文學集成全國編輯委員會、中國民間文學集成廣東卷編輯委員會、馬學良主編;林澤生本卷主編:《中國諺語集成 廣東卷》(北京市:中國ISBN中心,1997年7月)。
9 馮國強:《中山市沙田族群的方音承傳及其民俗變遷》(臺北市:萬卷樓圖書公司,2018年8月)。
10 馮國強:《廣州黃埔區方音與漁農諺和鹹水歌口承民俗的變遷》(臺北市:萬卷樓圖書公司,2021年8月)。
11 何婉萍:〈廣州話農諺初探〉,《商丘職業技術學院學報》第12卷第6期(商丘市:商丘職業技術學院學報編輯,2013年12月),頁85-87。

第二章
珠三角農諺

　　一般的語言調查，主要是針對一個語言的語音、詞彙、語法來調查；關於農諺、漁諺的調查難度比一般語言調查還要高，如果調查一個語言的語音、詞彙和語法，我們可以設計一個針對性的語言調查表，但是「漁諺調查表」、「農諺調查表」無從設計起，坊間也沒有這類「調查表」作指導，因此，筆者調查這些漁農諺是花了漫長時間方能搜集出來。這些漁農諺並非憑空捏造，而是需要與調查對象在適當的語境下互動才能激發出來。這一點，筆者在《兩廣海南海洋捕撈漁諺輯注與其語言特色和語彙變遷》中已有提及。例如，張憲昌、梁玉璘、馬振坤編撰的《南海漁諺拾零》一書，便耗費了二十多年的時間才完成了四百多條漁諺的搜集。筆者從一九八二年開始搜集漁諺，直至二〇二〇年才告一段落，卻也僅搜集到三百六十五條。這足以說明，作為口頭文學的漁諺，其搜集難度之大。在農諺方面，農藝師麥昭慶先生的著作同樣歷時二十六年才得以問世。他搜集了一千多條農諺，最終精選出二〇三條進行編注，這些被選中的農諺均力求符合當前生產實際，並經驗證具有實際應用價值。這顯示出，具有實際生產價值的農諺並不多。麥先生的《三水農諺選注》這本小書，從搜集到出版，歷時甚至超過了《南海漁諺拾零》，雖然搜集的數量眾多，但有價值的農諺數量卻少於後者。

第一節　農諺

　　農諺為莊稼話，也稱作田經。農諺是歷代農民口頭流傳關於農業生產經驗的結晶，是農民長期生活和生產實踐經驗的概括和總結，是農業遺產中極其豐富的一個組成部分。農諺的特點跟漁諺一樣，是高度概括，簡短通俗，語言音律和諧，合轍押韻，目的便於記誦。內容以反映物候、生產經驗、氣象，由於它是人民在長期生產勞動中積累的經驗結晶，故此農諺的內容是實事求是，符合科學的道理。

　　農諺來源方面，田野調查方面，主要是來自廣州從化區、增城區、黃埔區、天河區、白雲區、南沙區；佛山市三水區、南海區、順德區、中山市、深圳經濟特區、東莞市、肇慶市等各個區和鄉鎮進行過田野調查，部分則是參考了廣州民間文藝研究會、廣州市群眾藝術館編印《廣州民間成語農諺童謠》（1963年）、廣州市群眾藝術館《粵語農諺參考資料》（1963年6月）、廣東省地理學會科普組主編《廣東農諺》（1983年2月）、三水縣科學技術委員會、科學技術協會印《三水農諺選注》（1984年6月）、中山市民間文學三套集成編委會印《中山諺語》（1988年）、增城縣文聯編印《增城縣民間歌謠、諺語選》（第一集）（1988年11月）、中國民間文學集成全國編輯委員會，中國民間文學集成廣東卷編輯委員會，林澤生本卷主編；馬學良主編《中國諺語集成　廣東卷》（1997年7月）、馮國強《中山市沙田族群的方音承傳及其民俗變遷》（2018年8月）、馮國強《廣州黃埔區方音與漁農諺和鹹水歌口承民俗的變遷》（2021年8月）等。

（一）春令

1 春分秋分，晝夜均勻寒暑平；春分日日暖，秋分夜夜寒（廣州黃埔）

tʃʰɵn⁵⁵fen⁵⁵tʃʰeu⁵⁵fen⁵⁵，tʃeu³³jɛ²²kwen⁵⁵wen²¹hɔn²¹ʃy³⁵pʰeŋ²¹；
tʃʰɵn⁵⁵fen⁵⁵jet²jet²nyn¹³，tʃʰeu⁵⁵fen⁵⁵jɛ²²jɛ²²hɔn²¹

　　春分此節氣從每年太陽到達黃經○度時（即春分點，三月二十一日前後）開始。此日陽光直射赤道，晝夜均勻寒暑平，往後則逐漸日長夜短，天氣漸暖。[1]這句諺語反映了春分和秋分兩個節氣在自然界中的特點變化，以及它們對於農業活動的影響。這種觀察和理解自然節氣的變化，有助於農民們選擇合適的時機進行農作物的種植和收穫，以獲得最好的農作物產量。

2 春寒雨至，冬雨汗流（廣州黃埔）

tʃʰɵn⁵⁵hɔn²¹jy¹³tʃi³³，toŋ⁵⁵jy¹³hɔn²²leu²¹

　　就是說冬天回南時常下雨，熱得發汗，春暖要北風來才有雨下，冬季回暖，天氣也常引來南風。例如：在一月中，冷鋒後的晴冷天中，每因冷氣變性引來越南低壓，南風自海登陸，形成冬季陰曇溫暖天，可持續二至三日。冬春一月至三月間放晴回暖天也可引入南風，形成高溫達攝氏二十三度的濕熱天氣，持續達五日。[2]這句珠三角農

---

[1] 蕭亭主編；廣東省地方史志編纂委員會編：《廣東省志　風俗志》（廣州市：廣東人民出版社，2002年8月），頁39。武平縣民間文學集成編委會編：《中國諺語集成　福建卷：武平縣分卷》（武平縣：武平縣民間文學集成編委會，1993年1月），頁173。

[2] 曾昭璇著：《廣州歷史地理》（廣州市：廣東人民出版社，1991年5月），頁130-131。

諺的深層含義在於提醒人們，對於自然變化的觀察和理解是我們與環境和諧相處的基礎。透過對氣候變化的觀察和經驗累積，我們可以更好地預測和應對不同季節的氣候變化，使得農業生產和人們的生活更為順利和可持續。同時，這句諺語也反映了中國農民智慧的重要價值，他們通過長期的觀察和實踐，為我們提供了許多有價值的生活智慧和經驗。

3 正月冷牛，二月冷馬，三月冷死蒔田阿媽（廣州黃埔）

tʃeŋ^{55}jyt^{2}laŋ^{13}ŋeu^{21}，ji^{22}jyt^{2}laŋ^{13}ma^{13}，
ʃam^{55}jyt^{2}laŋ^{13}ʃei^{35}ʃi^{21}tʰin^{21}a^{33}ma^{55}

蒔田，插秧之意。此農諺，在廣東一帶有變異文本，廣州花縣稱「正月冷牛，二月冷馬，三月冷死蒔田媽」、[3]白雲區人和鎮稱「正月冷牛，二月冷馬，三月冷壞蒔田阿阿爸」、[4]仁化縣稱「正月冷牛，二月冷馬，三月冷死耕田者」、[5]羅定稱「正月冷牛，二月冷馬，三月冷死插田嫲」、[6]韶關市稱「正月冷牛，二月冷馬，三月冷死插嬤」、[7]廣西桂平稱「正月冷牛，二月冷馬，三月冷著插田母」和「正月冷牛，

---

3 廣東省地理學會科普組主編：《廣東農諺》（北京市：科學普及出版社；廣州分社，1983年2月），頁45。

4 廣州市白雲區人和鎮政府編：《廣州市白雲區人和鎮志》（人和鎮：廣州市白雲區人和鎮政府，1997年），頁279。

5 仁化縣地方志編纂委員會編：《仁化縣志》（北京市：方志出版社，2014年4月），頁556。

6 羅定市社會科學聯合會編：《羅定歷史藝文選》（北京市：華夏文藝出版社，2019年3月），頁295。

7 韶關市地方志編纂委員會編：《韶關市志　下》（北京市：中華書局，2001年7月），頁2333。

二月冷馬，三月冷死插田母」，[8]這句珠三角農諺「正月冷牛，二月冷馬，三月冷死蒔田阿媽」在一種生動幽默的表達方式下，寓意著不同月份的寒冷程度和其對農事的影響。其中，「正月冷牛」指的是一月份天氣寒冷，甚至足以讓牛感到冷，暗示著嚴寒的氣溫。接著的「二月冷馬」則表示在二月份寒冷的氣候中，連馬也可能感到寒冷，突顯了寒冷的程度。而「三月冷死蒔田阿媽」則描繪了三月份的寒冷程度達到了極致，甚至連耕田的阿媽也可能受到寒冷的困擾。這句珠三角農諺「正月冷牛，二月冷馬，三月冷死蒔田阿媽」通過將不同的農事月份與寒冷程度相連結，強調了農民對於氣象變化的關注和對季節變化的敏感性。它提醒農民要隨時關注天氣，根據季節變化調整農業活動，以確保農作物的順利種植和生長。

4 穀雨無雨，交還田主（廣州黃埔）

kok^{5}jy^{13}mou^{13}jy^{13}，kau^{55}wan^{21}t^{h}in^{21}tʃy^{35}

這句珠三角農諺「穀雨無雨，交還田主」蘊含了對於農作物生長和季節轉變的深刻理解。「穀雨」是二十四節氣中的一個重要節氣，通常落於每年四月二十日前後，也是春季的關鍵時刻。這個農諺暗示著在穀雨時節，農民急需降雨以插秧耕作，然而如果此時卻遭遇乾旱，無法進行農事，可能導致早期作物失收的風險。因此，「穀雨無雨，交還田主」意味著如果穀雨時節沒有及時的雨水，農民就不得不放棄這塊田地，將其歸還給田主，因為缺水將無法成功種植。這句諺語強調了春季作物種植的關鍵性，以及氣象因素對於農業生產的重要影響。同時，它也突顯出農民在與自然作鬥爭時所需的智慧和靈活

---

8 《語海》編輯委員會編：《語海》（上海市：上海文藝出版社，2000年1月），頁637。

性，因為天氣不確定性對於農業生產帶來了持續的挑戰。[9]這句農諺反映了珠三角地區的農民對自然現象的敬畏和尊重。他們認為自然是農業生產的基礎，因此在進行農事活動時需要尊重自然、遵循自然規律。當天氣條件不利時，他們會意識到人類無法完全控制自然，只能盡力適應和應對。這種態度體現了農民對自然的敬畏之心，以及他們在與自然和諧共處的過程中所展現出的智慧。

5 驚蟄前三晝，下秧齊動手；驚蟄風，一去永無蹤；驚蟄無風，冷到芒種；未曾驚蟄先開口，冷到農夫有氣抖（廣州黃埔）

keŋ⁵⁵tʃek²tʃʰin²¹ʃam⁵⁵tʃɐu³³, ha²²jœŋ⁵⁵tʃʰei²¹toŋ²²ʃɐu³⁵;
keŋ⁵⁵tʃek²foŋ⁵⁵, jɐt⁵høy³³weŋ¹³mou²¹tʃoŋ⁵⁵;
keŋ⁵⁵tʃek²mou¹³foŋ⁵⁵, laŋ¹³tou³³mɔŋ²¹tʃoŋ³³;
mei²²tʃʰɐŋ²¹keŋ⁵⁵tʃek²ʃin⁵⁵hɔi⁵⁵hɐu³⁵,
laŋ¹³tou³³loŋ²¹fu⁵⁵mou¹³hei³³tʰɐu³⁵

中山市沙溪鎮則稱「驚蟄有風永無凍，驚蟄無風冷到芒種」。[10]這句諺語明確地指出了驚蟄節氣的起始點，當太陽到達特定的黃經攝氏三四五度時，意味著氣溫開始漸暖，春天的徵兆也隨之而來。驚蟄時，地下冬眠的昆蟲開始蘇醒，春雷初次響起，象徵著冬眠的生命重新活躍。同時，這是春耕開始的時節，農民開始播種，為新一季的農作物種植做好準備。該諺語中的「驚蟄前三晝，下秧齊動手」表達了民間的觀察和經驗，認為在驚蟄前的三天內，農民可以開始下種耕

---

9 參考蕭亭主編；廣東省地方史志編纂委員會編：《廣東省志　風俗志》（廣州市：廣東人民出版社，2002年8月），頁39。
10 中山市沙溪鎮人民政府編：《沙溪鎮志》（廣州市：花城出版社，1999年6月），頁422。

作，這是一個重要的時機。而「驚蟄風，一去永無蹤」則強調了驚蟄風短暫而強烈的特性，暗示著這種風一旦過去，將不會再出現。另外，「驚蟄無風，冷到芒種」則表達了如果驚蟄時缺乏風，天氣可能會持續寒冷，進而影響到後續的芒種節氣，可能對農作物的生長產生不利影響。這句珠三角農諺反映了廣東省農民對於春季節氣轉變和農作物種植時機的敏感度和深刻理解，並且他們會根據這些變化來調整自己的農事活動。

6　三月大，擔秧過嶺賣（廣州黃埔）

　　ʃam⁵⁵jyt²tai²², tam⁵⁵jœŋ⁵⁵kwɔ³³lɛŋ¹³mai²²

　　這句農諺描述了在珠三角地區春季的農事安排，特別是在三月份進行的擔秧和出售活動。農曆三月是大月，氣候正常穩定，秧苗生長旺盛，同樣播種一樣穀種，無憂缺少秧苗，甚至有多餘的秧苗去賣。[11] 這句珠三角農諺展示了農民在春季進行擔秧和出售的活動。他們通過合理的農事安排和市場策略來確保農作物的生長和收成，以獲得更好的經濟效益。

7　立春晴一天，農夫不用力（廣州黃埔）

　　lap²tʃʰɐn⁵⁵tʃʰeŋ²¹jɐt⁵tʰin⁵⁵, noŋ²¹fu⁵⁵pɐt⁵joŋ²²lek²

　　立春是中國二十四節氣之一，通常出現在二月三日或四日左右。這句話指的是在立春這一天，天空晴朗無雲，這樣當年便不會遭受旱

---

[11] 中山市沙溪鎮人民政府編：《沙溪鎮志》（廣州市：花城出版社，1999年6月），頁422。

潦之災，莊稼可望豐收。「農夫不用力」是指當立春這一天天氣晴朗時，因為晴朗的天氣意味著較為適宜的工作環境，農民可以輕鬆地進行農事活動，農民們不需要花費太多的體力進行農事勞作。這句農諺強調了農民對於天氣的敏感性以及他們如何根據節氣和天氣變化來合理安排農事活動。晴朗的立春意味著農夫們可以更加輕鬆地進行農業工作，並且對於當年的農產收成充滿了期待。這種智慧的農事安排有助於提高農產品的產量和品質。

8　春寒雨至（廣州黃埔）

tsʰɵn⁵⁵hɔn²¹jy¹³tʃi³³

　　低溫陰雨和長陰雨（連陰雨）是華南春季的主要冷害。嶺南春早，二到四月是華南春耕春收春種的大忙季節，而此時大氣多變，影響生產，而低溫陰雨就是這一時期的主要災害性天氣，經常性的出現，尤其北部和中部；長陰雨則週期性的出現。低溫陰雨過程標準是春季日平均氣溫低於攝氏十二度，且持續三天以上。由於此時冷暖氣流交匯於華南，因此常伴有綿綿陰雨，農諺便有「春寒雨至」的說法。當氣溫愈低，持續時間愈長、危害也愈大。低溫陰雨天氣，不僅對早稻的安全育秧影響甚大，而且晚稻生產有時也因整個生產季節的推遲而推遲。如一九七六年，早稻遇到嚴重陰雨，據不完全統計，僅兩廣損失穀種約五億斤，而且晚稻也因推遲而遇到寒露風而造成重大損失。[12]「春寒雨至」這句農諺提醒農民關注春季氣象變化，特別是低溫陰雨，以便更好地應對不利的氣象條件，最大程度地保護農作物

---

12 國家科學技術委員會編：《氣候》（北京市：科學技術文獻出版社，1990年11月），頁330-331。

的生長和收成。它反映了農民對自然環境的敏感性,以及他們如何依賴氣象現象來安排農業生產。

9　清明下秧,穀雨蒔田(插秧)(廣州黃埔)

tsʰeŋ⁵⁵meŋ²¹ha²²jœŋ⁵⁵,kok⁵jy¹³ʃi²¹tʰin²¹

一九四九年前,清明下秧,穀雨蒔田。秧苗生長一段時間後,早上揭開薄膜,利用陽光升溫;晚間覆蓋保暖,以保證秧苗生長。由於有了薄膜,下秧的時間比一九四九年前提早一個節令。[13]「清明下秧,穀雨蒔田」這句農諺強調了春季農事的時機選擇和農業生產的靈活性。農民通過在清明時期種植早熟農作物,並在穀雨期間種植晚熟農作物,最大程度地利用了氣溫和降雨的變化,以確保農作物的生長和產量。同時,薄膜覆蓋技術的應用也反映了農民不斷探索和應用現代農業技術,以提高農產品的質量和產量。

10　春分亂紛紛,農村無閒人(廣州黃埔)

tsʰɵn⁵⁵fen⁵⁵lyn²²fen⁵⁵fen⁵⁵,noŋ²¹tsʰyn⁵⁵mou¹³han²¹jen²¹

春分日太陽直射赤道,這一天全球晝夜各為十二小時。以後,太陽逐漸北移,直射到北半球,溫度迅速回升,寒潮活動只在個別年份有出現,但仍有些冷空氣活動。廣東大部分地區的溫度都在攝氏十八度以上,這個時期標誌著春季正式開始,農作物開始生長,需要忙於田間勞作,包括耕種、種植、施肥、管理農作物等。這個時期的農事

---

13 廣州市白雲區蘿崗鎮人民政府修編:《廣州市白雲區蘿崗鎮志》(廣州市:廣州市白雲區地方志辦公室,2001年),頁40。

繁忙是因為農作物需要及時得到關心和管理，以確保它們能夠健康地生長。因此，農民在春分時節通常沒有太多的空閒時間，忙碌於農事工作。「春分亂紛紛，農村無閒人」正是這時期的寫照。[14]這句珠三角農諺反映了珠三角地區農民在春分時節的忙碌和對農事工作的重視。他們通過合理的農事安排和努力工作來追求豐收的目標，同時也傳承了傳統的農業知識和經驗。

11　二月清明莫在前，三月清明莫在後（廣州黃埔）

$ji^2jyt^2tʃ^hen^{55}men^{21}mɔk^2tʃɔi^{22}tʃ^hin^{21}$，
$ʃam^{55}jyt^2tʃ^hen^{55}men^{21}mɔk^2tʃɔi^{22}hɐu^{22}$

這句農諺強調了春季清明節的時機選擇，特別是在二月和三月的清明節的日期安排。指早造插秧季節，如果清明在農曆二月宜清明後插，三月清明要在清明前插。[15]這句珠三角農諺反映了珠三角地區農民對於春季清明節的時機選擇以及早造插秧季節的重要性。他們通過合理的農事安排和努力工作來追求豐收的目標，同時也傳承了傳統的農業知識和經驗。

12　清明穀雨時，插田莫遲疑（廣州黃埔）

$tʃ^hen^{55}men^{21}kok^5jy^{13}ʃi^{21}$，$tʃ^hap^3t^hin^{21}mɔk^2tʃ^hi^{21}ji^{21}$

這句農諺強調了春季的兩個節氣，即清明和穀雨，以及在這兩個

14　這句農諺，部分參考了徐蕾如著：《廣東二十四節氣氣候》（廣州市：廣東科技出版社，1986年7月），頁16。
15　廣東省土壤普查鑑定委員會編：《廣東農諺集》（缺出版社資料，1962年），頁17。

時期進行田地耕作的重要性。「清明穀雨時，插田莫遲疑」這句話意味著在清明和穀雨這兩個節氣時，不要猶豫，應該及時進行田地的耕作和農事活動。清明是中國二十四節氣之一，通常出現在四月四日或五日，而穀雨則出現在四月十九日或二十日左右。這兩個節氣標誌著春季的深入，適宜進行田地的準備和種植工作。因此，整句農諺強調了在清明和穀雨這兩個節氣時，不要猶豫或拖延，而是要抓住時機，及時開始田地的耕作和種植。這是因為這兩個節氣時氣溫適宜，土壤開始回暖，是農作物生長的良好時機。農民應該抓住這兩個時期，確保農事活動的順利進行，以便獲得更好的農業產量。這句農諺反映了農民對季節變化和節氣的敏感性，以及在農事決策中的實際考慮。簡單總結一句，就是清明節前後，插秧最適宜，因早造生長要有三個月，過了穀雨插秧必然減產。[16]這句珠三角農諺反映了農民們對於清明和穀雨這兩個節氣的重視，以及在農業生產中抓住時機進行及時耕作的重要性。這體現了農民們對於自然環境和農業生產中的季節變化和節氣規律的敏感和理解。

13　春寒春暖，春暖春寒（廣州黃埔）

tʃʰɵn⁵⁵hɔn²¹tʃʰɵn⁵⁵nyn¹³，tʃʰɵn⁵⁵nyn¹³tʃʰɵn⁵⁵hɔn²¹

廣州風候，大抵三冬多暖，至春初乃有數日極寒，冬間寒不二三日復暖[17]……立春日宜微寒，諺曰：「春寒春暖，春暖春寒」。一春寒暖，以立春卜之。立春又宜晴，諺曰：「春晴一春晴，春陰一春陰」。

---

16 葉春生著：《廣府民俗》（廣州市：廣東人民出版社，2000年6月），頁84。
17 〔明遺民〕屈大均：《廣東新語》（北京市：北京愛如生數字化技術研究中心據〔清〕康熙庚辰三十九年〔1700〕水天閣刻本影印，2009年），卷一：〈天語‧風候〉，頁13下。

元日則宜微雨，宜北風，宜西北東北風，不宜南風、東風。有微雨而北風則寒，寒亦春暖之兆。又以日權水輕重，以知雨多少，日直其月，至十二日則止，以測十二月之水旱，寒則水重而多雨，為豐年之兆。[18] 這句農諺反映了農民在廣州地區春季氣候的不確定性，以及他們通過觀察氣象變化來預測和應對春季農業生產的方式。它強調了春季天氣的多變性，並提醒農民們要密切關注氣象，以確保農業生產的成功。

14　立春宜微寒（廣州黃埔）

　　　lap²tʃʰɐn⁵⁵ji²¹mei²¹hɔn²¹

　　意思同「春寒春暖，春暖春寒」。[19]

15　清明暗，西水不離磡。（廣州黃埔、中山小欖）

　　　tʃʰeŋ⁵⁵meŋ²¹ɐm³³，ʃɐi⁵⁵ʃøy³⁵pɐt⁵lei²¹hɐm³³

　　西水，指西江水。磡，指岸邊。全句的意思是清明有烏雲，預示江水大，水浪不停打岸邊。這句農諺強調了在清明節期間觀察天氣和江水水位的重要性。農民通常會根據清明當天的天氣情況來預測可能的洪水和氣象災害，以便採取必要的措施來保護農作物和農田，確保農業生產的順利進行。

18　〔明遺民〕屈大均著：《廣東新語》（北京市：北京愛如生數字化技術研究中心據〔清〕康熙庚辰三十九年〔1700〕水天閣刻本影印，2009年），卷一：〈天語‧風候〉，頁13下-15上。

19　〔明遺民〕屈大均著：《廣東新語》（北京市：北京愛如生數字化技術研究中心據〔清〕康熙庚辰三十九年〔1700〕水天閣刻本影印，2009年），卷一：〈天語‧風候〉，頁14下-15上。

16 春霧晴，夏霧雨，秋霧雨，冬霧主寒。（廣州黃埔區、廣州天河區、佛山高明、肇慶市四會）[20]

tʃʰɵn⁵⁵mou²²tʃʰeŋ²¹，ha²²mou²²jy¹³，
tʃʰɐu⁵⁵mou²²jy¹³，toŋ⁵⁵mou²²tʃy³⁵hɔn²¹

　　廣州地處熱帶，但在冬、春、秋三季有冷氣南侵，始有霧發生，故一年四季都有霧生成。《南海縣志》稱：「春霧晴，秋霧雨」。這些經驗一直留傳到今天，如「春霧晴」到今天仍可用。霧是地面的水汽凝結成小水點，在地表飄浮空中，形成一片妨礙人們視線的白霧。霧水白色主要是反射太陽光所成，所以霧是不透光的。因此，大霧時，飛機、船、車都要停航，影響交通很大。其實霧和雲是一樣的東西，在山頂入雲深處，也是如在霧中。霧如果升離地面就可和雲層連合，在晴天又可自己成雲。春天多霧主要是由於冷氣南侵多。地表冷一些，把水汽冷卻成小水滴，故春霧多濕顯示冷流退卻或暖氣前進時，受冷地面卻凝結成霧。這種霧是晴天的前奏，故「春霧晴」。有時冷氣南下後，冷鋒過去，鋒後地面冷卻了水氣，也可以成霧；這種霧也

---

20 《蓮下鎮志》編纂委員會編：《蓮下鎮志》（廣州市：廣東人民出版社；廣東省出版集團》（2011年12月），頁334。蓮下鎮是位於汕頭市澄海區。此農諺也見於廣西昭平縣。《昭平縣志》編纂委員會編：《昭平縣志》（南寧市：廣西人民出版社，1992年11月），頁86。此農諺也見於中山市。馮林潤著：《沙田拾趣》（北京市：中國文聯出版社，2001年3月），頁172。此農諺也見於東莞市道滘鎮。東莞市道滘鎮志編纂委員會編：《東莞市道滘鎮志》（北京市：方志出版社，2019年6月），頁1048。此農諺也見於廣西玉林市文學藝術界聯合會編：《玉林民間文學選粹》（桂林市：灕江出版社，2018年12月），頁276。也見於佛山高明、南海；廣州番禺和深圳；高要區（廣東省肇慶市轄區）、也見於廣西橫縣；湖北省咸寧市。這一條農諺很有普遍性。南海，見於喬盛西、唐文雅主編；廣州市地方志編纂委員會辦公室、湖北省氣候應用研究所編：《廣州地區舊志氣候史料匯編與研究》（廣州市：廣東人民出版社，1993年9月）。這一條也見於中山市民眾鎮。

是晴天的表示，因為在冷空氣控制下天氣也可以晴朗為特色。由於廣州地溫高，故很少像英國倫敦和重慶那樣，日出不散。夏天早晨在濕氣很重的地方也會因夜間地面散熱多而變冷，使地面水汽受冷卻成霧，這是地面較涼的原故。故發生夏霧以在初夏和晚夏為多。南來氣流特別暖濕，不穩定的南風氣流也能成霧，因而下霧即為下雨之兆，故有「夏霧雨」之稱。這時氣溫一般較低，故志稱「夏霧不暑」是有道理的。「冬霧不寒」是因為冬天本來乾燥，地面冷而不會成霧，故需回南天，有濕氣流吹入才會在冷地面上形成霧。所以冬季回南多霧，故有時訪問郊區農民，他們會說「冬霧主寒」。如一九六八年二月二十七日陰雨冷天放晴後，二十八日晴天晚九時即有大霧，二十九日九時始散，人行如在雲中，三月一日又有寒潮來。總之，霧是地表水汽一種凝結現象，四季可生，是隨當時天氣情況而定，但總的成因不外二條：一條是冷暖氣流相遇的天氣條件，一條是早午溫差大的條件。廣州有「十霧九晴」之諺，即指輻射霧而言。夜間有霧卻是變壞天氣，因晚霧會使雲層增厚。有時陰天有霧也是壞天氣的預兆，即雲層加厚，霧不易消失。如果霧像毛毛雨更是下雨的前奏，因為這種現象，是冷暖氣流接觸的結果。如在冷鋒的前緣和低壓的前鋒。所以廣州有「早霧晴，夜霧陰」的諺語。「霧收不起，大雨不止」也屬這種情況。春夏間的霧多屬此類，這種霧稱為平流霧或接觸霧。[21]這句珠三角農諺反映了珠江三角洲地區的氣候特點和農事經驗。它通過觀察四季的霧氣現象，來判斷未來的天氣情況，從而為農業生產提供指導。同時，這也體現了珠江三角洲地區農民們對於自然環境的深刻理解和對於農業生產的深入認識。

---

21 曾昭璇著：《廣州歷史地理》（廣州市：廣東人民出版社，1991年5月），頁142-144。

17　春陰百日陰，春晴百日晴（廣州黃埔區）

tsʰɐn⁵⁵jɐm⁵⁵pak³jɐt²jɐm⁵⁵，tsʰɐn⁵⁵tsʰeŋ²¹pak³jɐt²tsʰeŋ²¹

　　立春日有陰雨，預兆春播期間低溫陰雨天氣多，爛秧天氣偏重。立春日天氣晴好、暖和，吹南風，預兆春播期間天氣較好，少爛秧天氣。這農諺也出現在福建省建甌市吉陽鎮。[22]這條農諺也適用於汕尾漁諺。[23]這句珠三角農諺反映了農民們對於春季天氣的預測和農事活動的安排。通過觀察立春那一天的天氣情況，可以預測後續春季天氣的影響，從而為農作物的種植和生長做出更好的決策。同時，這也體現了古代農民們對於自然環境和天氣的敬畏以及他們豐富的農事經驗。

18　二月東風大旱天，三月東風水責田[24]（中山市民眾鎮）

ji²²jyt²toŋ⁵⁵foŋ⁵⁵tai²²hɔn¹³tʰin⁵⁵，
ʃam⁵⁵jyt²toŋ⁵⁵foŋ⁵⁵ʃɵy³⁵tʃat³tʰin²¹

　　責，意為「壓」的意思。農曆二月吹東風，則天暖陽光充足，偏旱；農曆三月連續吹東風，則潮水必大，低田可能被潮水所壓。[25]此

---

22 廣西桂平縣《農村氣象》編寫組編：《農村氣象》（桂平：廣西桂平縣《桂平縣：農村氣象》編寫組，1976年9月），頁205。朱健偉、陳洪光主編，吉陽鎮志編纂委員會編：《福建省建甌市吉陽鎮志》（建甌市：建甌市宏發彩印廠，1999年8月），頁33。
23 陳鍾編著：《白話魚類學》（北京市：海洋出版社，2003年11月），頁240。
24 廣東惠州市龍門稱作「二月東風大旱天，三月東風水浸田」。龍門縣地方志編纂委員會編：《龍門縣志》（北京市：新華出版社，1995年9月），頁757。
　　此農諺也見於廣東省湛江市吳川縣。《吳川民間文學精選》編委會編：《吳川民間文學精選》（廣州市：廣州文化出版社，1989年9月），頁327。
25 《中山市民眾鎮志》編纂委員會編：《中山市民眾鎮志》（廣州市：廣東人民出版社，2018年7月），頁502。

農諺也是漁諺，見於廣東珠海市。[26]這句農諺反映了農民對春季天氣和氣象條件的敏感性，以及他們試圖通過觀察和記錄不同時期的風向和氣象變化，以預測農業生產條件。東風在不同的時期可能具有不同的意義，早春時可能意味著旱災的風險，而稍晚的時候則可能帶來潮水侵襲的風險。因此，農民會根據這些觀察來調整農事活動，以應對不同的氣象情況，確保農作物的生長和農業產量。

19　正薑、二芋、三薯、四葛、處暑番薯白露菇（廣州市南沙區黃閣鎮、中山市民眾鎮、中山市三角鎮）

tʃeŋ^{55}kœŋ^{55} ji^{22}wu^{22} ʃam^{55}ʃy^{21}、
ʃei^{33}kɔt^{3}、tʃʰy^{35}ʃy^{35}fan^{55}ʃy$^{21\text{-}35}$pak^{2}lou^{22}ku^{55}

一般每年農作物下種時限要根據農時節令去進行。正薑：指的是正月（農曆一月）適宜種植薑；二芋：指的是二月（農曆二月）適宜種植芋頭；三薯：指的是三月（農曆三月）適宜種植薯類作物，如馬鈴薯等；四葛：指的是四月（農曆四月）適宜種植葛根；處暑番薯白露菇：處暑是二十四節氣之一，通常出現在八月二十三日或二十四日，指的是處暑之後，即秋季。在秋季的白露節氣，適宜種植番薯和白露菇（也稱為秋菇）。因此，「正薑、二芋、三薯、四葛、處暑番薯白露菇」，是按節令下種才能宜生長、產量方高。這句農諺反映了農民對於農曆節氣和季節變化的敏感性，他們根據不同的時節選擇種植不同的農作物，以確保最好的生長條件和最大的產量。這種農事安排有助於最大程度地提高農業生產的效率，確保食物供應。

---

26 黃金河著：《珠海水上人》（珠海市：珠海出版社，2006年10月），頁181。

20 下穀近春分，冷死唔使恨。（中山民眾鎮、中山三角鎮）[27]

ha²²kok⁵kɐn²²tʃʰœn⁵⁵fɐn⁵⁵，laŋ¹³ʃei³⁵m̩²¹ʃei³⁵hɐn²²

　　這句農諺描述了在春季的特定時期，尤其是接近春分時，播種的情況。春分時節已明顯回暖，受冷空氣的影響不會很大，此時播種已偏遲，還可安心下種，縱使有寒潮冷死秧苗也不用可惜，因為這樣的機會很少。這句農諺反映了農民對於節氣和氣候變化的敏感性，他們會選擇在適宜的時機進行農事活動，以確保農作物的安全生長。在春分後，由於氣溫回暖，適合進行穀物的播種，農民們不必過於擔心寒冷天氣的影響，因為這樣的情況相對較少見。這種農諺的目的是指導農民選擇最佳的時間進行農業活動，以確保農作物的成功種植和豐收。

21 早霧晴，夜霧陰。（廣州黃埔區、中山民眾鎮）[28]

tʃou³⁵mou²²tʃʰeŋ²¹，jɛ²²mou²²jɐm⁵⁵

　　濃霧不散是雨天。霧收不起，雨水難止。夜霧或霧收不起，都是平流霧，與鋒面影響有關，所以天氣轉陰雨。所以早上有霧，多為天

---

27 《中山市民眾鎮志》編纂委員會編：《中山市民眾鎮志》（廣州市：廣東人民出版社，2018年7月），頁502。《中山市三角鎮志》編纂委員會編：《中山市三角鎮志》（廣州市：廣東人民出版社，2018年12月），頁606。
28 也見於上海市嘉定區唐行華亭鎮唐行村。上海市嘉定區《唐行志》編寫組編：《唐行志》（上海市：上海社會科學院出版社，1996年），頁242。也見於浙江省嘉興市。中國民間文學集成全國編輯委員會、中國民間文學集成浙江卷編輯委員會編：《中國諺語集成　浙江卷》（北京市：中國ISBN中心，1995年10月），頁521。也見於河北省保定市。河北省保定農業學校主編：《農業氣象》（北京市：農業出版社，1985年6月），頁128。

氣晴朗的象徵；晚上有霧，預兆天氣會變壞。[29]「早霧晴，夜霧陰」，是通過霧來反映天氣變化的諺語。其實，觀察霧和觀察天氣一樣，都可以看出天氣的變化。通過霧來預測天氣是有其科學道理的。一天之中，最冷的時刻應該是在天剛亮之前。這時，空氣中水蒸氣容易遇冷凝結成霧。如果夜晚天上無雲，地表的熱量就會散失得快些，這樣，第二天早上的氣溫就會低一些，出現霧的可能性大一些，而晚上無雲又是天晴的象徵，所以早上有霧預示著晴天；但如果是晚上有霧就不同了，這是因為，晚上的霧多是由於地面稀薄的冷空氣使空氣中低層的暖濕空氣發生凝結形成的，而晚上的霧又會使雲層增厚、增多，逐漸變為陰天。所以，晚上有霧預示著第二天不會有好天氣。[30]這句農諺也反映了農民對於自然環境的尊重和觀察力。農民需要通過觀察自然環境的變化，來預測天氣的變化，以確保農作物的生長和收成。同時，農民也需要尊重自然環境，遵循自然規律，保護生態環境，實現農業可持續發展。

22　霧收不起，下雨不止（廣州黃埔區）

$mou^{22}ʃeu^{55}pet^{5}hei^{35}$，$ha^{22}jy^{13}pet^{5}tʃi^{35}$

　　陰天出現了霧，一般都不容易消失。有時，霧可能在原地不動，雲向霧靠近；有時，霧升高和雲連起來，加厚了雲層。出現這些情況都意味著壞天氣即將來臨，這就是人們常說的「霧收不起，大雨不

---

[29] 何春生主編：《熱帶作物氣象學》（北京市：北京市：中國農業大學出版社，2006年12月），頁129。《中山市民眾鎮志》編纂委員會編：《中山市民眾鎮志》（廣州市：廣東人民出版社，2018年7月），頁502。

[30] 《中國優秀青少年成長讀本》編寫組編：《青少年科學常識書》（西安市：陝西師範大學出版社，2008年9月），頁103。

止」,「日出霧難消,當日有雨」。[31]這句農諺反映了農民對於霧現象和降雨之間的相關性的觀察和經驗。他們通過觀察自然現象,如霧的消散和氣象變化,來預測可能的氣象趨勢,以便在農業生產和日常生活中做出適當的決策。這種觀察和經驗的智慧反映了農民對於天氣變化的敏感觸覺,並且有助於他們應對不同的氣象情況。此農諺也適用於漁諺。[32]

23 久晴大霧陰,久雨大霧晴。(廣州黃埔區)[33]

kɐu^{35}tʃʰeŋ^{21}tai^{22}mou^{22}jɐm^{55},kɐu^{35}jy^{13}tai^{22}mou^{22}tʃʰeŋ^{21}

生成霧的首要一個條件就是低層空氣中要有相當充沛的水汽。一個地方若持久晴天,大氣一般都因白天蒸發,水汽不斷散失,大氣比較乾燥,所以儘管晝夜溫差很大,有了良好的冷卻條件,還是不能有水汽凝結成小水滴形成霧。當久晴的地方出現大霧,一般是有新的天氣系統移來,會有一個轉陰或伴有降水的過程,「久晴大霧陰」就是這個道理。多日持續下雨,雲層使地表層晝夜溫差變小,一般不易有

---

31 《中國優秀青少年成長讀本》編寫組編:《青少年科學常識書》(西安市:陝西師範大學出版社,2008年9月),頁103。

32 馮國強:《兩廣海南海洋捕撈漁諺輯注與其語言特色和語匯變遷》(臺北市:萬卷樓圖書公司,2020年12月),頁215。

33 也見於東莞市厚街鎮。《東莞市厚街鎮志》編纂委員會編:《東莞市厚街鎮志》(廣州市:廣東人民出版社,2015年1月),頁226。也見於貴州省大方縣。貴州省大方縣地方志編纂委員會編:《大方縣志》(北京市:方志出版社,1996年9月),頁854。也見於內蒙古巴彥淖爾。王永清主編:《內蒙古巴彥淖爾市氣象服務手冊》(北京市:科學普及出版社,2012年1月),頁196。也見於江西省景德鎮市地方志編纂委員會編;林景梧(卷)主編:《景德鎮市志》(北京市:中國文史出版社,1991年11月),卷1,頁43。也見於江門市臺山縣。陳元珂主修:《臺山縣志》(江門市:臺山縣志編輯部,1991年8月),頁485。

霧。雨後有霧，是有較冷的氣團或高氣壓移到濕地面的表現，這就預示這晴好天氣的來臨。所以，「久雨大霧晴」不無道理。[34]這這句農諺強調了氣象條件對於霧的形成和消散的影響，並提醒人們留意持續晴天和持續雨天之後可能發生的天氣變化。霧的出現通常是天氣變化的一個先兆，因此在農業和日常生活中，瞭解這種現象對於合理安排活動和農事工作是有幫助的。

24　春霧不過三朝雨（廣州黃埔區）[35]

tʃʰɐn⁵⁵mou²²pɐt⁵kwɔ³³ʃam⁵⁵tʃiu⁵⁵jy¹³

　　春天出現輻射霧，雖然預示著當天天氣晴好，但也表明南下的冷空氣已經增暖變濕，而且高壓中心也已經移到本地。由於春季小槽小脊活動頻繁，當前面的冷空氣剛剛入海，後面緊接著又有新的冷空氣南下或有西來槽移近，因此不過三天，本地就會有一次降水天氣過程。還有一種平流霧，是暖濕空氣移經冷的下墊面形成的。平流霧多出現在低槽前部或新的冷空氣侵襲暖濕空氣活躍的地方，所以能預示著未來二至三天內將要下雨。氣象專家們統計證明凡是出現春霧以後，三天內有雨的約占百分之八十到九十，如果出現霧的當天上午八時以前已經下雨，則有霧的當天及第二天均降水的概率為百分之九

---

34 劉俊編；梅娜副主編：《關注大霧》（北京市：軍事科學出版社，2011年6月），頁185。

35 也見於廣東省潮州。潮州市地方志編纂委員會編：《潮州市志　上》（廣州市：廣東人民出版社，1995年8月），頁719。也見於上海市。上海市農業局、上海市農業科學院、上海市氣象局編：《農業生產技術手冊》（上海市：上海科學技術出版社，1979年4月），頁34。也見於江西省彭澤、石城。謝軍總纂；朱祥清、范銀飛、劉斌副總纂；《江西省氣象志》編纂委員會編：《江西省志　2　江西省行政區劃志》（北京市：方志出版社，1997年7月），頁76。

十。[36]這一農諺反映了一種天氣變化的模式，即春霧通常伴隨著降雨。由於春季天氣多變，受到冷暖氣流交互影響，所以觀察春霧有助於人們在未來幾天內做出天氣預測，特別是農民和農業活動的規劃。

25　三月東風曬死草，六月東風放船走（廣州黃埔區、中山民眾鎮、惠州市惠陽）

ʃam⁵⁵jyt²toŋ⁵⁵foŋ⁵⁵ʃai³³ʃei³⁵tʃʰou³⁵，
lok²jyt²toŋ⁵⁵foŋ⁵⁵fɔŋ³³ʃyn²¹tʃɐu³⁵

　　大多數地區認為春天吹東風，是壞天氣的預兆。這是因為，春天是冷空氣逐漸減弱、暖空氣逐漸抬頭活躍的季節。當大陸上的高氣壓，開始東移入海。當地如果處在高氣壓的南方時，就會出現東風。這些東風因為是來自大陸冷性的高氣壓，本身是冷空氣，所以當它和南海上來的、暖濕的空氣相遇時，暖空氣就會沿著冷空氣向上升，出現凝結下雨的天氣。夏季和秋季吹東風對天氣有什麼影響呢？根據不同地區，有兩種不同看法：珠江口和它以東的沿海地區，認為夏秋季東風是雨天；而內陸地區，則認為是晴天。這應該怎樣解釋呢？我們知道，一般正常的天氣，夏季大多吹南風，秋季大多吹西風。如果夏秋季吹起東風來，就說明南海裡有熱帶低氣壓，或者有颱風。因此有「六月東風不過午，過午必颱風」的民諺。這時，由於沿海地區距離低氣壓和颱風較近，受它們邊緣的影響，將有雨下。但內陸地區距離較遠，基本上不受熱帶低氣壓或颱風的影響，所以天氣依然晴好。另外，內陸地區認為冬季吹東風，天氣不好，只有海豐等地認為冬天吹

---

36 劉俊編；梅娜副主編：《關注大霧》（北京市：軍事科學出版社，2011年6月），頁185-186。

東風會帶來晴天。這又是什麼原因呢？這是因為：冬季冷空氣勢力強大，經常吹北風，靜止鋒（冷暖空氣勢均力敵，互相對峙，它們之間的接觸面即為靜止鋒面）遠在南海海面上，雨也下在南海海面上。如果這時吹起東風來。說明大陸上的高氣壓減弱東移了，靜止鋒也就可以北移到沿海。因而，廣東天氣會普遍轉壞。但是，海南和珠江口以東的沿海地區，雖然也是在靜止鋒的附近，不過由於同時處在南海高空高氣壓的東半部，吹著西北風，近地面有高空下來的下沈氣流，所以，還是無雨的好天氣。[37]這句農諺反映了東風在不同季節對於農業和海上活動的影響。春季的東風可能會對農作物造成不利影響，而夏季的東風則可能對海上活動有利。這種天氣觀察和農事智慧幫助農民和漁民在不同季節做出適當的決策，以應對不同的氣象條件。

26　春吹南風晴，北風雨不停（廣州黃埔區、東莞常平鎮、東莞橋頭鎮、肇慶高要縣）

$tʃʰɵn^{55}tʃʰɵy^{55}nam^{21}foŋ^{55}tʃʰeŋ^{21}，pɐk^{5}foŋ^{55}jy^{13}pɐt^{5}tʰeŋ^{21}$

　　春天吹南風，一般都會帶來晴天，這是因為春季太陽直射的部位，比冬季來得偏北一點，因此副熱帶高氣壓一般也要比冬季偏北。廣東的位置，正好在副熱帶高氣壓的北側，高空經常吹偏南的風。如果地面也吹南風，高空和地面的氣流方向一致，就不會產生輻合上升運動（輻合是指四面八方的空氣向著一個地區流來的現象，這時這個地區的空氣愈來愈多，逼得無路可走，只好向天空上升，這就是輻合

37　李雲、于亮編：《一葉落而知秋》（呼和浩特市：遠方出版社，2005年12月），頁56-57。廣東省氣象局編寫：《看天經驗》（廣州市：廣東人民出版社，1975年11月），頁22-23。

上升)。所以春天吹南風是天氣晴好、無雨的徵兆。夏天吹南風，天氣又是怎樣呢？有些地方認為是晴，有些地方認為是雨，很不一致。我們認為，夏天的大陸內部氣壓比較低，吹南風是正常現象，很難說是晴兆還是雨兆。但是，在一些位於山脈南坡，或者河流南流入海的三角洲地帶，由於地形的影響，吹南風時下雨的機會，要比其他地區多一些。我們知道，冬季是盛行北風的時候，但是廣東由於地處亞洲大陸南沿，當北方的冷空氣來到南方以後，受到當地條件的影響，很容易被「同化」而逐漸變暖，並受高空西風的引導而向東移去，廣東內陸的氣壓逐漸下降，甚至降到比南海還要低，這時廣東沿海一帶就會吹南風，就是廣府人常說的「回南」。這時北方新的冷空氣又經歷了一個積聚、醞釀的過程，並繼續向南移動，直至侵入廣東，因此，「回南」正是冷空氣將要入侵的「信號」。當新的冷空氣入侵時，如果南下的路徑是從江西、湖南一帶比較偏東的地區進入廣東，天氣往往不好，因此，對冬季吹南風要作具體分析，不能單憑吹南風就預報未來天晴或天雨。[38]這句農諺反映了不同季節南風和北風對於天氣的影響。春季的南風通常預示著晴朗的天氣，而其他季節的北風則可能引發雨水。這種觀察幫助人們更好地理解和預測不同季節的天氣變化，對於農業和生活有一定的指導作用。然而，應該注意的是，氣象變化是複雜的，還需要考慮其他因素，如地理位置和氣象系統的變化。

27　南風凍，水浸洞（廣州黃埔區、花都區、中山民眾）

　　　nam^{21}foŋ^{55}toŋ^{33}，ʃoy^{35}tʃem^{33}toŋ^{22}

---

[38] 李雲、于亮編：《一葉落而知秋》（呼和浩特市：遠方出版社，2005年12月），頁58-60。

春天吹南風時覺得天氣冷，將下大雨，田野將被水沒。[39]這句珠三角農諺「南風凍，水浸洞」反映了農民們對春天南風吹來時天氣變化的觀察和經驗總結。他們通過觀察天氣現象和氣象數據來判斷未來的天氣情況，以便做出相應的農事決策。

28　雷公先唱歌，有雨也無多（廣州黃埔區、惠州市）[40]

lɵy²¹koŋ⁵⁵ʃin⁵⁵tʃʰœŋ³³kɔ⁵⁵，jɐu¹³jy¹³ja¹³mou²¹tɔ⁵⁵

如果先聽到雷聲再下雨，那麼，不但雨不會下得長久，而且雨量

39　《中山市民眾鎮志》編纂委員會編：《中山市民眾鎮志》（廣州市：廣東人民出版社，2018年7月），頁503。

40　也見於閩西。林清書、羅美珍、羅滔著：《閩西客家方言語詞文化》（北京市、西安市：世界圖書出版公司，2020年6月），頁119。也見於福建邵武市。卓朗然主編；邵武市地方志編纂委員會編：《邵武市志》（北京市：群眾出版社，1993年9月），頁133。也見於潮州。潮州市地方志編纂委員會編：《潮州市志》（廣州市：廣東人民出版社，1995年8月），上冊，頁719。也見於廣西博白、陸川。中國民間文學集成全國編輯委員會、中國民間文學集成廣西卷編輯委員會編：《中國諺語集成　廣西卷》（北京市：中國ISBN中心，2008年2月），頁559。也見於江西省尋烏縣。達觀主編；江西省尋烏縣志編纂委員會編：《尋烏縣志》（北京市：新華出版社，1996年12月），頁452。也見於汕尾市海豐縣。《海陸豐歷史文化叢書》編纂委員會編著：《海陸豐歷史文化叢書》（廣州市：廣東人民出版社，2013年），卷8：民間風俗，頁71。也見於廣東興寧。興寧縣地方志編修委員會編：《興寧縣志》（廣州市：廣東人民出版社，1992年4月），頁831。也見於廣東蕉嶺縣。蕉嶺縣地方志編纂委員會編：《蕉嶺縣志》（廣州市：廣東人民出版社，1992年10月），頁661。也見於梅州。中國人民政治協商會議廣東省梅州市文史資料委員會編：《梅州文史》（廣東梅縣印刷包裝工藝廠，1989年3月），第1輯，頁15。也見於四川省南充市西充縣。中國人民政治協商會議西充縣委員會文史資料研究委員會編：《西充文史資料選輯》（南充區：四川省西充縣政文史資料工作委員會，1986年10月），第5輯，頁49。葉智彰主編：《雲南客家文化研究會會訊》（昆明市：雲南客家文化研究會，1998年6月），第9期集刊：客家鄉情，頁32。也見於廣西梧州市蒙山縣。《蒙山縣志》編纂委員會編：《蒙山縣志》（南寧市：廣西人民出版社，1993年6月），頁64。

也不會很大。這是因為響雷會消耗雲中空氣的能量，使雲中空氣的上下對流運動，由於能量減少而減弱，同時，因為這種雲大多是地方性的雷雨雲，常常只有一兩塊，面積不很大，能量也不多，所以一旦把它的能量減少，空氣對流運動就會受到影響，雨也不會下得多。假如雷雨雲不在當頭頂，而在附近的某一個方向，這時，當我們這裡聽到雷聲，那邊可能已下雨了，等到那塊下雨的雷雨雲移到我們這裡時，它已減弱了，即使有雨也就不大了。但是，如果是屬於低氣壓或鋒面造成的雷雨，情況就不一樣。這時即使雷公先唱歌，仍然可以下大雨甚至暴雨。因此，要對具體情況進行具體分析，不能千篇一律地認為「先雷後雨」就一定是「不濕鞋」。[41]這句珠三角農諺「雷公先唱歌，有雨也無多」反映了農民們對雷雨天氣的觀察和經驗總結。他們通過觀察天氣現象和氣象數據來判斷未來的天氣情況，以便做出相應的農事決策。這種觀察和經驗累積在農業生產中有著實際應用價值，讓農民能夠在天氣變化中更好地預判和適應。

29　春寒雨至，冬寒不濕地（廣州黃埔區、中山民眾鎮）[42]

tsʰɵn⁵⁵hɔn²¹jy¹³tʃi³³，toŋ⁵⁵hɔn²¹pɐt⁷ʃɐp⁵tei²²

春天時，南方的天氣本來應該一天一天地溫暖了，但是，有些年份因為北方冷空氣頻繁，不斷南下，迫使南方的暖空氣沿冷空氣上升，天氣因而變壞，陰雨連綿。所以，人們都有這樣的經驗，在春暖

---

41 韋有暹、余汝南、陳連寶編著：《民間看天經驗》（廣州市：廣東科技出版社，1984年10月），頁33-34。
42 也見於廣西貴港市平南縣。《平南縣志》編纂委員會編：《平南縣志》（南寧市：廣西人民出版社，1993年9月），頁830。也見於廣西玉林市容縣。《容縣志》編纂委員會編：《容縣志》（南寧市：廣西人民出版社，1993年6月），頁1208。

季節中，如果天氣變冷，就預兆多雨。天冷空氣的勢力占優勢，當冷空氣下來時，便同暖空氣接觸，這樣，便可以下一場小雨，但隨著冷空氣大量南下，把暖空氣統統趕跑，雨也就停止了。因此說，冬寒多是天氣晴好的預兆，頂多下一點「不濕地」的小雨而已。[43]這句農諺反映了農民們對天氣變化和氣候條件的觀察和經驗總結。他們通過觀察天氣現象和氣象數據來判斷未來的天氣情況，以便做出相應的農事決策。這種觀察和經驗累積在農業生產中有著實際應用價值，讓農民能夠在天氣變化中更好地預判和適應。

30　人吵有事，風吵有雨（廣州黃埔區、中山市民眾鎮）[44]

$jen^{21}tʃ^hau^{35}jeu^{13}ʃi^{22}$，$foŋ^{55}tʃ^hau^{35}jeu^{13}jy^{13}$

大氣中聲音的傳播，和天氣的變化有很大的關係。所以，從空氣傳聲的不同情況，可以預測未來天氣的變化。空氣中傳播聲音的速度是和空氣中的濕度、溫度成正比例的。也就是說，溫度高、濕度大，聲音的傳播速度就快；相反，溫度低、濕度小，聲音的傳播速度就慢。另外，風和聲音的傳播速度，也有很大的關係。春天的空氣傳聲和天氣關係最大。因為這時候南方的暖濕空氣已開始活躍，但北方仍經常有冷空氣來臨，而且在冷空氣到來之前，南方地區大多溫度高、濕度大，聲音傳播速度往往比較快。在冷空氣突然到來時，空氣的溫度、濕度改變得很快，聲音的傳播速度也跟著很快改變。所以，春天

---

43 廣東省氣象局編寫：《看天經驗》（廣州市：廣東人民出版社，1975年11月），頁41。
44 也見於廣西宜州區。政協宜山縣委員會宜山縣志編纂委員會：《宜山文史》（宜山縣：政協宜山縣委員會宜山縣志編纂委員會，1988年3月），1988年總第2輯，頁98。也見於東北長春。林仲凡：《研究系列之十東北農諺匯釋》（長春市：吉林文史出版社，1992年11），頁7。

聲音的傳播速度，反映天氣也最靈敏。「風吵」現象，往往是由於有低氣壓等壞天氣移來（或迫近）而造成的。所以，民間才有「風吵」有雨的說法。[45]這句珠三角農諺反映了農民們對聲音傳播和天氣變化關係的觀察和經驗總結。他們通過觀察聲音傳播的速度和天氣變化之間的關聯，以及瞭解風與聲音傳播速度的關係，從而預測未來的天氣情況。這種觀察和經驗累積在農業生產中有著實際應用價值，讓農民能夠在天氣變化中更好地預判和適應。

31　清明蔗，毒過蛇（廣州、東莞市高埗鎮）[46]

$tʃʰeŋ^{55}meŋ^{21}tʃɛ^{33}$，$tok^2kwɔ^{33}ʃɛ^{21}$

　　過年後隔不了多久，轉眼便到清明。南方清明時節，春雨綿綿，空氣潮濕，許多東西都容易發霉腐爛。秋冬間甘甜美味的甘蔗，藏到清明時，也到了發霉期。發霉的甘蔗切面呈紅色，有霉臭腐爛的氣味，且有劇毒，其毒性勝過蛇毒。人們如果吃了發霉的甘蔗，就會中毒，來勢極其凶險：頭暈、嘔吐、陣發性抽搐，四肢僵直，症狀有點像羊角風發病時的情況。嚴重時，甚至會昏迷，呼吸衰竭，如不及時送醫院搶救，會有生命危險。正常的甘蔗外觀色澤佳，表面光滑。三月的甘蔗，如發現色澤差，在蔗稍出現絮狀或茸毛狀的白色物質，表

---

45 廣東省氣象臺編寫：《廣東民間看天經驗》（廣州市：廣東人民出版社，1966年5月），頁49-50。
46 也見於江門市臺山。黃仁夫、黃仲楫編寫：《臺山縣志（1963年編）》（臺山市：臺山市檔案館；原臺山縣志編寫組，2000年9月），頁452。也見於廣西梧州市。梧州市地方志編纂委員會編：《梧州市志　文化卷》（南寧市：廣西人民出版社，2000年8月），頁3886。也見於浙江省溫州市。陳顏玉著：《溫州俚語選析》（寧波市：寧波出版社，2016年6月），頁275。

示它已霉變；氣味難聞或有酒糟味及嗆辣味，就不要買了。[47]這句農諺反映了人們在農村生活中對於食品安全的重視，特別是在特定的季節和環境條件下。它強調了對食物品質的警覺性，提醒人們在選擇食物時要保持警惕，避免因為不注意而導致食物中毒。同時，這也反映了人們在長期生活中對於食物品質和安全的實際觀察和經驗，形成了這種具有生活智慧的諺語。

32 初一落水初二晴，初三落水成泥羹（廣州增城、惠州、河源市紫金縣）

tsʰɔ⁵⁵jɐt⁵lɔk²ɵy³⁵tsʰɔ⁵⁵ji²²tsʰeŋ²¹，
tsʰɔ⁵⁵ʃam⁵⁵lɔk²ɵy³⁵ʃeŋ²¹nɐi²¹kɐŋ⁵⁵

大年初一如果下雨，一般初二便會出現晴天；而若大年初三下雨的話，往往就會是大雨和久雨。惠州一帶則說成「初一落水初二晴，初三落水成泥葵」。[48]這句珠三角農諺「初一落水初二晴，初三落水成泥葵」反映了農民們對天氣變化和農業耕作的觀察和經驗總結。他們通過觀察天氣的變化和對農田的影響，總結出一些規律和注意事項，以幫助農民更好地進行農事活動和農作物的管理。

33 初一水，初二大，初三初四水浸街（廣州增城）

tsʰɔ⁵⁵jɐt⁵ɵy³⁵，tsʰɔ⁵⁵ji²²tai²²，
tsʰɔ⁵⁵ʃam⁵⁵tsʰɔ⁵ʃei³³ɵy³⁵tsɐm³³kai⁵⁵

---

47 陳顏玉著：《溫州俚語選析》（寧波市：寧波出版社，2016年6月），頁275。
48 林慧文著：《惠州方言俗語評析》（北京市：中國文聯出版社，2004年6月），頁121。

初一、初二漲潮，那麼初三、初四時也會發生潮漲，這時雨水會淹沒了街道。這一條是指潮汐規律。當農村人懂得後，生產、生活都方便。這句農諺反映了人與自然的互動和生活智慧。它表明人們長期以來對於自然環境的觀察和經驗，並且基於這些觀察來做出適當的判斷，以確保農作物的生長和人們的安全。這種知識和智慧是農村社區的寶貴資源，它們幫助農民更好地適應不斷變化的自然條件，並確保他們的生活和生計能夠順利進行。

34　初二十六水大晏茶熱（廣州增城）

$tʃʰɔ^{55}ji^{22}ʃɐp^{22}lok^2ʃɵy^{35}tai^{22}an^{33}tʃʰa^{21}jit^2$

初二、十六漲潮，時間會發生在中午十一時左右。[49]這一條是指潮汐規律，當農村人懂得後，生產、生活都方便。這句珠三角農諺「初二十六水大晏茶熱」反映了農民們對潮汐規律和農業生產的觀察和經驗總結。他們通過觀察潮汐變化並結合自己的實踐經驗，總結出一些規律和注意事項，以幫助農民更好地進行生產活動並應對生活中的各種挑戰。

35　初一十五水大當朝飯（廣州增城）

$tʃʰɔ^{55}jɐt^{22}ʃɐp^{22}ŋ^{13}ʃɵy^{35}tai^{22}tɔŋ^{55}tʃiu^{55}fan^{22}$

初一、十五漲潮，時間發生在早上九點左右，剛好是農村人吃早

---

49 增城縣文聯編印：《增城縣民間歌謠、諺語選》（增城縣：增城縣文聯，1988年11月），第一集，頁26。

飯時間。[50]這一條是指潮汐規律。這句珠三角農諺反映了農民們對潮汐規律和日常生活的觀察和經驗總結。他們通過觀察潮汐變化並結合自己的實踐經驗，總結出潮汐規律和注意事項，使農民更好地安排生活和飲食活動。

36　初八廿三水大煮晚飯（廣州增城）

$tʃ^{h}ɔ^{55}pat^{3}ja^{22}ʃam^{55}ʃɵy^{35}tai^{22}tʃy^{35}man^{13}fan^{22}$

初八、廿三漲潮，發生時間會在當天煮晚飯時間。[51]這一條是指潮汐規律。當農村人懂得後，生產、生活都方便。這句珠三角農諺反映了珠三角地區農民對潮汐規律和日常生活的觀察和經驗總結。

37　初九矇矓，初十見光（廣州增城、佛山三水）

$tʃ^{h}ɔ^{55}kɐu^{35}moŋ^{21}loŋ^{21}，tʃ^{h}ɔ^{55}ʃɐp^{2}kin^{33}kwɔŋ^{55}$

初九天矇矓，那麼初十便發生早潮。[52]這一條是指潮汐規律。這句農諺再次展現了人們如何將觀察到的自然現象與日常生活相結合，以提前做出適當的安排和預測。它突顯了人類對於環境變化的敏感性，以及如何將這種敏感性轉化為實際的行動和決策。這句珠三角農諺反映了農民們對潮汐規律和日常生活的觀察和經驗總結。他們通過

50　增城縣文聯編：《增城縣民間歌謠、諺語選》（增城縣：增城縣文聯，1988年11月），第一集，頁26。
51　增城縣文聯編：《增城縣民間歌謠、諺語選》（增城縣：增城縣文聯，1988年11月），第一集，頁26。
52　增城縣文聯編：《增城縣民間歌謠、諺語選》（增城縣：增城縣文聯，1988年11月），第一集，頁26。

觀察潮汐變化並結合自己的實踐經驗，總結出一些規律和注意事項，以更好地安排生活和工作。這也突顯了人類對於環境變化的敏感性，以及如何將這種敏感性轉化為實際的行動和決策。

38　春霧晴，夏霧雨，秋霧風，冬霧寒（廣州增城）

tʃʰɵn⁵⁵mou²²tʃʰeŋ²¹，ha²²mou²²jy¹³，
tʃʰɐu⁵⁵mou²²foŋ⁵⁵，toŋ⁵⁵mou²²hɔn²¹

　　南方出現的春霧多是因夜間輻射冷卻而形成的霧，並不是受鋒面的影響。次日清晨有霧，日出之後，氣溫升高，水分蒸發，霧隨之而散，所以春霧兆晴天。夏季氣溫雖然較高，但有時會出現霧，說明空氣十分潮濕，水汽含量多，一遇冷空氣侵入或熱對流的上升作用，便會形成降水，所以夏霧兆雨。秋霧表示當地受暖濕空氣的控制，此時雖然有冷空氣南下，但冷空氣的勢力不強，只颳一陣風，冷空氣就出境了，所以秋霧兆風。冬霧常形成較強的北方冷空氣南下後，夜間輻射冷卻，氣溫急劇下降的時候，所以有冬霧寒冷的說法。[53]

　　這句珠三角農諺反映了農民們對不同季節天氣現象和氣候特點的觀察和經驗總結。他們通過觀察不同季節出現的霧的情況以及其他相關氣象指標的變化，來預測未來一段時間內的天氣變化和氣候特點。這也體現了農民們對於自然環境變化的敏感性以及他們如何將這種敏感性轉化為實際的行動和決策。

---

53 農牧漁業幹部培訓班、浙江農業大學班編：《農業氣象》（上海市：上海科學技術出版社，1985年4月），頁71。張芳均、黃桔梅主編：《農業氣象與氣候資源利用》（貴陽市：貴州人民出版社，2005年7月），頁85。何春生主編：《熱帶作物氣象學》（北京市：中國農業大學出版社，2006年12月），頁129。

39　春雨淋頭皮，百日雨微微（廣州增城）[54]

tʃʰɵn⁵⁵jy¹³lɐm²¹tʰɐu²¹pʰei²¹，pat³jɐt²jy¹³mei²¹⁻⁵⁵mei²¹⁻⁵⁵

　　立春日宜晴不宜雨，可對應另一農諺云：「水灑春牛皮，百日雨淋漓」。如立春日下雨，則百日內皆是陰雨日數居多。[55]這句珠三角農諺「春雨淋頭皮，百日雨微微」反映了農民們對立春日天氣的觀察和經驗總結。他們通過觀察立春日是否下雨以及對未來百日內的天氣預測，來提前做好準備和決策。這也體現了農民們對於自然環境變化的敏感性以及如何將這種敏感性轉化為實際的行動和決策。

40　兩春夾一冬，無被暖烘烘（廣州增城）

lœŋ¹³tʃʰɵn⁵⁵kap³jɐt⁵toŋ⁵⁵，mou¹³pʰei¹³nyn¹³hoŋ²¹hoŋ²¹

　　舊俗以立春為春季的開始，天氣從此逐漸轉暖。如逢陰曆閏年，一年就有十三個月，本年的立春還在正月，而下年的立春提前到本年的十二月，這就成了「兩春夾一冬」。第一個立春是春季即將開始，第二個立春說明寒冷的冬季即將過去，預兆著此年即使沒有被子也不會感到寒冷。所以說「無被暖烘烘」。[56]這句珠三角農諺反映了農民們對舊俗和季節變化的觀察和經驗總結。他們通過觀察不同年份間的氣候特點和變化趨勢，來預測未來一段時間內的氣候變化和農作物生長的

---

54 也見於江門市臺山。黃劍雲主編；廣東省臺山縣志編輯部編：《臺山通略》（江門市：廣東省江門市地方志學會，1988年），頁67。
55 黃劍雲主編；廣東省臺山縣志編輯部編：《臺山通略》（江門市：廣東省江門市地方志學會，1988年），頁67。
56 本社編：《農村實用手冊新編本》（上海市：上海文化出版社，1981年12月），頁636。

條件。這也體現了農民們對於自然環境變化的敏感性以及如何將這種敏感性轉化為實際的行動和決策。

41　春寒多雨，冬寒雨散（廣州增城）

tʃʰɵn⁵⁵hɔn²¹tɔ⁵⁵jy¹³, toŋ⁵⁵hɔn²¹jy¹³ʃan³³

　　春天若天氣寒冷，雨水必定多，但冬天天氣寒冷，雨水必稀少。[57]這句珠三角農諺反映了農民們對不同季節天氣現象的觀察和經驗總結。他們通過觀察不同季節出現的降水情況以及其他相關氣象指標的變化，來預測未來一段時間內的天氣變化和氣候特點。

42　立春晴一日，農夫不用力耕田（中山）[58]

lap²tʃʰɵn⁵⁵tʃʰeŋ²¹jɐt⁵jɐt², noŋ²¹fu⁵⁵pɐt⁵joŋ²²lek²kaŋ⁵⁵tʰin²¹

　　說明立春這天的氣候應該晴朗，陽光燦爛，風光明媚，這樣才能促使農作物生長旺盛，獲得豐收，所以此農諺是預示了當年就會風調雨順，五穀豐登。[59]立春這一天的氣候能夠反映出整個春季的氣候特徵，因此立春這一天的天氣情況也被當地人看作是預測未來農作物生長和收成的依據。如果立春這一天天氣晴朗，陽光充足，當地人就會

---

57 金鐘編：《實用萬年曆手冊》（瀋陽市：瀋陽出版社，1996年1月），頁260。
58 也見於江蘇無錫市。章振華、王佩興著：《無錫傳統風俗》（無錫市：無錫市政協文史資料委員會，1991年12月），頁9。也見於湖北省。李德復、陳金安主編：《湖北民俗志》（武漢市：湖北人民出版社，2002年1月），頁6。
59 章振華、王佩興著：《無錫傳統風俗》（無錫市：無錫市政協文史資料委員會，1991年12月），頁9。李德復、陳金安主編：《湖北民俗志》（武漢市：湖北人民出版社，2002年1月），頁6。

預期著這一年將會風調雨順，五穀豐登。相反，如果立春這一天天氣不好，比如說下雨或者寒冷的氣候，當地人就可能預期這一年農作物生長將會受阻，收成將會減少。

43 雙春閏月好耕田（中山板芙鎮、中山阜沙鎮、中山民眾鎮、中山三角鎮）

ʃœŋ⁵⁵tʃʰɵn⁵⁵jœn²²jyt²hou³⁵kaŋ⁵⁵tʰin²¹

年逢雙春閏月，對農事耕種有利，農作物收成理想。[60]這句農諺反映了農民對於農業生產中特殊氣象條件的敏感性，並認為在雙春閏月的年份，有更好的耕作機會，這可能對於取得豐收和提高農業產量是有利的。這種認識體現了古代農民對氣象和自然規律的觀察和積累的經驗。

44 二月東風大旱天，三月東風水責田（中山板芙鎮、中山阜沙鎮、中山民眾鎮）

ji²²jyt²toŋ⁵⁵foŋ⁵⁵tai²²hɔn¹³tʰin⁵⁵，
ʃam⁵⁵jyt²toŋ⁵⁵foŋ⁵⁵ʃɵy³⁵tʃat³tʰin²¹

責，意為「壓」。農曆二月吹東風則天暖陽光充足，偏旱；農曆三月連續吹東風，則潮水必大，低田可能被潮水所壓。[61]這句珠三角

---

60 馮國強：《中山市沙田族群的方音承傳及其民俗變遷》（臺北市：萬卷樓圖書公司，2008年8月），頁279。
61 馮國強：《中山市沙田族群的方音承傳及其民俗變遷》（臺北市：萬卷樓圖書公司，2008年8月），頁281。

農諺反映了農民們對氣候和農田管理的觀察和經驗總結。他們通過觀察不同月份的東風情況以及其他相關氣象指標的變化，來預測未來一段時間內的天氣變化和農田管理的條件。這也體現了農民們對於自然環境變化的敏感性以及如何將這種敏感性轉化為實際的行動和決策。

45　下穀近春分，冷死唔使恨（中山板芙鎮、中山阜沙鎮、中山民眾鎮）

ha²²kok⁵kɐn²²tʃʰɵn⁵⁵fɐn⁵⁵，laŋ¹³ʃei³⁵m̩²¹ʃei³⁵hɐn²²

　　春分節令，天氣轉暖，受冷空氣的影響不會很大，可安心下種，縱使有寒潮冷死秧苗也不用可惜，因為這樣的機會很少。[62]這句珠三角農諺反映了農民們對春分時節氣候和種植管理的觀察和經驗總結。他們通過觀察春分時節的氣候特點和其他相關氣象指標的變化，來預測未來一段時間內的天氣變化和農作物生長的條件。

46　春霧晴，夏霧雨，秋霧日頭曬脊痛，冬霧桿上吊雪棍（中山板芙鎮、中山阜沙鎮、中山民眾鎮）

tʃʰɵn⁵⁵mou²²tʃʰeŋ²¹，ha²²mou²²jy¹³，
tʃʰɐu⁵⁵mou²²jɐt²tʰɐu²¹⁻³⁵ʃai³³tʃɛk³tʰoŋ³³，
toŋ⁵⁵mou²²kɔn³⁵ʃœŋ²²tiu³³ʃyt³kwɐn³³

　　霧是空氣中懸浮的小水滴聚集而成的，它是水蒸氣遇冷凝結的結果。廣東位於大陸的最南方，雖然地處亞熱帶和熱帶，但除了夏季之

62　馮國強：《中山市沙田族群的方音承傳及其民俗變遷》（臺北市：萬卷樓圖書公司，2008年8月），頁281。

外，秋冬春三季都有冷空氣來臨。在冷空氣南下之前，這裡往往很溫暖，在冷空氣快來臨時，天氣更加暖和。暖空氣來自海洋，濕度比較大。所以霧的出現，一方面表示空氣的濕度大，另一方面又意味著冷空氣不久就要入侵。不同的季節，霧又是不同天氣的徵兆：在春天，廣東的陰雨天氣，常常是由於冷空氣南侵之後，冷暖空氣交鋒而造成的。當本地由陰雨天轉為有霧天時，說明南來的冷空氣勢力減弱，並逐漸變暖。因此冷暖空氣之間的接觸面（鋒面），也逐漸減弱消失，陰雨天即將過去而轉為晴天。夏天，廣東降雨的原因主要是由於地面的水蒸氣受猛烈的太陽：照曬而上升成雲致雨，如果有霧出現，說明空氣比較潮濕，天氣不好。秋天，如果有霧出現，是冷空氣將要來臨的預兆。但是秋季的冷空氣勢力比較弱，所以冷空氣來臨時，一般都不會下雨，頂多颳一陣風便了事。冬天，因為冷空氣勢力強，常常帶來劇烈的降溫。所以冬霧是天將轉冷的預兆。[63]這句農諺反映了農民對霧現象如何與季節性天氣變化相關聯的觀察和經驗，有助於他們更好地預測天氣，以便適應農業生產的需要。不同季節的霧所帶來的天氣變化，也為農民提供了有關降雨和氣溫的訊息。

（二）夏令

1　青蛙叫，大雨到（廣州、深圳、中山民眾鎮）[64]

tʃʰeŋ⁵⁵wa⁵⁵kiu³³，tai³³jy¹³tou³³

黑白條紋相間的大花青蛙，在大暴雨之前三、四天，牠就在河坎

---

63 韋有暹編著：《民間看天經驗》（廣州市：廣東科技出版社，1984年10月），頁16-17。
64 也見於江蘇建湖縣。江蘇省建湖縣《物象測天》編寫組編：《物象測天》（北京市：農業出版社，1977年10月），頁4。

上築窩，其窩築在很陡的陡坡上，窩四周無雜草，也沒有泥塊凸起，窩旁邊平整而光滑，窩做成後，牠蹲在窩內，發出叫聲，未來三至四天將有大暴雨，降水量可使河水上漲至其窩邊，「青蛙叫，大雨到」的農諺，就是指這種大花青蛙。在連續陰雨的梅雨季節，如發現一種背部為灰黑色的小青蛙，突然跳到河岸上，田埂上發出「呱哇！呱哇」的清脆的叫聲，叫時兩頰鼓膜一張一合，很有節奏，這時預示連陰雨將結束，天氣也將轉為晴好。在農曆六月份，一種全身呈黃色的小青蛙，只有手錶大，稱之為黃昂，如果雨止轉晴時，它發出「昂～昂」或「咕呀，咕呀」的叫聲，則預示未來還要下雨，若下小雨時，聽不到它叫聲，雨一停止，它就叫起來，則未來一至二天將會有大雨出現。[65]這條農諺反映了農民對青蛙行為的細緻觀察，以便預測天氣變化，這對於農業和生計管理非常重要，因為動物能夠提前預警可能的洪水和降雨，以避免農田受損並採取適當的農業措施。因此，這條農諺代表了人們在自然環境中尋找跡象和預測方法的一個例子，以應對可能的氣象變化。

2　六月六，黃皮熟，夏收夏種忙碌碌（廣州、河源市龍川）[66]

lok²jyt²lok²，wɔŋ²¹pʰei²¹⁻³⁵ʃok²，
ha²²ʃɐu⁵⁵ha²²tʃoŋ³³mɔŋ²¹lok⁵lok⁵

每年六月六這天，家家戶戶都要曬衣服，有些還把壽衣、帽、鞋拿出來曬。在這天**翻曬**書籍，據說可以有效地防止蟲蛀。民諺也有

65　江蘇省建湖縣《物象測天》編寫組編：《物象測天》（北京市：農業出版社，1977年10月），頁4。
66　也見於陝西秦嶺。陝西客家聯誼會編：《陝西客家人》（西安市：太白文藝出版社，2008年10月），頁121。

云：「六月六，人曬衣裳龍曬袍。」、「六月六，家家曬紅綠。」，「紅綠」就是指五顏六色的各樣衣服。有趣的是，人們還習慣於在這天給貓狗洗澡，因此有俗諺稱作「六月六，洗狗畜。」據說這天貓狗洗了澡可以不生跳蚤。後來，人們認為這天的日光有苦味，能夠殺菌消毒，經過翻曬的衣物、書籍，不怕腐爛蟲蛀，就又把六月六叫做「曬黴日」，一直沿襲到如今。是日又是農村「吃新禾」的嘗新日，宰牲榨粉，鼓樂迎神，共慶早稻登場，多於是日或另謝吉日，做新米飯，配酒者以祀田祖及祖祠，稱「日嘗新」即古人迎新之典。龍川客諺云：「六月六、黃皮熟，夏收夏種忙碌碌。」說明此時也是農忙之時。[67]這句珠三角農諺反映了人們對夏季農事和日常生活的觀察、習俗和認識。

3　蒔田蒔到立夏，蒔唔蒔就罷（廣州、白雲、中山古鎮）[68]

ʃi²¹tʰin²¹ʃi²¹tou³³lap²ha²²，ʃi²¹m̩²¹ʃi²¹tʃɐu²²pa²²

---

67 梁偉光編：《客家古邑民俗》（廣州市：華南理工大學出版社，2010年10月），頁142。

　馮秀珍著：《客家文化大觀　上》（北京市：經濟日報出版社，2003年7月），頁173。

68 也見於廣東韶關曲江。亮才、董森主編：《諺海　第2卷　農諺卷2》（蘭州市：甘肅少年兒童出版社，1991年3月），頁532。也見於廣東清遠市連南石蛤塘。莊初升、丁沾沾著：《廣東連南石蛤塘土話》（北京市：商務印書館，2019年），頁279。也見於廣東韶關新豐。周日健著：《新豐方言志》（廣州市：廣東高等教育出版社，1990年12月），頁193。也見於廣州白雲區鴉崗。鄧汝強主編：《鴉崗風物志》（廣州市：廣東經濟出版社，2013年8月），頁78。也見於廣東河源市紫金縣。紫金縣地方志編纂委員會編：《紫金縣志》（廣州市：廣東人民出版社，1994年12月），頁859。也見於中山市古鎮。劉兆佳主編：《古鎮茶陽》（廣州市：廣東人民出版社，2010年6月），頁402。也見於廣東梅州市大埔縣。謝如劍編著：《大埔客民俗》（廣州市：廣東人民出版社，2008年10月），頁15。也見於廣東梅州市大埔縣大麻鎮。鄧玉倫主編：《大麻風華》（廣州市：廣東人民出版社，2011年12月），頁396。

蒔田，插秧的意思。插秧是把秧田育成約十至十五公分長的嫩壯秧移植到大田，稱作「蒔田」，[69]所以「蒔田」是水稻的移植。在本地區（廣州），插秧的時間，要受農事季節制約。按傳統，早稻一般在「立夏」前插完（大約在五一前，即比立夏還早五天），晚稻在「立秋」前插完。故農諺有云：「早禾要早，晚禾要著造」、「蒔田蒔到立夏，蒔唔蒔都罷」（到了立夏這個節令才插的秧，難得有收成）。蒔田，其株距行距的規格很有學問。傳統的習慣均為大株疏植。一九五六年起，經過農科人員的反復試驗比較後，開始推行小株密植，既可增加單位面積的插植株數，又可使禾苗充分分蘖，提高產量。「蒔田」，是水稻耕作過程中最為費時和艱辛的工作，不但彎腰曲背十分辛苦，一個強勞動力一天只能蒔半畝左右。一九九四年推廣的拋秧新技術，一個強勞動力一天便可拋秧六畝到七畝，大大提高了勞動效率。[70]「蒔田蒔到立夏，蒔唔蒔就罷」這句珠三角農諺反映了水稻種植的時間選擇、農民的辛勞和農業技術的發展，還反映了農民在面對自然環境變化時的應對能力和堅韌不拔的辛勞工作精神。

4　芒種節，食唔切（廣州黃埔區）

　　　mɔŋ²¹tʃoŋ³³tʃit³，ʃek²m̩²¹tʃʰit³

　　芒種節是農曆二十四節氣之一，通常在每年的六月六日或七日之間。這個節氣表示夏季已經到來，農作物已經進入生長的重要時期。

69　賴為傑主編；《沙井鎮志》編纂委員會編：《沙井鎮志》（長春市：吉林攝影出版社，2002年6月），頁741。沙井，是指廣東深圳市沙井。
70　廣州市白雲區人和鎮政府編：《廣州市白雲區人和鎮志》（人和鎮：廣州市白雲區人和鎮政府，1997年），頁53-54。廣州市政協學習和文史資料委員會編；葉小帆主編：《廣州文史》（廣州市：廣州出版社，2010年12月），第74輯，頁94。

這句珠三角農諺反映了農民對於農事季節的敏感觀察和農業生產的重要性。「芒種節」標誌著夏季的正式開始，這是農民們忙碌耕作、種植農作物的關鍵時期。農民必須趁著這個時機，迅速完成田間的各項工作，以確保農作物能夠在適當的時間內生長和成熟。

5　立夏吹北風，十個魚塘九個空（廣州黃埔區、廣州從化、廣州白雲太和鎮、佛山、中山市民眾鎮）[71]

lap²ha²²tʃʰɐy⁵⁵pɐk⁵foŋ⁵⁵，ʃɐp²kɔ³³jy²¹tʰɔŋ²¹kɐu³⁵kɔ³³hoŋ⁵⁵

立夏節令吹北風，夏季北風是颱風或暴雨先兆，北風預告潦患之

---

[71] 也見於浙江嘉興市。王曉濤、朱吏著：《氣韻禾城　嘉興二十四節氣研究》（杭州市：浙江工商大學出版社，2021年8月），頁76。也見於廣東佛山龍江鎮。張永錫編纂：《龍江千年回眸　增訂本》（廣州市：廣州出版社，2003年8月），頁177。也見於佛山南海區。佛山市南海區文化廣電新聞出版局編：《南海市文化藝術志》（廣州市：廣東經濟出版社，2008年5月），頁138。也見於肇慶市四會縣。曾培德主編；四會縣地方志編纂委員會編：《四會縣志》（廣州市：廣東人民出版社，1996年10月），頁903。也見於潮汕地區。葉春生、林倫倫著：《潮汕民俗大典》（廣州市：廣東人民出版社，2010年6月），頁303。也見於廣西百色市田陽區。中國民間文學集成全國編輯委員會、中國民間文學集成廣西卷編輯委員會編：《中國諺語集成　廣西卷》（北京市：中國ISBN中心，2008年2月），頁484。也見於江西省撫州市資溪縣。熊第恕主編：《江西省氣象志》（北京市：方志出版社，1997年7月），頁84。也見於江西省萍鄉市安源區。曹光亮主編：《安源區志》編纂委員會編：《安源區志》（北京市：方志出版社，2006年6月），頁713。也見於廣東韶關乳源瑤族自治縣。乳源瑤族自治縣地方志編纂委員會編：《乳源瑤族自治縣志》（廣州市：廣東人民出版社，1997年12月），頁137。也見於浙江省湖州市。鍾偉今主編：《浙江省民間文學集成湖州市歌謠諺語卷》（杭州市：浙江文藝出版社，1991年7月），頁480。也見於江蘇蘇北地區。曹廷偉編：《中國諺語集錦》（南寧市：廣西民間文學研究會，1980年8月），頁116。也見於江蘇省無錫市蠡湖地區規劃建設領導小組辦公室、無錫市太湖文化研究會編：《蠡湖影蹤》（蘇州市：古吳軒出版社，2006年4月），頁82。

意，魚塘會被水沒。[72]這句農諺反映了農民對夏季極端天氣的警惕，尤其是北風可能預示著颱風或暴雨的情況。他們通過觀察這種氣象變化，預測可能的水災風險，以便保護他們的魚塘和農業產業，確保糧食和經濟安全。這也反映了農村社區中傳統的氣象知識和生計管理技巧。

6　三伏不熱，五穀不結（廣州）[73]

ʃam^{55}fok^{2}pet^{5}jit^2，ŋ^{13}kok^{5}pet^{5}kit^3

三伏不熱，五穀不結。〔明〕王象晉《群芳譜・歲譜二》三伏：初伏、中伏、末伏的統稱。夏至後第三個庚日是初伏第一天；第四個庚日是中伏第一天，立秋後第一個庚日是末伏第一天。三伏共三十至

72　廣東省地理學會科普組主編：《廣東農諺》（北京市：科學普及出版社；廣州分社，1983年2月），頁29。
73　也見於湖北省黃崗市浠水縣。潘自華編：《浠水方言詞匯》（湖北省：浠水縣文化館，2011年11月），頁14。也見於湖北省棗陽市鹿頭鎮。棗陽市民間文學集成辦公室、棗陽市文化館編：《中國諺語集成　湖北卷　棗陽諺語》（缺出版資料，1990年），頁13。也見於山東省菏澤市鄆城縣。山東省鄆城縣史志編纂委員會編：《鄆城縣志》（濟南市：齊魯書社，1992年11月），頁69。也見於雲南省文山壯族苗族自治州。中國民間文學集成全國編輯委員會、中國民間文學集成雲南卷編輯委員會編：《中國諺語集成　雲南卷》（北京市：中國ISBN中心，2002年2月），頁798。也見於陝西省寶雞市隴縣。隴縣地方志編纂委員會編：《隴縣志》（西安市：陝西人民出版社，1993年12月），頁962。也見於安徽省阜陽市潁上縣。潁上縣地方志編纂委員會編、《潁上縣志》（合肥市：黃山書社，1995年7月），頁448。也見於四川省宜賓市筠連縣。筠連縣縣志編纂委員會編著：《筠連縣志》（成都市：四川科學技術出版社，1998年12月），頁781。也見於湖南省岳陽市平江縣。朱道明著：《平江方言研究》（武漢市：華中師範大學出版社，2009年6月），頁213。也見於湖北省漢川市。湖北省漢川縣地方志編纂委員會編纂：《漢川縣志》（北京市：中國城市出版社，1992年8月），頁687。安徽省六安市霍山縣。霍山縣地方志編纂委員會編：《霍山縣志》（合肥市：黃山書社，1993年9月），頁797。

四十天。是一年中最熱的時期。三伏天不熱，五穀不結顆。[74]〔清〕朱彝尊《明詩綜》卷一百又作「六月不熱，五穀不結」。[75]伏，按農曆規定，夏至後第三個庚日為初伏（或稱頭伏）；第四個庚日為中伏（或稱二伏）；立秋後第一個庚日為末伏（或稱三伏）。其中初伏和末伏固定為十天。中伏交於七月二十八日前，規定為二十天；交於七月二十九日以後，規定為十天。伏天出現在七月中旬到八月中旬一個月裡，這個時期大陸處在副熱帶高壓控制下，天氣晴熱少雨，太陽照射時間長，地層熱量積累多，往往一年中除個別年份外，持續高溫出現在這個階段，所以諺語說「熱在三伏」。但是，三伏天時對農作物來說最好要熱，所以說「三伏不熱，五穀不結」。[76]「三伏不熱，五穀不結」這句珠三角農諺強調了夏季氣溫對農作物生長的影響。如果三伏天氣不太熱，農民相信這將有助於五穀的結實和豐收。這反映了農民對自然環境的敏感，並且他們試圖通過觀察天氣變化來預測和應對可能的農業挑戰，確保農產品的穩定生產。

7　六月無閒北（廣州黃埔區、廣州番禺、東莞常平、東莞謝崗鎮、東莞滘鎮、江門臺山）[77]

$lok^2jyt^2mou^{21}han^{21}pek^5$

---

74 蘇育生主編；王若嶺等編寫《中華妙語大辭典》（西安市：陝西人民教育出版社，1990年11），頁349。
75 何學威編著：《中國古代諺語詞典》（長沙市：湖南出版社，1991年5月），頁338。
76 吳天福編：《測天諺語集》（長沙市：湖南人民出版社，1979年），頁78。
77 也見於茂名市。茂名市地方志編纂委員會編：《茂名市志　上》（北京市：生活‧讀書‧新知三聯書店，1997年10月），頁60。也見於廣西廣西壯北海市合浦縣廉州鎮。廣西壯族自治區第二圖書館編輯：《廣西氣候史料》（南寧市：廣西壯族自治區第二圖書館，1978年7月），頁48。

夏天，廣東地區一般多吹偏南風，如果突然颳起北風，而且颳的時間又很長，這就可能有兩種情況發生：一種是有冷空氣南下，將要發生颱風，一種是太平洋的颱風侵入南海。這是為什麼呢？我們知道，颱風是一個很大的空氣漩渦。南海靠近赤道，夏季的空氣又暖又濕，因為太陽的照射，已經不斷上升。當冷空氣南下時，暖濕空氣受到冷空氣的衝擊，上升得更快，冷空氣就不斷補充進來。這樣，暖濕空氣不斷上升，冷空氣不斷補充，空氣就不斷旋轉，形成了空氣漩渦，於是颱風就產生了。當太平洋颱風侵入南海的時候，廣東處於颱風中心的外圍，又在它的北方或西北方，因為受到颱風的影響，由吹偏南風變為颳北風，向颱風中心流動。所以，夏季吹北風，不管是什麼原因引起的，都意味著颱風將要到來，應該及早做好防備工作。[78]「六月無閒北」這句珠三角農諺強調了農民對夏季氣象變化的觀察和對颱風的警覺性。北風在夏季的出現被視為颱風可能侵襲的信號，這促使農民和社區做好應對颱風的準備工作，以減少可能的損失並保護生計。這反映了農民在自然環境中的生活智慧和應對極端天氣的技能。

8　芒種聞雷聲，個個笑盈盈（廣州黃埔區）

　　　　　mɔŋ²¹tʃoŋ³³mɐn²¹løy²¹ʃeŋ⁵⁵，kɔ³³kɔ³³ʃiu³³jeŋ²¹jeŋ²¹

芒種此節氣從每年太陽到達黃經七十五度時（六月六日前後）開始。農民習慣認為芒種宜有雷響，諺云：「芒種有雷，大暑無颱」（颱，指颱風），即是說可避免颱風打落已成熟的穀粒。所以農民

---

[78] 韋有暹編著：《民間看天經驗》（廣州市：廣東科技出版社，1984年10月），頁62-63。留明編著：《怎樣觀測天氣　上》（呼和浩特市：遠方出版社，2004年9月），頁27-28。

「芒種聞雷聲，個個笑盈盈」。[79]這句諺語展示了民間智慧，即通過觀察自然現象和經驗，將其轉化為對天氣和農業的理解。這種智慧是在長期的實踐和傳承中積累的，幫助人們在特定的時節做出適當的行動，以保護農作物和生計。「芒種聞雷聲，個個笑盈盈」這句珠三角農諺突顯了農民對於氣象現象的重視以及他們在農業生產中的智慧應對。它反映了農民對於天氣的觀察和經驗，特別是在特定的節氣如芒種。

9　四月八，洗魚笪（廣州黃埔區）

　　ʃei³³jyt²pat³，ʃɐi³⁵jy²¹tat³

　　魚的生長和溫度是有很大關係的，夏、秋兩季天氣熱，魚的食欲旺盛，生長很快；相反，到了冬天，天氣寒冷，魚就不大攝食了，生長也就停下來。有些魚種，像大陸華南特有的「土鯪魚」，遇到寒冷的冬天還會大量的死亡。大家都知道，外地引進的越南魚（即非洲鯽），它們到了冬天還得躲到人工水池去避寒呢。因此，養魚的人為了適應魚兒這些生長特點，一般都在農曆二月放養魚種，到了三月，水溫隨天氣溫暖而升高，魚兒也就迅速生長。而起魚的時間則多在立冬到次年一、二月。廣東有些地方甚至每年年底進行「乾塘」，把魚捉清，然後清理塘底，再放新魚。當然，有些地方並不每年「乾塘」，但也在秋冬選擇大魚出售，剩下小魚再養。這一來，初夏吃到的塘魚就會少了。因此廣東農諺「四月八，洗魚笪」就是這個道理。[80]「四月八，洗魚笪」這句珠三角農諺強調了在養魚業中根據季節變化和氣象

---

79 蕭亭主編；廣東省地方史志編纂委員會編：《廣東省志　風俗志》（廣州市：廣東人民出版社，2002年8月），頁40。

80 盧景禧著：《動物王國和它的居民》（廣州市：廣東科技出版社，1979年2月），頁76-77。

條件來調整管理策略的重要性。農民需要善用溫度變化和氣象預測，以確保魚塘的魚類生長狀況良好，從而保證其經濟和食物供應。這也反映了農村社區中對於自然環境和農業的敏感性和智慧。

10　五月壬子破，龍船崗上過（廣州黃埔區）

ŋ¹³jyt²jɐm²¹tʃi³⁵pʰɔ³³，loŋ²¹ʃyn²¹kɔŋ⁵⁵ʃœŋ²²kwɔ³³

「五月壬子破，龍船崗上過」是一句與中國傳統節氣相關的俗語。壬子指的是農曆五月的壬子日，即這個節氣落在農曆五月的壬子日。河南稱「五月壬子破，水從房脊過」、又稱「五月壬子破，水打城上過」；浙江稱「五月壬子破，水望山頭過」、又稱「五月壬子破，大水唱山歌」；江蘇稱「五月壬子破，鯉魚穿山過」；廣東又稱「五月壬子破，大水穿山過」。這條農諺是說在五月壬子日，又是破日，主有大水災。[81]「五月壬子破，龍船崗上過」這句珠三角農諺反映了農民對於節氣和特定日期與自然災害之間關聯的觀察。五月壬子日被視為可能出現大水災的時刻，農民會根據這一訊息做好應對措施，保護自己和財產免受潛在的洪水危害。這種智慧反映了農村社區中的傳統氣象知識和對自然環境的認識。

11　小暑小割，大暑大割（廣州黃埔區、東莞市鳳崗鎮油甘埔村、東莞市鳳崗鎮官井頭村）[82]

---

81 楊亮才、董森主編：《諺海　第2卷　農諺卷3》（蘭州市：甘肅少年兒童出版社，1991年3月），頁118。

82 也見於江西省上饒市。張德金主編；上饒縣縣志編纂委員會編：《上饒縣志》（北京市：中共中央黨校出版社，1993年10月），頁467。也見於廣東省河源。河源縣地方志編纂委員會編：《河源縣志》（廣州市：廣東人民出版社，2000年5月），頁1064。

ʃiu³⁵ʃy³⁵ʃiu³⁵kɔt³，tai²²ʃy³⁵tai²²kɔt³

小暑此節氣從每年太陽到達黃經一〇五度時（七月七日前後）開始。時正初伏前後，進入氣溫最高時期。廣東省內南部早稻收割開始，故諺云：「小暑小割，大暑大割」。[83]小暑時節，早熟稻開鐮收割，延續到六月上、中旬，大暑前後，晚熟稻方可收割完畢。新中國成立後，小暑之前要收割完早熟稻，晚熟稻收割最遲不過大暑。夏收完成後，隨即犁田灌水浸坯，大暑後進行進行倒坯、耙田，至立秋前後插完晚稻秧。「小暑小割，大暑大割」這句珠三角農諺強調農民根據節氣和氣候變化來安排農業活動的智慧。小暑和大暑之間的收割時機選擇可以最大程度地提高水稻的產量，確保夏季農業的順利進行。這反映了農民對於自然環境的敏感性和他們在農業生產方面的經驗。

12　未食五月粽，寒衣唔敢送；
　　食過五月粽，寒衣收入槓；
　　食過五月粽，過咗百日又番風（廣州黃埔區）

也見於廣東河源市紫金縣。紫金縣地方志編纂委員會編：《紫金縣志》（廣州市：廣東人民出版社，1994年12月），頁126。也見於江門市臺山。黃劍雲編著：《臺山古今概覽　上》（廣州市：廣東人民出版社，1992年5月），頁175。也見於雲浮市新興縣。新興縣地方志編纂委員會編：《新興縣志》（廣州市：廣東人民出版社，1993年12月），頁701。也見於廣東省韶關市新豐縣。周日健著：《新豐方言志》（廣州市：廣東高等教育出版社，1990年12月），頁195。也見於江西省撫州市廣昌縣。姚瑞琪主編；江西省廣昌縣縣志編纂委員會編：《廣昌縣志》（上海市：上海社會科學院出版社，1994年12月），頁937。江西省撫州市宜黃縣。魏建平、藍師龍主編：《宜黃縣志》（西安市：三秦出版社，2008年7月），頁577。也見於江西省撫州市南豐縣。夏老長主編；南豐縣地方志編纂委員會編：《南豐縣志》（北京市：中共中央黨校出版社，1994年10月），頁54。

83　蕭亭主編；廣東省地方史志編纂委員會編：《廣東省志　風俗志》（廣州市：廣東人民出版社，2002年8月），頁40。

mei²²ʃek²ŋ¹³jyt²tʃoŋ³⁵, hɔn²¹ji⁵⁵m²¹kɐm³⁵ʃoŋ³³;

ʃek³kwɔ³³ŋ¹³jyt²tʃoŋ³⁵, hɔn²¹ji⁵⁵ʃɐu⁵⁵jɐp²loŋ¹³;

ʃek³kwɔ³³ŋ¹³jyt²tʃoŋ³⁵, kwɔ³³tʃɔ³⁵pak³jɐt²jɐu²²fan⁵⁵foŋ⁵⁵

　　農諺稱「未食五月粽，寒月不敢送」，在這段時期，冷空氣是一次爆發式南下，又回晴較暖，又再次爆發式南下，又回晴轉暖。故「冷頭暖尾」，在廣州多為驟冷、驟暖天氣。但真正寒潮由十一月到次年三月為止。[84]這句農諺反映了農民對氣象變化的觀察，特別是關於五月節氣和冷熱氣溫之間的轉變。它提醒人們在五月過後仍需保持對冷天氣的警覺，並不要過早將寒衣收藏，因為寒冷天氣可能會在之後的日子裡再次出現，尤其是在寒冷的冬季期間。這反映了農村社區中對於自然環境的敏感性和對氣象變化的重視。

13　梅裡不落蒔裡落（廣州黃埔區）

　　mui²¹lɵy¹³pɐt⁵lɔk²ʃi²¹lɵy¹³lɔk²

　　這農諺也見於上海。農曆五月正值梅雨季節，天空多雲層，如果這時出現霧，則多半屬於「鋒面霧」，即在準靜止鋒或低槽前部暖濕空氣流中形成的霧。這種霧的出現不僅說明空氣非常潮濕，而且說明有準靜止鋒或低槽在附近活動。因此預示要下大雨。如果經常出現大霧，則整個梅雨雨量就會很大，各處河濱都有積水……。「梅」，指芒種節氣；「蒔」，指夏至節氣。這兩種節氣正值梅雨季節。除極個別的空梅年份外，通常都有一段連綿的陰雨天氣，只是各年連綿陰雨開始早晚不同，有的年份在芒種節氣就已開始，有的年份則延至夏至節氣

84　曾昭璇著：《廣州歷史地理》（廣州市：廣東人民出版社，1991年5月），頁130。

才開始，所以有「梅裡不落蒔裡落」之說。[85]這句農諺反映了農民對於梅雨季節的氣象變化的觀察和認識，特別是透過霧的出現來預測大雨的可能性。這種智慧反映了農村社區中的傳統氣象知識和對自然環境的認識，以幫助農民應對多雨季節帶來的挑戰。

14　四月八，大水發（廣州黃埔區、深圳）[86]

ʃei³³jyt²pat³，tai²²ʃɵy³⁵fat³

農曆四月初八（是日佛誕）前後，正是一年中的多雨季節，往往容易發大水，要多留意農田，做好準備。在中國的傳統農耕社會中，農作物的生長和水源的供應密切相關。四月八這個時候，正處於春季進入夏季的過渡時期，降雨量較多，溫度也逐漸升高，這時水源會逐漸增加，河流湖泊的水位可能會上漲，甚至出現洪水。這句農諺主要是提醒人們在四月八這個時候要注意水災的可能性，特別是居住在水邊或低窪地區的人們。這句珠三角農諺清晰地反映了人們對自然環境

---

85 許以平編著：《氣象諺語和氣象病》（上海市：上海科學普及出版社，2000年7月），頁101。

86 也見於廣西貴港市港南區木格鎮雲洞村。雲垌村志編纂委員會編寫；鄧希文主編：《雲垌村志》（桂林市：灕江出版社，2019年9月），頁106。也見於廣東河源市龍川縣。龍川縣地方志編纂委員會編：《龍川縣志（1979-2004）》（廣州市：廣東人民出版社，2012年9月），頁791。也見於廣東河源市龍川縣。龍川縣《佗城鎮志》編纂委員會著：《佗城鎮志》（龍川縣：龍川縣《佗城鎮志》編纂委員會，2005年2月），頁279。也見於廣東茂名市信宜縣。信宜縣地方志編纂委員會編：《信宜縣志》（廣州市：廣東人民出版社，1993年12月），頁973。也見於廣東清遠市英德縣。英德縣地方志編纂委員會編：《英德縣志》（廣州市：廣東人民出版社，2006年9月），頁897。也見於廣西賀州市。賀州市地方志編纂委員會編：《賀州市志　下》（南寧市：廣西人民出版社，2001年8月），頁974。也見於廣西貴港市下桂平縣。《桂平縣志》編纂委員會編：《桂平縣志》（南寧市：廣西人民出版社，1991年8月），頁809。

變化的警覺性和對季節性氣象的敏感感知。在中國的農耕社會中，農作物的種植和生長高度依賴降雨，因此農民需要密切關注天氣和水文情況，以確保農作物的健康生長。同時，這句農諺也反映了人們對於農業生產的重視，因為農業是當地經濟和生計的重要來源，農民需要在面對自然環境變化時保持警覺，以確保農作物的穩定產量，從而確保糧食供應的穩定性。

15　處暑根頭白，農夫吃一嚇（廣州黃埔區）[87]

tʃʰy³⁵ʃy³⁵kɐn⁵⁵tʰɐu²¹pak²，loŋ²¹fu⁵⁵hɛk³jɐt⁵hak³

　　古時稻田灌溉用的是水車。唐宋以後境內已普及使用。明清時期，農民十分重視「乾田」，古人云「六月不乾田，無米莫怨天」。唯此一乾，則根派深遠，苗乾蒼老，結秀成實。但到了處暑水稻做胎時不可缺水，古人云：「處暑根頭白，農夫吃一嚇。」民國時期，排灌工具不充足，低田經常漫灌，高田又常因缺水而受旱。五〇年代，農田水利設施逐步改善，淺灌勤灌和適時擱田得到普及。六〇年代後，農村實現電力排灌，田間渠系也相應配套，特別是七〇年代到二〇一二年，通過平整土地和排灌工程的進一步完善，水渠管理水準不斷提高，大面積推行「淺水插秧、寸水護苗、薄露分蘗、夠苗擱田、薄水養胎（孕穗）抽穗、齊穗後活水灌溉」的管水方法。[88]這句農諺強調了在農業生產過程中對水源管理的重要性，特別是在關鍵時刻的適時灌溉。它反映了農民對於農作物生長的敏感感知，以及他們在面對自然變化時的智慧和勤勞。

---

[87] 也見於浙江嘉興市桐鄉市鳴街道。鳳鳴街道志編委會：《鳳鳴街道志》（北京市：方志出版社，2017年12月），頁165。
[88] 鳳鳴街道志編委會：《鳳鳴街道志》（北京市：方志出版社，2017年12月），頁165。

16 大暑涼，餓斷腸（廣州白雲區太和鎮、廣州花縣、廣州從化、佛山市順德區龍江鎮、佛山市南海區大瀝鎮、佛山市南海市九江鎮、深圳）[89]

tai²²ʃy³⁵lœŋ²¹，ŋɔ²²tyn²²tʃʰœŋ²¹

此珠三角農諺是預兆晚造歉收。這句諺語表達了農民對於天氣變化的敏感性和重視程度。農業生產高度依賴於天氣條件，而天氣的突變可能對農田產生直接的影響。因此，農民會注意觀察氣象變化，並據此調整耕作和收成的計畫。這句珠三角農諺反映的是農民對天氣變化的深刻理解和重視，以及農業生產對天氣條件的高度依賴。這句話也提醒農民們，儘管人類在農業生產中有著重要的作用，但最終的收成往往還要受到自然條件的決定。

17 夏至早，荔枝一定早（廣州、東莞市常平鎮土塘村）

ha²²tʃi³³tʃou³⁵，lei²²tʃi⁵⁵jɐt³teŋ²²tʃou³⁵

夏至來得早，當年的荔枝一定有好的收成。[90]這句珠三角農諺通過描述夏至時節的特點和荔枝的生長需求，強調了夏至對荔枝收成的

---

89 也見於廣東肇慶四會。曾培德主編；四會縣地方志編纂委員會編：《四會縣志》（廣州市：廣東人民出版社，1996年10月），頁903。也見於廣東肇慶高要。廣東省文學藝術界聯合會、廣東省民間文藝家協會編：《廣東民間故事全書肇慶高要卷》（廣州市：嶺南美術出版社，2010年9月），頁238。也見於廣東江門市鶴山。山縣民間文學「三套集成」編委會編：《中國民間文學「三套集成」廣東卷鶴山縣資料本》（鶴山縣：鶴山縣民間文學「三套集成」編委會，1989年3月），頁243。也見於廣東清遠。清新縣地方志編纂委員會編：《清新縣志（1988-2005）》（廣州市：廣東人民出版社，2012年2月），頁90。
90 小粵編：《學說廣州話》（廣州市：廣東旅遊出版社，2013年1月），頁283。

重要影響。它反映了農民對自然氣候條件的關注和經驗總結，也體現了他們對豐收的期望和努力。

18　處暑公，犁耙氹過氹；處暑乸，犁耙返屋下（廣州增城、東莞市高埗鎮、佛山市南海、順德）[91]

tʃʰy³⁵ʃy¹³koŋ⁵⁵，lɐi²¹pʰa²¹⁻³⁵tʰɐm¹³kwɔ³³tʰɐm¹³；
tʃʰy³⁵ʃy¹³na³⁵，lɐi²¹pʰa²¹⁻³⁵fan⁵⁵ok⁵ha²²

處暑表示一年炎熱即將過去，但江南一帶仍炎熱不減。處暑公（要看處暑這天日曆的數字），這個數如果是奇數（1、3、5……，就是公或是氹），犁耙要翻土，如果這個數是偶數（2　4、6……，就是乸），遇上這時，犁耙可以放到屋下。[92]這句珠三角農諺通過描述處暑時節的天氣情況和農事活動安排，提醒農民們根據天氣變化來合理安排農事活動，以確保農作物的生長和收成。同時，它也反映了農民對自然氣候條件的觀察和經驗總結。

19　蒔田蒔到立夏，有就蒔，無就罷（廣州增城、廣州白雲區鴉崗、廣州市白雲區人和鎮、中山市）[93]

ʃi²¹tʰin²¹ʃi²¹tou³³lap²ha²²，jɐu¹³tʃɐu²²ʃi²¹，mou²¹⁻³⁵tʃɐu²²pa²²

---

91 也見於陽江市陽春區。中國民間文學集成全國編輯委員會、中國民間文學集成廣東卷編輯委員會、林澤生本卷主編；馬學良主編：《中國諺語集成　廣東卷》（北京市：中國ISBN中心，1997年7月），頁531。也見於惠州市龍門縣。龍門縣地方志編纂委員會編：《龍門縣志（1979-2000）》（廣州市：廣東人民出版社，2011年12），頁706。
92 高埗鎮文學藝術界聯合會編：《風尚高埗　高埗水鄉民俗集粹》（缺出版機構名稱，2013年9月），頁14。
93 也見於廣東連南石蛤塘，莊初升、丁沽沽著：《廣東連南石蛤塘土話》（北京市：商務印書館，2019年），頁279。

意思是過了立夏插秧不但產量低,再播種已經沒有意義了,而且嚴重影響晚造農時。所以此句意謂趕在立夏前插秧,即是要趕在五一前(比立夏還早五天插完秧。[94]這句珠三角農諺反映了廣東地區農民對於水稻種植時機的把握和農事活動的安排,強調了立夏之前完成插秧工作的重要性,以及趕種和罷種對於農業生產的影響。

20　處暑若逢天下雨,縱然結實也難收(中山市)[95]

tʃʰy³⁵ʃy³⁵jœk²foŋ²¹tʰin⁵⁵ha²²jy¹³,
tʃoŋ³³jin²¹kit³ʃɐt²ja¹³nan²¹ʃɐu⁵⁵

處暑的「處」是終止、躲藏的意思。處暑是說炎熱的天氣結束。[96]處暑日如果天下雨,到秋冬收穫時節會出現連綿陰雨,影響穀米收穫,稱為爛冬天氣。[97]這句農諺反映了農民對於天氣的變化尤其是處暑時節的天氣變化的關切。在農業生產中,天氣是一個至關重要的因素,影響著農作物的生長和收成。處暑是表示炎熱天氣即將過去,人們期待著涼爽的秋天,但如果處暑當天下雨,這可能預示著秋冬季節的天氣也會不穩定。

94　莊初升、丁沾沾著:《廣東連南石蛤塘土話》(北京市:商務印書館,2019年),頁279。中山市人民政府地方志辦公室編:《中山村情》(北京市:廣東人民出版社,2018年11月),第3卷,頁16。廣州市政協學習和文史資料委員會編;葉小帆主編:《廣州文史》(廣州市:廣州出版社,2010年12月),第74輯,頁94。鄧汝強主編:《鴉崗風物志》(廣州市:廣東經濟出版社,2013年8月),頁78。

95　也見於廣西梧州市蒙山縣。刁光全著:《蒙山話》(南寧市:廣西人民出版社,2016年12月),頁266。

96　張明安、塗澤福著:《漢水大道　漢水小鎮大道河》(西安市:西北大學出版社,2009年9月),頁96。

97　刁光全著:《蒙山話》(南寧市:廣西人民出版社,2016年12月),頁266。

21 處暑薯，白露菇（廣州南沙區黃閣鎮、中山民眾鎮、中山小欖鎮、中山三角鎮、佛山順德區龍江鎮）[98]

tʃʰy³⁵ʃy³⁵ʃy²¹，pak²lou²²ku⁵⁵

處暑種番薯，白露種茨菇。[99]這句珠三角農諺「處暑薯，白露菇」反映了廣東和江南地區的農民根據節氣來安排農事活動的傳統，特別是對於種植紅薯和茨菇的時機把握，以確保農作物的生長和收成。

22 立夏吹北風，十眼魚塘九眼空，夏至西北風，菜園一掃空（廣州白雲區、中山市）[100]

lap²ha²²tʃʰɵy⁵⁵pɐk⁵foŋ⁵⁵，
ʃɐp²ŋan¹³jy²¹tʰɔŋ²¹kɐu³⁵ŋan¹³hoŋ⁵⁵，
ha²²tʃi³³ʃei⁵⁵pɐk⁵foŋ⁵⁵，
tʃʰɔi³³jyn²¹jɐt⁵ʃou³³hoŋ⁵⁵

立夏的正風為東南風，北風屬於邪風。立夏的北風可以讓魚塘裡的魚全部死亡，北風的危害由此可見一斑。夏至的正風應該是南風，

---

98 也見於廣東茂名市。中國民間文學集成全國編輯委員會、中國民間文學集成廣東卷編輯委員會、林澤生本卷主編；馬學良主編：《中國諺語集成 廣東卷》（北京市：中國ISBN中心，1997年7月），頁579。
99 麥旺發、麥勝天、張瑞霞編著：《黃閣古今》（北京市：中國文史出版社，2006年12月），頁190。
100 也見於肇慶端州區。肇慶市端州區地方志編纂委員會編：《肇慶市志》（廣州市：廣東人民出版社，1996年10月），頁834。也見於肇慶高要。廣東省文學藝術界聯合會、廣東省民間文藝家協會編：《廣東民間故事全書肇慶高要卷》（廣州市：嶺南美術出版社，2010年9月），頁239。也見於江西宜春市。王德全主編；宜春市地方志編纂委員會編：《江西省宜春市志》（海口市：南海出版公司，1990年9月），頁910。

夏至卻吹西北風，可以讓菜園裡的蔬菜全部死亡。[101]這些農諺反映了農民對於不同風向的變化如何影響農作物生長的敏感性，以及他們對於天氣和自然環境的觀察和經驗。農民根據這些觀察，調整種植計畫，以確保農作物能夠在最適宜的天氣條件下生長，從而取得更好的收成。這種智慧和實踐反映了農民對於自然的理解和運用，以及他們在與環境互動中累積的寶貴知識。

23　夏至西北風，十個田園九個空（中山板芙鎮、中山阜沙鎮、中山民眾鎮）

$ha^{22}t\int i^{33}\int ei^{55}pek^5fon^{55}$，$\int ep^2kɔ^{33}t^hin^{21}jyn^{21}kɐu^{35}kɔ^{33}hoŋ^{55}$

夏至時，廣東的颱風季節已開始。颱風登陸多數吹西北風，有暴雨，導致內澇，因而禾田減收。[102]這句珠三角農諺反映了廣東地區農民對於夏至節氣和颱風季節的瞭解，以及農業生產在惡劣天氣下可能面臨的困難和損失。

（三）秋令

1　立秋有雨抽抽有，立秋無雨企田頭（廣州黃埔區）

$lap^2t\int^hɐu^{55}jɐu^{13}jy^{13}t\int^hɐu^{55}t\int^hɐu^{55}jɐu^{13}$，
$lap^2t\int^hɐu^{55}mou^{13}jy^{13}k^hei^{13}t^hin^{21}t^hɐu^{21}$

---

101 劉明武著：《中醫十大基礎問題》（長沙市：湖南科學技術出版社，2021年10月），頁198-199。

102 馮國強：《中山市沙田族群的方音承傳及其民俗變遷》（臺北市：萬卷樓圖書公司，2008年8月），頁277。廣東省地理學會科普組編：《廣東農諺》（北京市：科學普及出版社廣州分社，1983年2月），頁73。

廣州黃埔區大沙鎮稱「立秋有雨秋秋有，立秋無雨甚擔憂」、[103] 廣東河源市龍川縣稱「立秋有雨秋秋有，立秋無雨百家憂」[104]、廣西橫縣稱「立秋有雨喜豐收，立秋無雨人人愁」、桂平稱「立秋有水家家有，立秋無水家家憂」、桂平又稱「立秋下雨偷偷雨，立秋無雨枉功勞」、馬山壯區稱「立秋有雨雨水足，立秋無雨天大旱」、扶綏、橫縣壯區「立秋有雨秋秋有，立秋無雨半成收」、樂業稱「立秋有雨秋秋有、立秋無雨甚擔憂」等。

關於抽抽，一般寫作秋秋，獨是中山市阜沙鎮志寫作抽抽。[105]筆者認為「秋秋」解不通，而「抽抽」是一抽一抽禾苗的意思，是一株一株禾苗的意思。此諺語指立秋這一天有雨，是預兆不會出現秋旱，雨水會均勻，農作物生長正常，水稻可以豐收。立秋這一天無雨，則天有旱象，水稻收成將會減產，收成有影響。[106]這句農諺強調了秋季水分的重要性，特別是在立秋這一節氣。如果在立秋有適量的雨水，農民將會更有信心，相信農作物會有一個良好的生長季節，並預示著一個豐收的希望。如果立秋無雨，則需要額外的農事工作，以應對可能的乾旱情況，以確保農業生產的穩定。

---

103 廣州市黃埔區大沙鎮地方志編纂委員會編：《大沙鎮志》（北京市：中華書局，2008年6月），頁449。

104 中國民間文學集成全國編輯委員會、中國民間文學集成廣西卷編輯委員會編：《中國諺語集成　廣西卷》（北京市：中國ISBN中心，2008年2月），頁492。

105 《中山市阜沙鎮志》編纂委員會編：《中山市阜沙鎮志》（廣州市：廣東人民出版社，2018年5月），頁501。

106 《中山市阜沙鎮志》編纂委員會編：《中山市阜沙鎮志》（廣州市：廣東人民出版社，2018年5月），頁501。新會縣地方志編纂委員會：《新會縣志》（廣州市：廣東人民出版社，1995年10月），頁1088。中山市沙溪鎮人民政府編：《沙溪鎮志》（廣州市：花城出版社，1999年6月），頁423。

2 禾怕霜降風，人怕老來窮（廣州）

wɔ²¹pʰa³³ʃœŋ⁵⁵kɔŋ³³foŋ⁵⁵，jɐn²¹pʰa³³lou¹³lɔi²¹kʰoŋ²¹

「霜降」期間，廣州地區不時會遇上冷空氣南下，颳七、八天的中、強北風，使氣溫驟降，稱為「霜降風」。是時正是晚稻抽穗揚花至稻穗灌漿期，如碰上「霜降風」的侵襲，晚稻便會出現空粒、秕粒現象。過去，農民最怕遇上霜降風，故有農諺謂「禾怕霜降風，人怕老來窮」。但近四十年來，由於推廣種田，提早插秧季節，到霜降期間，晚稻已進入黃熟階段，已基本上不受霜降風的侵害了。[107]這句珠三角農諺「禾怕霜降風，人怕老來窮」反映的是當地農民對霜降風的畏懼，以及對晚稻生長的關注。這句農諺意為農作物最怕在霜降期間遭遇強風襲擊，這會導致晚稻出現空粒、秕粒現象，影響收成。

3 七月落金，八月落銀（廣州）

tʃʰɐt⁵jyt²lɔk²kɐm⁵⁵，pat³jyt²lɔk²ŋɐn²¹⁻³⁵

七月時，插秧不久，八月禾苗抽穗揚花，其時亟須雨水，這時天下雨就好比降金銀下來。[108]其實此農諺不單可用於水稻，也能用於油茶。這條農諺反映油茶在農曆七到八月份對水分的迫切要求。若遇上七到八月乾旱，便會出現七月乾球，八月乾油的現象。[109]這句珠三角

---

107 廣州市白雲區人和鎮政府編：《廣州市白雲區人和鎮志》（人和鎮：廣州市白雲區人和鎮政府，1997年），頁76。
108 梧州市地方志編纂委員會編：《梧州市志　文化卷》（南寧市：廣西人民出版社，2000年8月），頁3889。
109 謝雲勝：〈祁門縣油茶林分類型經營技術探討〉，《安徽林業科技》第一期（合肥市：安徽林業科技編委會，2018年），頁62。

農諺「七月落金，八月落銀」反映的是當地農民對七月和八月降雨的重視，以及對油茶生長的關注。這也反映出了當地農民對自然條件和農作物生長季節的敏銳觀察和深刻理解。

4　白露水，冇益人（廣州白雲區、肇慶四會縣）

pak²lou²²ʃɵy³⁵，mou¹³jek⁵jɐn²¹

白露是農曆二十四節氣之一，通常在每年的九月七日或八日之間。白露時節，天氣開始轉涼，濕氣逐漸凝結成露水。這句農諺提醒農民要注意白露時節的氣候變化，做好防護措施，保護農作物的生長，以確保農作物的品質和收成。在此背景下，它強調了農業勞動的不易以及對天候變化的重要關注。廣州白雲區鴉崗村農諺「白露水，冇益人」稱這個季節落雨，不利於禾苗正常生長，會引起成熟時「倒伏」。[110]廣東肇慶市四會縣則稱「白露水，毒過蛇」。[111]這句珠三角農諺通過描述白露時節的天氣變化和對農作物生長的關注，強調了農民們需要密切關注氣候的變化，並採取相應的措施來保護農作物的生長和收成。同時也反映了農業勞動的不易以及對天候變化的敏感度。

5　不怕重陽雨，最怕十三陰；九月十三陰，漚爛禾稿心（廣州）

pɐt⁵pʰa³³tʃʰoŋ²¹jœŋ²¹jy¹³，tʃɵy³³pʰa³³ʃɐp²ʃam⁵⁵jɐm⁵⁵；
kɐu³⁵ʃyt²ʃɐp²ʃam⁵⁵jɐm⁵⁵，ɐu³³lan²²wɔ²¹kou³⁵ʃɐm⁵⁵

---

110 鄧汝強主編：《鴉崗風物志》（廣州市：廣東經濟出版社，2013年8月），頁260。
111 四會縣政協《四會文史》編輯組：《四會文史》（四會縣：四會縣政協文史組，1986年9月），第3輯，頁55。

九月九重陽下雨倒不怕，怕就怕在一連到九月十三日時還不晴，那時禾稿心也被漚爛了。[112]此農諺於廣西龍州稱「九月十三陰，柴火貴如金」、有稱「九月十三陰，禾稈漚爛心」。[113]這句農諺反映了農民對於九月九重陽節後的天氣變化的關切。他們不怕重陽節當天下雨，但如果九月十三日後天氣依然陰雨綿綿，這可能會對禾稈的生長和收成造成損害，因此他們特別擔心這種情況。這句諺語彰顯了農業生產中天氣對農作物的重要性，以及對於天氣變化的關切。

6　霜降降禾黃，霜降滿田紅（廣州、佛山）

ʃœŋ⁵⁵kɔŋ³³kɔŋ³³wɔ²¹wɐŋ²¹，ʃœŋ⁵⁵kɔŋ³³mun¹³tʰin²¹hoŋ²¹

霜降此節氣從每年太陽到達黃經二一〇度時（十月二十三日前後）開始。廣東北部可能出現初霜。各地晚稻先後成熟，等待收割，故諺云：「霜降降禾黃，霜降滿田紅」。[114]佛山市三水那邊稱「霜降滿田紅」，正是晚造中熟水稻累累結實的時候。[115]關於「紅」這個字，不是指紅色，而是指農活多。[116]這句珠三角農諺反映了農民對於農業生產的時間敏感性和對天氣變化的關注。農諺中還反映了農民對於農

---

112 梧州市地方志編纂委員會編：《梧州市志　文化卷》（南寧市：廣西人民出版社，2000年8月），頁3889。
113 中國民間文學集成全國編輯委員會、中國民間文學集成廣西卷編輯委員會編：《中國諺語集成》（北京市：中國ISBN中心，2008年2月），廣西卷，頁465。
114 蕭亭主編；廣東省地方史志編纂委員會編：《廣東省志　風俗志》（廣州市：廣東人民出版社，2002年8月），頁42。
115 何錫安：〈農業氣節與三水農諺〉，《三水文史》（三水縣：政協三水縣委員會文史組，1982年；三水縣文學藝術工作者聯合會，1982年），第3-4期，頁191。
116 熊春錦著：《中華傳統節氣修身文化　四時之冬》（北京市：中央編譯出版社，2017年1月），頁153。

作物種植的經驗和智慧。農民會根據農作物的生長特點和天氣變化來調整種植和管理措施，以確保農作物的產量和品質。例如，晚稻在霜降時節成熟，需要及時收割和晾曬，以保證稻穀的品質和產量。

7　霜降遇重陽，穀滿頂正樑（廣州黃埔區）

ʃœŋ⁵⁵kɔŋ³³jy²²tʃʰoŋ²¹jœŋ²¹，kok⁵mun¹³teŋ³⁵tʃeŋ³³lœŋ²¹

意思是指霜降遇重陽時候，便會「一年穀米兩年糧」（廣東），[117] 甚至是「一年攞埋三年糧」。[118] 這句農諺反映了農民對於農作物豐收的期望，並將之與特定的節氣和天氣情況聯繫在一起。霜降遇到重陽時，農民相信這樣的結合會帶來豐收，因此對於農作物的生長和收成感到樂觀。這句農諺將特定的節氣和天氣情況與農作物的豐收聯繫在一起，表達了農民對於農業生產的期望和祈禱。

8　七月冇立秋，遲禾冇得收（廣州花縣、肇慶廣寧、四會）[119]

tʃʰɐt⁵jyt²mou¹³lap²tʃʰɐu⁵⁵，tʃʰi²¹wɔ²¹mou¹³tɐk⁵ʃɐu⁵⁵

立秋是農曆二十四節氣之一，通常在每年的八月七日或八日之間。立秋標誌著夏季的結束，秋季的到來。在這個時節，氣溫開始下降，標誌著農作物的成熟和收割的開始。這句農諺強調了立秋對農業

117　楊亮才、董森主編：《諺海　第2卷　農諺卷2》（蘭州市：甘肅少年兒童出版社，1991年3月），頁556。

118　新會縣地方志編纂委員會：《新會縣志》（廣州市：廣東人民出版社，1995年10月），頁1088。

119　此農諺也見湖南。農業出版社編輯部：《中國農諺》（北京市：農業出版社，1980年5月），頁62。

的重要性。如果在七月份沒有及時進入秋季，也就是沒有立秋，那麼氣溫可能會持續較高，導致農作物的生長進一步延遲。這會耽誤農作物的成熟和收割時機，進而影響農民的收成。此農諺見於廣東廣寧、四會、花縣，[120]又見於廣東番禺、順德和湖南。[121]意指如立秋在六月底而仍在七月插秧，則節氣已晚，插下後生長期短，致使穗小粒小，會減產。[122]這種觀察和認識突顯了農民對於氣象變化和節令轉換的敏感性，以及他們對於時機選擇在農業生產中的重要性的理解。農民們明白，時機選擇對於確保良好的農作物收成至關重要，因此對於節氣如立秋的提前或延遲格外關注。

9　寒露過三朝，遲早一齊標（廣州、佛山南海、廣州天河區石牌街道石牌村、深圳、惠州市龍門縣）

hɔn²¹lou²²kwɔ³³ʃam⁵⁵tʃiu⁵⁵，tʃʰi²¹tʃou³⁵jɐt⁵tʃʰɐi²¹piu⁵⁵

「標」，指水稻抽穗揚花。[123]寒露後三天，水稻無論早熟、遲熟品種都會一齊抽穗揚花。因晚稻開花要短日照，寒露節後日期日照少

120　廣東省地理學會科普組主編：《廣東農諺》（北京市：科學普及出版社；廣州分社，1983年2月），頁75。
121　農業出版社編輯部：《中國農諺》（北京市：農業出版社，1980年5月），頁62。
122　楊亮才、董森主編：《諺海　第2卷　農諺卷2》（蘭州：甘肅少年兒童出版社，1991年3月），頁289。農業出版社編輯部：《中國農諺》（北京市：農業出版社，1980年5月），頁62。
123　抽穗揚花是指農作物生長過程中，植株進入開花期並開始結穗的過程。在農作物中，抽穗是指植株的主軸或側枝生長到一定高度後，開始形成花序並開始開花。揚花則是指花序中的花朵逐漸開放，展示出花朵的美麗和色彩。抽穗揚花是農作物生長過程中的重要階段，它標誌著農作物進入生殖生長階段，並開始進行繁殖。這個過程對於農作物的生長和產量具有重要的影響。

於十一小時半即開花。[124]因此，要想晚稻不受「寒露風」為害（如果這時氣溫下降到攝氏二十三度以下，濕度小至百分之六十以下。就會使水稻的生理機能受到影響，花粉不易黏著柱頭或花粉粒乾裂，不能授精發芽，形成大量不實粒和過冬青，從而招致減產。如果水稻在灌漿階段遇到害露風，則會影響到稻禾體內養分的運轉，以致穀粒不飽滿，米質變劣）[125]，就必須從品種選育和管理措施上下功夫，選擇一些早熟的良種和早、晚雜交種或翻秋種，在「寒露」前抽穗，以避過寒風危害。也可以選擇一些抗寒性強的良種，並通過水、施肥管理來抗禦自然災害的襲擊而得高產。[126]這句農諺強調了寒露後的時機選擇對於水稻抽穗揚花的重要性。農民需要關注天氣變化，以確保水稻能夠在適宜的時機進入這一關鍵階段，以實現高產的目標。

10　寒露打大風，十個田頭九個空（廣州、東莞市道滘鎮）

hɔn²¹lou²²ta³⁵tai²²foŋ⁵⁵，ʃɐp²kɔ³³tʰin²¹tʰɐu²¹kɐu³⁵kɔ³³hoŋ⁵⁵

　　寒露此節氣從每年太陽到達黃經一九五度時（十月八日前後）開始。這時天氣日漸寒冷，晚稻正處抽穗揚花時節，最怕颱風，所以說「寒露打大風，十個田頭九個空」。[127]這句農諺強調了農民對於寒露

---

124 廣東省地理學會科普組主編：《廣東農諺》（北京市：科學普及出版社；廣州分社，1983年2月），頁85。清新縣地方志編纂委員會編：《清新縣志（1988-2005）》（廣州市：廣東人民出版社，2012年2月），頁90。
125 李學德著：《農事與民生　農業文選》（廣州市：廣東農業雜誌社、廣東省農牧信息學會，2008年5月），頁45。
126 江泰樂著：《綠野文集》（廣州市：廣東省農牧信息學會、廣東農業雜誌編輯部，2009年），頁6。
127 蕭亭主編；廣東省地方史志編纂委員會編：《廣東省志　風俗志》（廣州市：廣東人民出版社，2002年8月），頁41-42。

時風的敏感性,以及他們對於風可能對晚稻生長和收成帶來的潛在風險的關切。這反映了農業生產中天氣因素的重要性,並強調了農民對於時機選擇和風險管理的需求。

11　八月秋收忙,農夫穀滿倉(廣州)

　　pak³jyt²tʃʰɐu⁵⁵ʃɐu⁵⁵mɔŋ²¹,noŋ²¹fu⁵⁵kok⁵mun¹³tʃʰɔŋ⁵⁵

這條農諺是指農作物豐收時節農民的喜悅心情,是對生活充滿著樂觀與理想;[128]同時還反映了農民們對於生活的樂觀態度。在農業生產中,豐收不僅代表著農民們付出的努力得到了回報,也代表著他們對於未來的信心和希望。農民們相信,只要付出努力和汗水,就一定會有豐收的時候。這種樂觀的態度也反映了農民們對於生活的熱愛和對於未來的信心。

12　七月紅雲蓋天頂,收好禾苗灣好艇(廣州)

　　tʃʰɐt⁵jyt²hoŋ²¹wɐn²¹kɔi³³tʰin⁵⁵tɐŋ³⁵,
　　ʃɐu⁵⁵hou³⁵wɔ²¹miu²¹wan⁵⁵hou³⁵tʰɐŋ¹³

珠海市稱「紅雲蓋頂,找艇搬錠」。「紅雲蓋頂,找艇搬錠」跟海南的「紅雲過頂,趕快收船,有颱風」(海南)意思一致。[129]這裡說的「紅雲」,是指出現東南海面上空的雲的顏色。颱風侵襲前,氣壓低、濕度大,大氣層中的水滴、灰塵大大增加,陽光通過大氣層的時

---

128 譚達先:〈略論粵語農諺〉,見廣東省民族研究所、廣東省群眾文化藝術館編:《民族民間藝術研究》(廣州市:廣東人民出版社,1986年5月),第2集,頁222-225。
129 郝瑞著:《解放海南島》(北京市:解放軍出版社,2007年1月),頁229。

候，碰到很多水滴和灰塵，這時候容易被反射的顏色光線都被射掉，只有不易被反射掉的紅、橙、黃等顏色光線能夠通過，所以看上去天空就是紅色。這種現象大都是出現日出和日落的時候。[130]因此，廣州一帶市郊的農民當看到天頂滿布紅雲，便是颱風來臨預示，便把農艇入涌作防颱準備。這句農諺反映了農民們對於自然現象的觀察和理解。在過去的年代，由於缺乏現代科技手段，農民們只能通過觀察天象來判斷天氣的變化。而紅色雲彩的出現是颱風來臨前的典型天氣現象，農民們通過觀察這種天氣現象來預測颱風是否來臨，從而採取相應的措施來防範和應對。「七月紅雲蓋天頂」於筆者母親來看，她會說成「朝紅雨，晚紅風」，或說「天邊紅，唔係雨就是風」。

「晚紅風」，攝於二〇二三年十月七日星期六。颱風「小犬」迫近香港，十月八日星期日晚上掛起九號風球。
（圖片來源：馮國榮拍攝。九龍麗港城對照為維多利亞海港。是日黃昏，整個天空呈現紅紅火焰）

---

130 韋有暹編著：《民間看天經驗》（廣州市：廣東科技出版社，1984年10月），頁61。

13　寒露過三朝，過水要尋橋（廣州白雲區太和鎮）

hɔn²¹lou²²kwɔ³³ʃam⁵⁵tʃiu⁵⁵，kwɔ³³ʃɵy³⁵jiu³³tʃʰɐm²¹kʰiu²¹

　　寒露節氣始於十月上旬末，十月下旬結束。太陽的直射點在南半球繼續南移，北半球陽光照射的角度開始明顯傾斜，地面所接收的太陽熱量比夏季顯著減少，冷空氣的勢力範圍所造成的影響，有時可以擴展到華南。在廣東一帶流傳著這樣的諺語：「寒露過三朝，過水要尋橋。」指的就是天氣變涼了，可不能像以前那樣赤腳淌水過河或下田了。可見，寒露期間，人們可以明顯感覺到季節的變化。更多的地區，人們開始用「寒」字來表達自己對天氣的感受了。寒露期間，天氣有以下幾個特點。（1）氣溫降得快：氣溫降得快是寒露節氣的一個特點。一場較強的冷空氣帶來的秋風、秋雨過後，溫度下降攝氏八度、攝氏十度已較常見。不過，風雨天氣大多維持時間不長（華西地區除外），受冷高壓的控制，晝暖夜涼，白天往往秋高氣爽。（2）平均氣溫分布差異大：十月份，大陸平均氣溫分布的地域差別明顯。在華南，平均溫度大多數地區在攝氏二十二度以上，海南更高，在攝氏二十五度以上，還沒有走出夏季；江淮、江南各地一般在攝氏十五至二十度之間，東北南部、華北、黃淮在攝氏八至十六度之間，而此時西北的部分地區、東北中北部的平均溫度已經到了攝氏八度以下。青海省部分高原地區平均溫度甚至在攝氏〇度以下。[131]「寒露過三朝，過水要尋橋」的意思是，當寒露節氣過去後，氣溫逐漸下降，水的溫度也變冷，此時過水（指穿越水域）時要尋找橋梁，避免直接赤腳趟水。這句農諺反映了珠三角地區的自然環境和人們的生活習慣。由於

131　九天書苑編著：《新編二十四節氣生活宜忌全書》（北京市：中國鐵道出版社，2014年4月）。

珠三角地區氣候溫和、水網交錯，人們與水有著緊密的聯繫。然而，隨著氣溫的下降和水的變冷，人們需要採取措施來應對這種變化。尋找橋梁過水就是其中的一種方式，這也可以看出人們對於氣候變化的適應能力。

14 晚造望秋淋（廣州、佛山、深圳、中山小欖鎮）[132]

man¹³tʃou²²mɔŋ²²tʃʰeu⁵⁵lem²¹

「秋老虎」天是秋行夏令，但已有北方氣流南下，只是不變涼，故仍屬夏季天氣。但九、十月間，北方已冷，故高氣壓南下冷氣流侵入廣州，故可稱夏季結束，初秋開始。這時因冷氣流侵入南方暖氣區，故使濕熱的當地氣流被抬升地面成陰涼天氣。夜雨的原因是因為冷氣流晚間的陸風幫助，加速吹向海洋，使抬升暖氣易受冷卻成雨，但雨量不大（約十毫米）。由於夜間冷氣流加速，故降低溫度也快些，使暖氣中水汽不斷析出，成為夜間不斷產生的疏落零碎分散小雨，故名「秋淋」。此時日溫增大，有利晚造拔節孕穗，故農諺云：「晚造望秋淋」。[133]這句農諺提醒農民，在秋季的開始，特別是在夜間淋雨時，應該開始種植晚稻，以確保農作物的正常生長和豐收。這反映了農民對氣象和節令變化的敏感性，以及他們在農業生產中的時機選擇的重要性。

---

[132] 也見於江門五邑。張國雄、劉興邦、張運華、歐濟霖著：《五邑文化源流》（廣州市：廣東高等教育出版社，1998年8月），頁144。鶴山縣民間文學「三套集成」編委會編：《中國民間文學「三套集成」廣東卷 鶴山縣資料本》（鶴山縣：鶴山縣民間文學「三套集成能」編委會，1989年3月），頁242。也見於江門。江門市地方志編纂委員會編：《江門市志（1979-2000）》（北京市：方志出版社，2011年12月），下冊，頁1474。

[133] 曾昭璇著：《廣州歷史地理》（廣州市：廣東人民出版社，1991年5月），頁101。

15 寒露風，穀不實；霜降雨，米多碎（廣州、深圳）

hɔn²¹lou²²foŋ⁵⁵，kok⁵pɐt⁵ʃɐt²；ʃœŋ⁵⁵kɔŋ³³jy¹³，mɐi¹³tɔ⁵⁵ʃθy³³

　　寒露節氣（陽曆10月8日或9日），較冷的北風提早吹至，影響晚造禾稻抽穗及花朵發育。再過兩星期後的「霜降」氣節，結成穀果外殼（稃）後，進入灌漿階段（注入米漿），如該時天氣陰雨，氣溫下降，禾稻葉部的光合作用減慢，便無法製造足夠米漿輸送，穀果（穀實）便脆弱易碎了。這句農諺反映了農民們對於氣候變化的觀察和適應能力。在過去的年代，農民們通過觀察天氣和自然現象來預測未來的氣候變化，以便更好地進行農業生產。寒露風和霜降雨是其中的兩個重要節氣，農民們需要根據這些節氣的到來來採取相應的措施，以保障晚造禾稻的產量和質量。

16 蒔糯唔被立秋知（廣州、黃埔大沙鎮）

ʃi²¹nɔ²²m̩²¹pei²¹⁻³⁵lap²tʃʰɐu⁵⁵tʃi⁵⁵

　　廣州市黃埔區大沙鎮農民稱立秋前要提早糯秧播完。[134]這句珠三角農諺反映了立秋前要盡快完成糯稻秧苗移植的重要性，以及珠三角地區農民們對於傳統農業生產的重視和堅持。它提醒人們要關注農業生產的時間安排和進度，以確保農作物的正常生長和成熟。

---

134 廣州市黃埔區大沙鎮地方志編纂委員會編：《大沙鎮志》（北京市：中華書局，2008年6月），頁449。

17　秋分定禾苗（廣州、廣州市白雲區石門街鴉崗村、佛山三水）[135]

tʃʰɐu⁵⁵fen⁵⁵teŋ²²wɔ²¹miu²¹

　　晚稻到秋分已進入幼穗分化和孕穗生育階段，田間苗數（穗數）已基本確定下來，就苗數而言已成定局，但每穗粒數、結實率、千粒重多少，仍可通過水肥管理、病蟲防治而爭取豐收。[136]這句農諺反映了農民對於農業時機的敏感性，特別是對於秋季作物的生長和管理。它強調了在秋分這一特定時刻，禾苗的生長已經進入了關鍵階段，作物的穗數基本確定，但仍然存在潛在的機會通過農業管理來提高產量和品質。這一理解有助於農民適時地採取措施，以確保農業生產的成功和穩定。

---

[135] 也見於廣東惠州市龍門路溪。李菲、甘於恩、謝鎮澤編著：《龍門路溪方言詞典》（北京市、西安市：世界圖書出版公司，2020年6月），頁16。也見於江門市臺山縣。臺山縣地方志編纂委員會編：《臺山縣志》（廣州市：廣東人民出版社，1998年12月），頁484。也見於廣東湛江市。何文里：《春潮集　湛江農村改革與發展研究（1980-1992）》（廣州市：廣東高等教育出版社，1993年1月），頁224。也見於廣東省雲浮市新興縣。新興縣地方志編纂委員會編：《新興縣志（1979-2000）》（廣州市：廣東人民出版社，2012年10月），頁163。也見於廣東惠州市龍門縣。龍門縣地方志編纂委員會編：《龍門縣志》（北京市：新華出版社，1995年9月），頁163。也見於浙江嘉興市。浙江省嘉興地區農業學校著：《農業昆蟲學》（北京市：農業出版社，1980年2月），頁197。也見於廣西防城港市東興鎮。中國民間文學集成全國編輯委員會、中國民間文學集成廣西卷編輯委員會編：《中國諺語集成　廣西卷》（北京市：中國ISBN中心，2008年2月），頁496。

[136] 黃劍雲主編；廣東省臺山縣志編輯部編：《臺山通略》（江門市：廣東省江門市地方志學會，1988年），頁62。

18　八月水浸坡，九月蟲咬禾（廣州、深圳市寶安縣）[137]

pat³jyt²ʃɵy³⁵tʃɐm³³pɔ⁵⁵，kɐu³⁵jyt²tʃʰoŋ²¹ŋau¹³wɔ²¹

　　剃枝蟲是粘蟲、勞氏粘蟲、白脈粘蟲和水稻葉夜蛾的統稱。[138]其中以粘蟲、水稻葉夜蛾發生較多。粘蟲在廣東越夏不越冬，其發生需要適宜溫度（二十二到二十五攝氏度）和較高濕度（相對濕度八十度以上）。一般夏季氣溫偏低，七到八月降雨量接近或超過歷史年平均值時，會導致晚稻田中粘蟲大發生。故農諺說：「八月水浸坡，九月蟲咬禾」，就是說降雨量較多，在白露前後受浸的稻田，有利於粘蟲的大發生。葉夜蛾主要是四到六月為害早稻，七到八月嚴重為害晚秧，八到九月轉移為害晚稻，一年出現三個高峰期。因此蟲畏寒冷，寒露風來後就不再為害。[139]這句珠三角農諺「八月水浸坡，九月蟲咬

---

[137] 黃劍雲主編；廣東省臺山縣志編輯部編：《臺山通略》（江門市：廣東省江門市地方志學會，1988年），頁484。也見於廣東惠州市龍門縣。龍門縣地方志編纂委員會編：《龍門縣志》（北京市：新華出版社，1995年9月），頁757。也見於廣東茂名市高州。農業出版社編輯部《中國農諺》（北京市：農業出版社，1980年5月），頁142。也見於廣東省湛江市徐聞縣。中國人民政治協商會議徐聞縣委員會編：《徐聞文史》（缺出版資料），第19輯，頁131。也見於廣東陽江市陽春區。陽春市地方志編纂委員會編：《陽春市志（1979-2000）》（廣州市：廣東人民出版社，2013年12月），頁334。也見於廣西桂平縣。廣西桂平縣《農村氣象》編寫組編：《農村氣象》（桂平縣：廣西桂平縣《農村氣象》編寫組，1976年9月），頁221。

[138] 粘蟲發生需較高濕度（相對濕度百分之八十以上）和適宜的氣溫（平均氣溫攝氏二十至二十六度）。一般九月份降雨量接近或超過歷年平均值時，可能導致粘蟲發生。農諺說，「八月水浸坡，九月蟲咬禾」，即是說，在「白露」前後受浸的稻田，有利於粘蟲發生（洪水退後五至十天，幼蟲出現）。見廣東省農林水科學技術服務站革命委員會編：《水稻主要病蟲害防治手冊》（廣州市：廣東人民出版社，1970年11月），頁19。

[139] 廣東省農墾幹校農業植保學習班編：《農業植保講義》（廣州市：廣東省農墾幹校農業植保學習班，1978年8月），頁42。湖南師院、廣東師院、華中師院等生物系

禾」反映了農民對於農業害蟲的出現和影響的觀察和理解。它強調了特定的時段，尤其是八月和九月，在這段時間內，水稻田地容易受到害蟲，尤其是剃枝蟲等粘蟲和葉夜蛾的侵害。

19 雷打秋，得半收（粵北地壯族地區[140]、廣州從化）[141]

ləy²¹ta³⁵tʃʰɐu⁵⁵，tɐk⁵pun³³ʃɐu⁵⁵

指秋天打雷莊稼只收一半。也云：「雷打秋，低田無收」，也作「雷打秋，冬半收」、「雷打秋，晚冬一半收」、「雷打秋，晚禾折半收」、「雷震秋，晚禾折半收」。雷打秋，是預兆收成不佳，但這是指部分植物，但對於番薯來說，這氣象是是好的，故云：「雷打秋，番薯會大白西秋」，就是直指立秋時打雷番薯長得大。[142]這句農諺反映了珠三角地區的氣候特點和農業生產的關係。秋季是農作物成熟和收

　　合編：《作物保護學試用教材》（缺出版社資料，1977年2月），下冊，頁114。浙江省嘉興地區農業學校著：《農業昆蟲學》（北京市：農業出版社，1980年2月），頁197。呂錫祥編著：《主要農業害蟲的防治》（北京市：中國青年出版社，1965年3月），頁75。

140 趙雙喜編：《粵北壯族歷史文化》（廣州市：廣東人民出版社，2019年6月），頁117。

141 也見於清遠市連南瑤族自治縣縣。連南瑤族自治縣地方志編纂委員會編：《連南瑤族自治縣縣志》（廣州市：廣東人民出版社，1996年8月），頁698。也見於清遠市連英德。英德縣地方志編纂委員會編：《英德縣志》（廣州市：廣東人民出版社，2006年9月），頁897。也見於廣東梅州市興寧。興寧縣地方志編修委員會編：《興寧縣志》（廣州市：廣東人民出版社，1992年4月），頁831。也見於江門市五邑地區。張國雄、劉興邦、張運華、歐濟霖著：《五邑文化源流》（廣州市：廣東高等教育出版社，1998年8月），頁144。也見於重慶市石柱土家族自治縣。石柱土家族自治縣文化館編：《石柱民間歌謠》（缺出版社資料，2007年5月），頁22。也見於貴州黔東南苗族侗族自治州。黔東南苗族侗族自治州地方志編纂委員會編：《黔東南州志農業志》（貴陽市：貴州人民出版社，1993年12月），頁590。

142 馬建東、溫端政主編：《諺語辭海》（上海市：上海辭書出版社，2017年8月），頁544。

穫的季節，如果在這個時候出現打雷的情況，對於一些農作物來說可能會造成減產或者收成下降。但是，對於番薯等根莖類作物來說，立秋時打雷反而有利於它們的生長和發育，因為這可以增加土壤的濕度和養分，有助於它們的生長。

20　寒露最怕風，霜降最怕雨（廣州黃埔區、東莞市道滘鎮）

hɔn²¹lou²²tʃɵy³³pa³³foŋ⁵⁵，ʃœŋ⁵⁵kɔŋ³³tʃœy³³pa³³jy¹³

　　廣州話中有許多農諺是種田人的經驗之談。寒露時，颱風霜降下雨，最影響晚稻生長，農諺云「寒露最怕風，霜降最怕雨」；北風強勁，易使禾穀失漿而成空殼，謂之「扯白旗」，農諺說「寒露打大風，十個田頭九個空」。[143]關於廣州農諺涉及寒露風的農諺有許多，如「寒露打大風，十個田頭九個空」[144]，是說寒露此節氣從每年太陽到達黃經一九五度時（10月8日前後）開始。這時天氣日漸寒冷，晚稻正處抽穗揚花時節，最怕颱風，所以說「寒露打大風，十個田頭九個空」。也有云：「寒露風、穀不實；霜降雨，米多碎」[145]，是指寒露節氣（陽曆10月8日或9日），較冷的北風提早吹至，影響晚造禾稻抽穗及花朵發育。再過兩星期後「霜降」氣節，結成穀果外殼（稃）後，進入灌漿階段（注入米漿），如該時天氣陰雨，氣溫下降，禾稻葉部的光合作用減慢，便無法製造足夠米漿輸送，穀果（穀實）便脆弱易碎了。又有云：「寒露風、穀不實；霜降雨，米多碎」[146]，是指寒露節氣（陽曆10月8日或9日），較冷的北風提早吹至，影響晚造禾稻抽

143　莊初升著：《廣州方言民俗圖典》（北京市：語文出版社，2014年12月），頁180。
144　見於廣州、東莞市道滘鎮。
145　見於廣州、深圳。
146　見於廣州、深圳。

穗及花朵發育。再過兩星期後「霜降」氣節，結成穀果外殼（稃）後，進入灌漿階段（注入米漿），如該時天氣陰雨，氣溫下降，禾稻葉部的光合作用減慢，便無法製造足夠米漿輸送，穀果（穀實）便脆弱易碎了。這句珠三角農諺通過描述秋天颱風和下雨天氣對晚稻生長和收成的影響，強調了農民們對於氣象變化和季節轉換的觀察和經驗總結。這也反映了農民們對於農業生產規律的觀察和總結。

21　寒露過三朝，遲早一齊標（廣州）

hɔn²¹lou²²kwɔ³³ʃam⁵⁵tʃiu⁵⁵，tʃʰi²¹tsou³⁵jɐt⁵tʃʰei⁵⁵piu⁵⁵

　　廣東農諺說：「早稻生日數，晚稻生季節」。東南亞各地有稱夏型稻是「日期固定品種」，冬型稻是「季節固定品種」。這些都是根據早、晚稻截然不同的出穗特性而說的。早稻、中稻沒有一定的出穗臨界日長，所以，在水稻正常生長季節內，不論播種遲早，生長到一定日數，即分化出穗。晚稻有一定的出穗臨界日長，所以，在正常水稻生長季節內，不論播種的遲早，都要生長到適宜的短日季節，才能分化出穗。廣東農諺說：「寒露過三朝，遲早一齊標」（出穗）。晚稻生長到十月上旬日長十一至十九小時的寒露節後，不論遲早熟品種都是一齊出穗。晚稻在溫度適宜，日長較短的冬季，都可出穗，稱為「翻春」。這些經驗，都可由品種出穗臨界日長理論而得到證明。[147]關於這農諺，還可以以從晚稻的生長規律來看。典型的晚造水稻品種屬感光性作物，要在短日照條件下才能幼穗分化。廣東惠州市博羅縣目前晚造當家種廣二選二，屬對光照長度反應弱的品種，在十三點五小時光照條件下就可進入幼穗分化。適當提早播種，可以相應地提前進入

147　梁光商主編：《水稻生態學》（北京市：農業出版社，1983年8月），頁147-148。

幼穗分化，提前出穗。根據華南農學院的試驗，晚造「溪南矮」品種，在正常播種季節，提早四至五天播種，就可以提前一天出穗。根據博羅縣一九七八年試驗材料表明，「廣二選二」品種，提早十九天播種，提前五天抽穗，「包選七號」，提早十五天播種，提前二天始穗。晚造中遲熟品種，一般全生育期一百五十天，但是，早播可以適當延長生育期，遲播會縮短生育期。群眾的經驗：「寒露過三朝，遲早一齊標」，是有道理的。根據華南農學院試驗證明，提早十天播種，就可延長生育期六至八天，主要是延長了營養生長期，有利於養分的積累，為穗多、穗大、粒重打下基礎。水稻是一種喜溫作物，晚稻的不同生育期對氣溫有不同的要求。分期最適宜氣溫為攝氏三十至三十二度，最適宜水溫攝氏三十至三十四度，氣溫的過高或過低對水稻分不利。抽穗開花期對溫度十分敏感，最適宜溫度是攝氏二十八至三十二度，氣溫在攝氏二十度以下，花葯不能開裂，攝氏十五度以下，開花停止，日平均溫度在攝氏二十二點五度，對於開花受精就有影響。從晚稻生長規律來看，早播早插可以提早抽穗，有利於避過「寒露風」，早播早插能夠延長生育期，養分積累較多，有利於提高產量。[148]這句珠三角農諺反映了農民對於水稻品種的選擇和播種時機的重要性以及對水稻生長規律的深刻理解。它強調了晚稻品種的感光性特性以及播種時間對水稻生長和收成的影響。

22　旱白露，渢秋分，有穀無地囤（廣州黃埔區）

hɔn⁵⁵pak²lou²²，ɐu³³tʃʰɐu⁵⁵fɐn⁵⁵，jɐu¹³kok⁵⁵mou¹³tei²²tʰœn²¹

---

148 博羅縣科學技術協會編：《水稻栽培技術》（博羅縣：博羅縣科學技術協會，1982年3月），頁14-15。

這句農諺指白露當天晴熱，秋分當天下雨，往往預兆莊稼豐收。[149]其反映了農民對於天氣事件如白露和秋分對農業收成的重要性的認識，並強調了農業管理和穀物儲存的重要性。農民希望在這些節氣期間能夠得到有利的氣象條件，以確保豐收並保持收成的品質。

23　秋分灰，白露糞，唔落就係笨（廣州、佛山、深圳）[150]

tʃʰeu⁵⁵fen⁵⁵fui⁵⁵，pak²lou²²fen³³，m̩²¹lɔk²tʃeu²²hei²²pen²²

「秋分灰，白露糞」，指秋分施灰肥、白露上糞肥。[151]這句珠三角農諺「秋分灰，白露糞，唔落就係笨」的意思是，秋分時要施灰肥，白露時要上糞肥，如果不按時施肥就是愚笨的表現。這句諺語反映了農民對於農作物種植的重要性和時機的認識，強調了農作物生長需要適時的施肥，否則可能會影響農作物的生長和產量。

---

149 馬建東、溫端政主編：《諺語辭海》（上海市：上海辭書出版社，2017年8月），頁348。
150 也見於肇慶。廣東省土壤普查鑒定委員會編：《廣東農諺集》（缺出版資料，1962年11月），頁11。也見於江門市鶴山。鶴山縣民間文學「三套集成」編委會編：《中國民間文學「三套集成」廣東卷　鶴山縣資料本》（鶴山縣：鶴山縣民間文學「三套集成」編委會，1989年3月），頁241。也見於福建省平潭縣。平潭縣民間文學集成編委會編：《中國諺語集成　福建卷：平潭縣分卷》（平潭縣：平潭縣民間文學集成編委會，1990年12月），頁125。也見於江蘇南京。中國民間文學集成全國編輯委員會、中國民間文學集成江蘇卷編輯委員會編：《中國諺語集成　江蘇卷》（北京市：中國ISBN中心，1998年12月），頁582。
151 馬建東、溫端政主編：《諺語辭海》（上海市：上海辭書出版社，2017年8月），頁828。

24　秋霧日頭曬脊痛，秋霧曬死黃牛牯（廣州）

tsʰɐu⁵⁵mou²²jet²tʰɐu²¹⁻³⁵ʃai³³tʃɛk³tʰoŋ³³，
tsʰɐu⁵⁵mou²²ʃai³³ʃei³⁵wɔŋ²¹ŋɐu²¹ku⁵⁵

　　由於秋季冷空氣南下是滲透性質，不易發覺，故一起霧即成為北風南下的信號。因冷鋒過境快，零星雨點，一天半天即可放晴。這時，天空全由旱涼北方冬季占領，成為秋高氣爽天，故日照特強。因此，不少農民稱「秋霧涼風」，即指這種少雨的北風很快涼而言。至於日照特強是「秋霧主晴」（簡稱「秋霧晴」之兆）。秋高氣爽天因氣溫涼，暖氣較輕，難侵入，故成為穩定性較大的天氣，因而烈日當空遂有「秋霧日頭曬背痛」、「秋霧曬死黃牛牯」之諺。這時的霧卻是由於晝夜溫差大，濕氣在早上因地表散熱強、冷卻大，故水汽在地表形成輕霧，等到日出即散。這種晝暖夜涼天是成霧的原因。[152]這句農諺強調了秋季氣象變化對農業和畜牧業的影響，並反映了農民對於適應不同季節氣象條件的經驗和智慧。在農業生產中，正確理解和應對氣象變化對於確保豐收和畜牧業的健康至關重要。

25　秋淋夜雨（廣州增城、中山市五桂山鎮）

tsʰɐu⁵⁵lɛm²¹jɛ²²jy¹³

　　光合作用合成的產物，除去呼吸作用和其他代謝活動所消耗的物質，稱為淨同化率。為了達到水稻增產的目的，必須提高光合作用的產物和降低呼吸作用的消耗，使乾物質生產量增加。溫度的日變化和

152　曾昭璇著：《廣州歷史地理》（廣州市：廣東人民出版社，1991年5月），頁143。

季節變化的幅度，在水稻生物學最低溫度以上至最高溫度時，對水稻的生育和乾物質的積累是有利的。眾所周知，白天溫度較高，有利於光合作用，夜裡溫度較低時，有利於減少呼吸作用的消耗。廣東在生產實踐中所流傳的「早禾要白撞雨」、「晚禾要秋淋夜雨」，農諺說明該省的氣候在早稻季節夜晚溫度較低，白天雷陣雨天氣是強光高溫，而晚稻季節白天是強光高溫，秋淋夜雨天氣使夜溫顯著降低，兩者天氣均有利於乾物質的積累和產量的提高。在生產中常採用以水調溫合理排灌的方法增大溫度日變幅，以提高水稻養分的積累。水稻不同生育期的光合作用、呼吸作用和它的淨收益是變化的，抽穗前貯藏的碳水化合物輸送到穗部的約占三分之一左右，而大部分靠抽穗後所產生。[153]這句農諺強調了在秋季水稻生長期間，適量的秋淋和夜雨對於提高產量是有益的。它們可以為水稻提供水分和氣溫條件，促進光合作用，減少呼吸作用的消耗，從而有助於水稻的健康生長和高產量。這反映了農民對氣象條件的關注，以確保農作物的成功生長和收成。

26　立秋處暑犁耙住，若然唔住柱耕田（粵語地區）

$lap^5 t ʃ^h eu^{55} t ʃ^h y^{35} ʃ y^{35} lɐi^{21} p^h a^{21-35} t ʃ y^{22}$,
$jœk^2 jin^{21} m̩^{21} t ʃ y^{22} wɔŋ^{35} kaŋ^{55} t^h in^{21}$

此節氣從每年太陽到達黃經一三五度時（8月8日前後）開始。中國大部分地區，這時已轉入秋涼，廣東接近赤道，還會有一段時間氣溫持續不降，故諺云：「小暑、大暑未為暑，至熱係（是）立秋、處暑。」又云：「立秋、處暑，上蒸下煮」。客家有「蔚田蔚到立秋，唔蔚都丟」、「立秋、處暑犁耙住，若然唔住柱耕田」的農諺。粵語地區

153　梁光商主編：《水稻生態學》（北京市：農業出版社，1983年8月），頁171-172。

也有「蔚田蔚到立秋，有蔚無收」的農諺，其意都是說省內南部最遲應在立秋前插完秧，北部山區最遲應在處暑前插完秧。各地老農經驗認為，立秋有雨，當年雨水調勻，諺云「立秋有雨秋秋有」。[154]這句農諺反映了農民對於氣象和節令的敏感性，以及他們根據不同的季節和氣象條件來合理安排農田管理和種植工作的經驗。及時的農田管理可以提高農作物的產量和品質，確保農業生產的成功。

27　白露聽禾標，秋分定禾苗（佛山三水、廣州增城、廣州白雲區鴉崗）

$pek^2lou^{22}t^heŋ^{33}wɔ^{21}piu^{55}$，$tʃ^heu^{55}fen^{55}teŋ^{22}wɔ^{21}miu^{21}$

開始孕育穀穗，要下些小雨滋潤禾苗極收水分，故有旱白露區秋分之說。[155]「秋分定禾苗」就是說，還有半個月，禾苗才大體上結束它的生長階段，進入繁殖階段。廣東農民都很懂得這一階段的重要意義，要用盡一切辦法來為禾苗追肥，務必要在禾苗將定未定的關鍵時刻，緊握火候，讓它獲得足夠的肥料，在秋分以前，做到苗多壯。然後，才有可能在秋分以後，做到穗大粒實。在晚造插秧以後直到秋分前後這一段所作的一切努力的結果，便將是繼早造一個較好的收成之後，晚造再有一個較好的收成。[156]這句珠三角農諺「白露聽禾標，秋分定禾苗」反映了珠三角地區農民們為了提高水稻產量而採取的相應

---

154 蕭亭主編；廣東省地方史志編纂委員會編：《廣東省志　風俗志》（廣州市：廣東人民出版社，2002年8月），頁41。
155 鄧汝強主編：《鴉崗風物志》（廣州市：廣東經濟出版社，2013年8月），頁260。
156 楊石著：《嶺南春》（上海市：上海文藝出版社，1979年2月），頁64。政協三水縣委員會文史組、三水縣文學藝術工作者聯合會合編：《三水文史》（三水縣：政協三水縣委員會文史組；三水縣文學藝術工作者聯合會，1982年12月），頁192。

農業措施。在白露和秋分這兩個節氣前後，農民們需要加強田間管理和施肥等措施，以保障水稻的生長和成熟。在插秧之後到秋分前後的這段時間裡，農民們需要盡力讓禾苗獲得足夠的肥料，以促進水稻的生長發育。

28　霜降過三朝，過水愛尋橋（廣州增城）[157]

ʃœŋ⁵⁵kɔŋ³³kwɔ³³ʃam⁵⁵tʃiu⁵⁵，kwɔ³³ʃɵy³⁵ɔi³³tʃʰɐm²¹kʰiu²¹

霜降一過，天氣就會由涼變冷，所以過水要尋找橋梁，免得赤腳過水受冷。[158]這句農諺反映了中國農村地區的實際生活經驗。隨著氣溫的下降和霜降的到來，人們需要更加謹慎地應對寒冷的天氣，特別是在過水的情況下，以避免受涼和保護自己的健康。這種生活智慧反映了農民的實際需求和生活智慧。

29　七月無立秋，遲禾無得收（廣州）

tʃʰɐt⁵jyt²mou¹³lap²tʃʰɐu⁵⁵，tʃʰi²¹wɔ²¹mou¹³tɐk⁵ʃɐu⁵⁵

遲禾，遲採之意。立秋節令一般在農曆七月，有時節令推遲到農曆八月份，因此遲熟的晚稻要搶在立秋前插好，遲插收成不好。[159]這句珠三角農諺反映了農民們對於水稻種植時機的把握和農業生產的重

157　也見於廣西梧州市蒙山縣。刁光全著：《蒙山話》（南寧市：廣西人民出版社，2016年12月），頁273。
158　刁光全著：《蒙山話》（南寧市：廣西人民出版社，2016年12月），頁273。
159　馮國強：《中山市沙田族群的方音承傳及其民俗變遷》（臺北市：萬卷樓圖書公司，2008年8月），頁282。

要性，以及對於氣候變化和節氣推移的瞭解和應對策略。同時，也提醒人們要注意保護身體健康和生產效益，以促進農業生產的可持續發展。

30　秋前北風易下雨，秋後北風乾到底（廣州）

tʃʰɐu⁵⁵tʃʰin²¹pɐk⁵foŋ⁵⁵ji²²ha²²jy¹³，
tʃʰɐu⁵⁵hɐu²²pɐk⁵foŋ⁵⁵kɔn⁵⁵tou³³tei³⁵

「立秋」在九月上旬，在這以前，從海洋上來的暖濕空氣的勢力還很強，如果吹北風，冷暖空氣就容易發生衝突而成雲致雨。「立秋」以後，因為從這時期起，海洋上來的暖濕空氣的勢力，一天一天地減弱，北方的冷空氣勢力卻一天一天地增強，而且源源不斷地南下，將暖空氣趕走。於是就經常處在單純的冷空氣控制之下，空氣性質乾燥，成雲致雨的機會極少，因此常常出現「秋高氣爽」的天氣，所以有「秋後北風乾到底」的說法。但是，廣東沿海，秋季還經常有颱風侵襲，有時颱風的前緣也會帶來北風。颱風登陸後，被侵襲和被影響的地區，往往還會出現大雨或暴雨。所以，這句話只有在秋後颱風絕少的情況下才適用，應用時必須結合收聽氣象臺的報告。[160]這句農諺表現了農民對於秋季氣象特點的敏感觀察，並且通過瞭解不同氣象條件對農作物生長的影響，他們能夠在適當的時機選擇合適的耕作方式，以確保農作物的順利生長和豐收。

---

160 李雲、于亮編：《一葉落而知秋》（呼和浩特市：遠方出版社，2005年12月），頁64-65。

（四）冬令

1. 小雪滿田紅，大雪滿田空（廣州市南沙區黃閣鎮、番禺、深圳、佛山市南海大瀝街道、南海區、中山市沙溪鎮、小欖東區社區）[161]

ʃiu³⁵ʃyt³mun¹³tʰin²¹hoŋ²¹，tai²²ʃyt³mun¹³tʰin²¹hoŋ⁵⁵

這是流行在廣東地區的一句農諺。這裡所謂的紅，不是指紅色，而是在說農活多，晚造水稻到小雪節氣陸續黃熟，因此開始收穫晚稻，而到了大雪節氣，田裡已經收割完畢，空空如也了。[162]這句農諺還反映了珠三角地區農民們的勤勞和智慧。在過去的年代，農民們需要依靠自然環境和自己的勤勞來維持生計。通過觀察天氣和氣候變化，合理安排農業生產，以獲得更好的收成。同時，農民們也需要在繁忙的季節裡付出更多的努力和汗水，以保障農業生產的順利進行。

2. 南風入大寒，冷死早禾秧（廣州番禺、廣州天河區、廣州南沙區黃閣鎮、廣東佛山市順德區龍江鎮、中山市沙溪鎮、中山民眾鎮、中山市三角鎮、東莞市道滘鎮）[163]

---

161 也見於浙江省慈溪市。羅映堂著：《慈溪民俗》（寧波市：寧波出版社，2018年7月），頁85。也見於江門市五邑。張國雄、劉興邦、張運華、歐濟霖著：《五邑文化源流》（廣州市：廣東高等教育出版社，1998年8月），頁144。

162 蘇易編著：《雪災防範與自救》（石家莊：河北科學技術出版社，2013年5月），頁14。中山市沙溪鎮人民政府編：《沙溪鎮志》（廣州市：花城出版社，1999年6月），頁424。石夫編著：《不可不知的中華二十四節氣常識》（鄭州市：中原農民出版社，2010年10月），頁309。

163 也見於廣東肇慶德慶縣。德慶縣地方志編纂委員會編：《德慶縣志》（廣州市：廣東人民出版社，1996年7月），頁122。也見於肇慶市四會。四會縣政協《四會文史》編輯組編：《四會文史》（四會縣：四會縣政協文史組，1986年9月），第3輯，

nam²¹foŋ⁵⁵jɐp²tai²²hɔn²¹，laŋ¹³ʃei³⁵tʃou³⁵wɔ²¹jœŋ⁵⁵

　　二月還冷，這是濕寒潮期，即寒潮來就冷，過後放晴就暖，有利秋田生長。「立春晴，好耕田」即俗稱「立春一日，百草回芽」。靜止鋒在五嶺南坡形成的春寒潮帶來春天雨水（40至50毫米），回「春雨露露」而加上光照加強，故百物發芽。本月天氣以風雨陰冷天、放晴回暖天、連綿冷雨天為主。冷雨晴暖天和放晴大冷天也有時出現，預示大冷冬季天氣和早春陰晴不定天也可出現。如一九六八年初北風陰冷天達七天至八天後，才來一次寒風再放晴回暖，可穿單衣（13日），十四日又有一夜冷流後放晴。寒風細雨天出現最少，回南潮濕天也偶爾可見。故二月初仍可發生冬季天氣，以後逐步轉暖。春雨是二月特點之一。故風雨陰冷天也有七天之多。寒風細雨天引起，使二月常有幾天特冷。如一九六八年二月至三月大部分為寒風細雨陰冷天。本月雖屬最冷，但由於地處熱帶，仍有「南風入大寒，冷死早禾秋」的情況，如一九六八年大寒日即可穿單衣。[164]簡言之，大寒季節，是一年氣溫最低階段，如果偏偏於是日該寒而不寒，反而天暖吹南風，證明天氣已經反常，則倒春寒可能性極大，會冷死早禾秧。[165]這句珠三角農諺「南風入大寒，冷死早禾秧」反映了農民對於自然界氣象變化的精細觀察和對農業生產的謹慎態度。它尤其強調了在大寒季節，即便已進入寒冷的氣溫低谷，卻仍需要警惕南風入侵，因為這可能預示著倒春寒的來臨，對早稻等早期作物的生長造成嚴重威脅。

　　頁55。也見於韶關乳源瑤族自治縣。乳源瑤族自治縣地方志編纂委員會編：《乳源瑤族自治縣志》（廣州市：廣東人民出版社，1997年12月），頁137。
164 曾昭璇著：《廣州歷史地理》（廣州市：廣東人民出版社，1991年5月），頁105。
165 中山市沙溪鎮人民政府編：《沙溪鎮志》（廣州市：花城出版社，1999年6月），頁424。

3 大寒牛滾溾，冷死早禾秧（廣州天河區石牌街道石牌村、廣州白雲太和鎮、珠海市唐家灣鎮）

tai²²hɔn²¹ŋeu²¹kwɐn³⁵pan²², laŋ¹³ʃei³⁵tʃou³⁵wɔ²¹jœŋ⁵⁵

牛滾溾，是指牛打漿，在泥漿裡滾。大寒牛打漿，是因為大寒不寒，預示著清明時節容易出現低溫陰雨的早稻爛秧天氣。[166] 其實農民不單看牛，也會看豬，廣東農諺有「大寒豬屯濕，三月穀芽爛」，道理與「大寒牛滾溾，冷死早禾秧」一樣。[167] 這句珠三角農諺「大寒牛滾溾，冷死早禾秧」生動地反映了農民對於自然環境的敏感觀察和智慧應對，以及他們在農業生產中的謹慎態度。諺語中提到的「大寒牛滾溾」，實際上是一個引人深思的比喻。它傳達了一個有趣但極具警示意義的信息：在大寒的時節，牛仍然活蹦亂跳地打漿，暗示了大寒時氣溫不像預期的那麼寒冷。這種氣象異常可能預示著將在清明時節（早春季節）出現低溫和陰雨的情況，這種天氣對早稻等早期作物的生長可能會造成損害。

4 十月初一濃罩山坡，明年正月雨水多（中山沙溪鎮、佛山順德）[168]

ʃɐp²jyt²tʃʰɔ⁵⁵jɐt⁵noŋ²¹tʃau³³ʃan⁵⁵pɔ⁵⁵,
meŋ²¹nin²¹tʃeŋ⁵⁵jyt²jy¹³ʃɵy³⁵tɔ⁵⁵

---

166 朱振全編著：《氣象諺語精選天氣預報小常識》（北京市：金盾出版社，2012年9月），頁163。

167 夏樺等著：《晴雨冷暖話豐歉》（北京市：科學普及出版社，1992年10月），頁195。

168 也見於江門市恩平。恩平縣地方志編纂委員會編：《恩平縣志》（北京市：方志出版社，2004年6月），頁141。

十月，朝霧大，明年下雨有個數，如十月初一大霧，明年正月雨水多；十月初二大霧，二月雨水多。[169]順德農諺有「十月初一露水大，明年正月雨水多；十月初二露水大，明年二月雨水多」，與「十月初一濃罩山坡，明年正月雨水多」意思一致。[170]這句珠三角農諺「十月初一濃罩山坡，明年正月雨水多」反映了珠三角地區農民們對自然環境的觀察和經驗總結。在過去，農民們需要依靠自然環境和自己的勤勞來維持生計，通過觀察天氣和氣候變化，合理安排農業生產，以獲得更好的收成。這些農諺對於預測未來氣候變化和指導農業生產具有重要意義。

5　乾冬濕年，禾穀滿田（深圳寶安、東莞）

kɔn⁵⁵toŋ⁵⁵ʃɐp⁵nin²¹，wɔ²¹kok⁵mun¹³tʰin²¹

是指如冬季天晴日子多，晚造收割後犁翻稻田，有充足陽光曝曬，把蟲卵殺死，翌年的蟲害會減少。隨後的農曆新年期間有雨水，使初春播穀育秧，以及移植能依時進行，其後收成必佳。[171]這句珠三角農諺「乾冬濕年，禾穀滿田」反映了乾冬濕年的氣候特點和其對農業生產的影響，以及農民們為了提高農作物產量和質量而採取的相應措施。它提醒人們要關注天氣變化和氣候影響，合理安排農業生產，以保障農作物的產量和質量。

---

169 恩平縣地方志編纂委員會編：《恩平縣志》（北京市：方志出版社，2004年6月），頁141。
170 廣東省土壤普查鑒定委員會編：《廣東農諺集》（缺出版社資料，1962年），頁27。
171 饒玖才：《十九及二十世紀的香港漁農業傳承與轉變　下冊：農業》（香港：天地圖書有限公司，2015年4月），頁36。

6 冬早莫割早，冬遲莫割遲，立冬最當時（佛山順德）

toŋ⁵⁵tʃou³⁵mɔk²kɔt³tʃou³⁵，
toŋ⁵⁵tʃʰi²¹mɔk²kɔt³tʃʰi²¹，
lap²toŋ⁵⁵tʃɵy³³toŋ⁵⁵ʃi²¹

廣東省土壤普查鑑定委員會編《廣東農諺集》則稱這裡是指割桑枝一般在立冬前後最好。[172]這句珠三角農諺反映了割桑枝的時間點對於保持桑樹生長和繁殖的重要性，以及農民們為了提高蠶絲產量和質量而採取的相應措施。它提醒人們要關注天氣變化和氣候影響，合理安排農業生產，以保障農作物的產量和質量。

7 南風入大寒，冷死早禾秋（廣州、中山三角鎮、中山沙溪鎮）

nam²¹foŋ⁵⁵jɐp²tai²²hɔn²¹，laŋ¹³ʃei³⁵tʃou³⁵wɔ²¹tʃʰɐu⁵⁵

大寒節令，是一年氣溫最低階段，氣溫較低，如果偏偏於是日該寒而不寒，反而天暖吹南風，遇天寒推遲，證明天氣已經反常，則明年春寒可能性較大，早造種苗會冷死早禾秋現象。[173]這句珠三角農諺「南風入大寒，冷死早禾秋」告訴人們，如果氣象異常，例如大寒時南風吹來，可能會導致寒冷的氣溫被推遲，從而影響早熟的禾穀作物。這種觀察有助於農民在種植和農業活動中更好地應對氣象變化，以保護農作物的生長和產量。這也反映了農民對氣象條件的敏感性，他們會根據觀察和經驗來調整農業活動的時間表。

---

172 廣東省土壤普查鑑定委員會編：《廣東農諺集》（缺出版社資料，1962年），頁20。
173 《中山市三角鎮志》編纂委員會編：《中山市三角鎮志》（廣州市：廣東人民出版社，2018年12月），頁607。中山市沙溪鎮人民政府編：《沙溪鎮志》（廣州市：花城出版社，1999年6月），頁424。

8 冬在月頭，賣被置牛；冬在月尾，賣牛置被（廣州、中山三角鎮）

toŋ⁵⁵tʃɔ²²jyt²tʰɐu²¹, mai²²pʰei¹³tʃi³³ŋɐu²¹；
toŋ⁵⁵tʃɔ²²jyt²mei¹³, mai²²ŋɐu²¹tʃi³³pʰei¹³

　　冬至節令在月之上旬，謂之冬在月頭，是年末天氣會暖；冬至在月之下旬，叫做冬在月尾，表示寒潮會大，是年末天寒地凍。[174]這句珠三角農諺「冬在月頭，賣被置牛；冬在月尾，賣牛置被」反映了農民根據農曆的不同日期來調整農業和生活的決策，以適應不同的氣溫和季節。農村經濟和農業活動在寒冷的冬季和溫暖的季節之間需要不同的準備和優先考慮的因素。

9 小雪大雪未為雪，小寒大寒至係寒（廣州）

ʃiu³⁵ʃyt³tai²²ʃyt³mei²²wɐi²¹ʃyt³,
ʃiu³⁵hɔn²¹tai²²hɔn²¹tʃi³³hɐi²²kɔn²¹

　　小寒此節氣從每年太陽到達黃經二八五度時（1月6日前後）開始。時屆三九前後，進入嚴寒，諺云：「小雪、大雪未為雪，小寒、大寒真係（是）寒。」各地農民正在進行冬季作物防凍及保護耕牛過冬的工作。[175]這句珠三角農諺強調了冬季節氣的寒冷程度以及農民對冬季作物和耕牛的保護工作的重視。它提供了農民們根據氣候變化合理安排農事活動的重要參考。

---

174 《中山市三角鎮志》編纂委員會編：《中山市三角鎮志》（廣州市：廣東人民出版社，2018年12月），頁607。
175 蕭亭主編、廣東省地方史志編纂委員會編：《廣東省志　風俗志》（廣州市：廣東人民出版社，2002年8月），頁43。

10 冬至在月頭，有天冇日頭；冬至在月腰，有米冇柴燒；
　　冬至在月尾，掌牛細仔唔知歸（廣州）

toŋ⁵⁵tʃi³³tʃɔi²²jyt²tʰɐu²¹，jɐu¹³tʰin⁵⁵mou¹³jɛt²tʰɐu²¹⁻³⁵；
toŋ⁵⁵tʃi³³tʃɔi²²jyt²ji⁵⁵，jɐu¹³mei¹³mou¹³tʃʰai²¹ʃiu⁵⁵；
toŋ⁵⁵tʃi³³tʃɔi²²jyt²mei¹³，
tʃœŋ³⁵ŋɐu²¹ʃei³³tʃei³⁵m̩²¹tʃi⁵⁵kwei⁵⁵

月腰，月半也；細仔，童子也。此首農諺謂冬至如在月頭，則是冬多陰；如在月半，則是冬多雨；如在月尾，則天氣溫暖，在外牧牛者不致懼寒而思歸也。[176]這句珠三角農諺反映了農民們對於天氣變化的敏感度和對於農業生產生活的適應性。他們通過觀察和預測天氣變化，合理地安排農業生產和日常生活的方方面面，以保障農業生產的順利進行和家人的生活質量。同時，這句農諺也傳遞了農民們在艱苦環境中樂觀向上、積極應對的精神狀態。

11 冬在月初，冷在年頭；冬在月尾，冷在明年二三月；冬在月中
　　央，無雪也無霜（中山市三角鎮、中山民眾鎮、廣州增城）[177]

toŋ⁵⁵tʃɔi²²jyt²tʃʰɔ⁵⁵，laŋ¹³tʃɔ²²nin²¹tʰɐu²¹；
toŋ⁵⁵tʃɔi²²jyt²mei¹³，laŋ¹³tʃɔi²²mɐŋ²¹nin²¹ji²²ʃam⁵⁵jyt²；
toŋ⁵⁵tʃɔi²²jyt²tʃoŋ⁵⁵jœŋ⁵⁵，mou²¹ʃyt³ja¹³mou²¹ʃœŋ⁵⁵

---

176 胡希張、王東、陳小明主編：《客家山歌大典》（廣州市：廣東人民出版社，2021年7月），下冊，頁1369。
177 也見於閩臺地區。何綿山主編：《閩台區域文化》（廈門市：廈門大學出版社，2004年3月），頁173。

「冬至在月頭，冷在年頭」，冬至一到，通常就意味年關將至；而當年若冬至在當月月初，則年底年關之時必很寒冷。而「冬至月中央，無雪也無霜」則說明了冬至在月中旬時，當年的冬天沒什麼雪霜。「冬至在月尾，欲寒正二月」，冬至如在月尾，則當年冬天不會冷，會冷在來年的正月及二月時。這是關於整個冬天是不是寒冷的判斷。「冬至在月頭，冷在年頭」閩台區域則說「冬至在月頭，欲寒在年兜」。[178]這句珠三角農諺提供了一種根據冬至節氣的位置來推測冬季天氣的方法。它強調了冬至節氣對冬季寒冷程度和降雪情況的重要影響，並提供了農民們根據這些預測來安排農事活動的重要參考。

12　立冬無米不成禾（廣州增城、廣州番禺、佛山順德、佛山三水）[179]

lap²toŋ⁵⁵mou¹³mei¹³pɐt⁵ʃeŋ²¹wɔ²¹

　　這句農諺說明遲插秋，生育期短，結不成米粒。也是交代了遲插秋，生育期短，結不成米粒。小寒、大寒兩個季節，是天氣低溫寒涼季節。因此，這農諺也是說明晚造禾到立冬還未灌溉就不能成熟了。[180]這句農諺提到了小寒和大寒這兩個季節，即寒冷的冬季。這表明在這個季節裡，稻穀的生長環境會變得非常惡劣，對稻穀的生長和成熟產

---

178 何綿山主編：《閩臺區域文化》（廈門市：廈門大學出版社，2004年3月），頁173。
179 也見於江門市高鶴縣、高鶴縣志編修委員會編：《高鶴縣志》（高鶴縣：高鶴縣志編委員會，1960年8月），第6編：附篇初稿，頁246。
180 政協三水縣委員會文史組、三水縣文學藝術工作者聯合會合編：《三水文史》（三水縣：政協三水縣委員會文史組；三水縣文學藝術工作者聯合會，1982年12月），頁192。高鶴縣志編修委員會編：《高鶴縣志　第6編　附篇初稿》（高鶴縣：高鶴縣志編修委員會，1960年8月），頁246。

生負面影響。這也進一步強調了農民們在冬季種植水稻時需要特別謹慎和注意保護農作物的重要性。這句珠三角農諺反映了農民們在冬季種植水稻所面臨的困境和挑戰，以及他們對天氣條件和農作物保護的關注。它提醒著農民們要根據氣候條件合理安排種植時間，以確保稻穀能夠健康生長並取得好的收成。

13　白露雨，下造好晚禾（廣州增城）

pak²lou²²jy¹³，ha²²tʃou²²hou³⁵man¹³wɔ²¹

「白露雨」其實出現在秋分前後。這時北方冷空氣又開始增強南侵，冷暖空氣再次交鋒在江淮一帶，產生連續降水，這對晚稻的開花、灌漿不利。若因受單一暖空氣控制，就會形成乾熱的「秋老虎」天氣，反而出現秋旱，所以也要有防旱的準備。[181]這句農諺建議農民要關注天氣變化，如果在白露節氣時有降雨，那麼應該抓住這個機會來種植或維護晚熟的水稻，以確保其充分生長和產量。這也反映了農業生產中對於天氣因素的敏感性和依賴性。

第二節　氣候

1　朝翻三，晚翻七，晏晝翻風唔過日，半夜亂風冷折骨（廣州市白雲區、廣州番禺、廣州市越秀區礦泉街瑤台村、佛山南海市、佛山南海市九江鎮、東莞市道滘鎮、中山市小欖鎮）[182]

---

[181] 韓湘玲、馬思延編著：《二十四節氣與農業生產》（北京市：金盾出版社，1991年12月），頁66。

[182] 也見於肇慶市四會。曾培德主編；四會縣地方志編纂委員會編：《四會縣志》（廣州市：廣東人民出版社，1996年10月），頁902。

tʃiu⁵⁵fan⁵⁵ʃam⁵⁵，man¹³fan⁵⁵tʃʰet⁵，
aŋ³³tʃɐu³³fan⁵⁵foŋ⁵⁵m̩²¹kwɔ³³jɐt²，
pun³³jɛ²²lyn²²foŋ⁵⁵laŋ¹³tʃit³kwɐt⁵

也稱「朝翻三，晚翻七，中午翻風不過日」。早上冷空氣影響轉北風，低溫陰雨天氣一般維持三天左右；傍晚或晚上冷空氣影響轉北風，低溫陰雨天氣一般維持七天左右；中午冷空氣南下影響，往往表明冷空氣勢力較強，一掃便過去了，天氣容易轉時回暖，低溫陰雨持續時間一般較短。[183]「半夜亂風冷折骨」的意思是指在半夜時分，突然颳起的冷風非常強烈，以至於能夠讓人感到寒冷到骨子裡。這句農諺形容了寒冷的天氣對人體的影響，強調了寒冷的程度。這句農諺反映了人們對於天氣變化的觀察和理解。根據早晚和白天的天氣變化，人們可以預測未來幾天的天氣趨勢，這有助於農民和其他依賴天氣的人們做出相應的準備和安排，以應對可能的寒冷和降雨天氣。這種天氣觀察的技巧在農村地區的農業生產中尤為重要。

2　初三十八，高低盡颬（廣州越秀區礦泉街瑤台村、廣州番禺，廣州黃埔區文沖村、佛山順德區龍江鎮、中山）

tʃʰɔ⁵⁵ʃam⁵⁵ʃɐp²pat³，kou⁵⁵tɐi⁵⁵tʃɵn²²kwat³

一九四九年前，廣東海堤缺少統一的規劃與標準。珠江三角洲農民流行的農諺有云「初三、十八，高低盡颬」指無論下雨、天旱，江邊的高處和低處都會因為潮水上漲而淹沒，即是說漲潮水位都高於平

---

[183] 廣西桂平縣《農村氣象》編寫組編：《農村氣象》（桂平縣：廣西桂平縣《農村氣象》編寫組，1976年9月），頁207。

時,河水漲退與大海的潮汐有密切關係。[184]一九四九年後,一九五五年省水利廳訂出統一的海堤防標準,頒布實施。省水利電力廳又於一九五九年、一九六二年先後兩次作了修改標準。這句珠三角農諺反映了一九四九年前廣東海堤缺乏統一規劃和標準的狀況以及漲潮水位高於平時的情況,同時也反映了隨著社會的發展和進步,政府開始重視水利設施的建設和管理,逐步實現了水利設施的規範化和標準化。

3 天紅紅,漚禾蟲(廣州番禺、中山)[185]

$t^hin^{55}hoŋ^{21}hoŋ^{21}$,$ɐu^{33}wɔ^{21}tʃʰoŋ^{21\text{-}35}$

生活在珠江三角洲,特別是沙田地區(中山市、東莞市、廣州番禺區、南沙區有不少土地是沙田地)的人們,沒有不知道「禾蟲」的名字。禾蟲是生長在水稻田裡的環節動物多毛類,繁殖在禾根的下面。幼蟲時靠吃水稻裡的腐根成長。到了夏季或秋季早晚稻成熟時,禾蟲也跟著成熟了,全身變成了紅黃色,黏在泥土裡。每當農曆三月、五月、九月的朔望日,潮水比往日漲勢來得大,人們就鋤開田基缺口,讓潮水浸沒了整個田垌。禾蟲就從稻根蜿蜒而出,成群結隊地在水裡浮游。日間浮在水面,晚間沉在水底。潮落了,禾蟲就要跟隨著游到河涌中去,人們就在缺口安放粗夏布縫成丈多長口寬尾尖的繰袋,禾蟲就被截了下來。人們撈捕禾蟲的時間,新會有流傳這樣子農

---

184 廣州市越秀區礦泉街瑤台村王聖堂經濟合作社編:《王聖堂村志》(廣州市:廣州出版社,2018年12月),頁154。江冰、張瓊主編:《回望故鄉嶺南地域文化探究》(長沙市:湖南師範大學出版社,2017年1月),頁152。
185 也見於江門市新會。新會縣政協文史資料研究工作組編:《新會文史資料選輯》(新會縣政協文史資料研究工作組,1988年5月),第29輯,頁61-62。也見於江門市五邑。張國雄、劉興邦、張運華、歐濟霖著:《五邑文化源流》(廣州市:廣東高等教育出版社,1998年8月),頁145。

諺:「初一前,十五後」。是指農曆三月、五月、八月初一前幾天,十五日後幾天,禾蟲就大量出現,可及時撈捕。因為那幾天的潮水特別高漲。又說「天紅紅,漚禾蟲」,是指那幾個月的晚上,經常有紅雲出現,預報禾蟲快要出沒,應及時去捕撈。[186]這句珠三角農諺反映了珠江三角洲地區特別是沙田地區人們對禾蟲的生活和捕撈的認知和經驗。他們通過觀察潮水、天氣等自然現象來預測禾蟲的出現時間和數量,並及時採取措施進行捕撈。這種智慧和經驗是他們對自然環境和農業生產的獨特理解和實踐。

4 上看初三,下看十六(廣東佛山順德區龍江鎮、廣東肇慶市高要區、廣東肇慶市高要區新橋鎮、佛山九江)[187]

$\int œŋ^{22} hɔn^{33} t\int^h ɔ^{55} \int am^{55}$, $ha^{22} hɔn^{33} \int ɐp^2 lok^2$

農曆每月初三是上旬的氣象關鍵日,初三天氣好,則上旬雨水較少;初三下雨,上旬會雨水多。每月十六則是下旬的氣象關鍵日,十六天氣好,下旬雨水較少;十六下雨,下旬會雨水多。[188]也有「上半個月看初三,下半個月看十四」指初三如天晴,則上半月天氣晴好;十四如天晴,則下半月天氣晴好。也作「「看初二三,下看十五六」、「上看初三,下看十六」、「上看初三四,下看十五六」。[189]這一句農

---

186 新會縣政協文史資料研究工作組編:《新會文史資料選輯》(新會縣政協文史資料研究工作組,1988年5月),第29輯,頁61-62。
187 也見於浙江省湖州市長興縣。長興縣志編纂委員會編:《長興縣志》(上海市:上海人民出版社,1992年1月),頁786。也見於上海市。中國民間文學集成全國編輯委員會、中國民間文學集成上海卷編輯委員會編:《中國諺語集成 上海卷》(北京市:中國ISBN中心,1999年9月)。
188 刁光全著:《蒙山話》(南寧市:廣西人民出版社,2016年12月),頁268。
189 馬建東、溫端政主編:《諺語辭海》(上海市:上海辭書出版社,2017年8月),頁951。

諺反映了農民對於天氣的觀察和記錄，以便更好地安排農事活動。在農業中，天氣對於農作物的生長和收成至關重要，因此農民會根據這些觀察來決定何時進行農田耕作、種植、收割等活動，以最大程度地減少氣象因素對農業生產的不利影響。這一句農諺的目的是提醒人們關注關鍵日期的天氣狀況，以便作出明智的農業決策。

5　雲往東，一場空；雲往北，淋死雞（廣州黃埔）

wen²¹wɔŋ¹³toŋ⁵⁵，jet⁵⁵tʃʰœŋ²¹hoŋ⁵⁵，
wen²¹wɔŋ¹³pɐk⁵，lɐm²¹ʃei³⁵kɐi⁵⁵

「雲往東，一場空」，指鋒面系統向東移動過境時，雲層薄，不易出現降水。如果西方有雲層且雲層加厚的話，說明有新的擾動產生，儘管雲層向東走還是會出現降水。如果雲自西而來，更說明將可能有降水的出現。「雲往北，淋死雞」，指鋒前東南風向西北輸送，表明水汽好，將有明顯降水。如果是地面高壓後部向西的回流，除非有系統東移而來，才能出現降水。[190]這句珠三角農諺反映了農民對於天氣變化的細膩觀察和深刻理解。他們通過觀察雲層的運動方向和特徵，能夠判斷降水的可能性。這種觀察和經驗不僅幫助農民安排農作業，還反映了他們對於自然環境的敏感性和適應能力。

6　三朝大霧一朝風，一冷冷彎弓（廣州黃埔）

ʃam⁵⁵tʃiu⁵⁵tai²²mou²²jet⁵tʃiu⁵⁵foŋ⁵⁵，jet⁵⁵laŋ¹³laŋ¹³wan⁵⁵koŋ⁵⁵

---

190 鄒德和、楊琴、戴小景、高永紅、李平：〈氣象日曆的創意設計與製作——以固原市氣象日曆為例〉，《江西農業學報》第24卷第九期（南昌市：江西省農業科學院，2012年），頁82。

秋冬季節，如果是連續幾天起大霧，跟著便轉颳起風，天氣馬上會變得很冷，冷得人們都要彎著身子。連續幾天大霧，然後轉颳風，天氣馬上會變得很冷，但冷得人都要彎著身子，這就是誇張了。這句農諺主要反映了在秋冬季節，天氣變化多端，尤其是在連續的大霧天氣之後，可能會突然出現強風和劇烈的降溫，人們需要做好防寒保暖的準備。同時，這也提醒人們在農業方面，這也可能會對農作物產生不利影響，因此及時的天氣觀察和農事計畫非常重要。

7　木棉花開透，築基兼使牛（廣州）

mok²min²¹fa⁵⁵hɔi⁵⁵tʰɐu³³，tʃok⁵kei⁵⁵kim⁵⁵ʃei³⁵ŋeu²¹

木棉花大開時，就進入春忙時分，便要開始修埂並犁地。[191]這句珠三角農諺提醒人們春季是農田準備工作的關鍵時期，農民要及時開始修築田埂、平整土地等工作，並利用耕牛等牲畜來進行耕種。這句珠三角農諺反映了春季農業生產的重要性以及傳統農業生產的方式和習俗。

8　朝霞陰，晚霞晴（廣州、東莞市道滘鎮）

tʃiu⁵⁵ha²¹jɐm⁵⁵，man¹³ha²¹tʃʰeŋ²¹

在日出日沒時的太陽光，照到雲上成為紅色的雲，俗稱「霞」，霞是多由積雲和高積雲反照日光而成的。早上太陽在東方，有霞必在天頂或西方，這就是設在天廈或西方有低雲，不久就會移向本地，而會發生陰雨天氣，所以朝霞是變態，所以主陰雨。晚上太陽在西方，

191　廣州市地方志編纂委員會編纂：《廣州市志》（廣州市：廣州出版社，1998年2月），卷17：社會卷，頁188。

有霞必在天頂或東方,那麼低雲更將東去,本地天氣將是晴朗的了。所以晚霞是常態,是主晴。[192]這句珠三角農諺描述了朝霞和晚霞的出現與天氣的變化之間的關係,即朝霞預示著陰雨天氣的出現,而晚霞則預示著天氣將逐漸轉晴。

9 烏雲在東,有雨不凶;
  雨雲在南,落雨成潭;
  南邊起雲頭,雨陣最風流;
  朝看東南,晚看西北。
  是晴是雨,看看便得(廣州黃埔文沖村、中山市坦洲鎮)

  wu⁵⁵wɐn²¹tʃɔi²²toŋ⁵⁵,jɐu¹³jy¹³pɐt⁵hoŋ⁵⁵;
  jy¹³wɐn²¹tʃɔ²²nam²¹,lok²²jy¹³ʃeŋ²¹tʰam²¹
  nam²¹pin⁵⁵hei³⁵wɐn²¹tʰɐu²¹,jy¹³tʃɐn²²tʃɵy³³foŋ⁵⁵lɐu²¹
  tʃiu⁵⁵hɔn³³toŋ⁵⁵nam²¹,man¹³hɔn³³ʃei⁵⁵pɐk⁵,
  ʃi²²tʃʰeŋ²¹ʃi²²jy¹³,hɔn³³hɔn³³pin²²tɐk⁵

這三條農諺,廣州、中山坦洲農諺是說南邊和東南邊有雲會下雨。表面上看來似乎有矛盾,其實,這是由於每條諺語所指的具體時間不同而造成的。雲的位置和未來的天氣,與高空的氣流很有關係。每年從十月到次年六月,廣東上空經常吹西風或西南風,如果西方或南方有烏雲,說明天將下大雨;如果烏雲出現在東方,便是「有雨也不凶」。但到了七、八、九月,上空經常吹的是東風,這時就要注意是否「烏雲攔東」了。還有一種說法,即早上東方有雲,天氣變壞,

---

192 竺可楨著;樊洪業主編;丁遼生等編纂:《竺可楨全集》(上海市:上海科技教育出版社,2004年7月),第2卷,頁315。遼寧省教育廳編:《農業知識氣象》(瀋陽市:遼寧人民出版社,1959年7月),頁86。

天要下大雨；如果在中午、下午東方有雲，即使下雨也不大。這可能和地形有關。廣東的東面和南面是海洋，西面和北面是大陸。由於海陸風（白天，從海洋吹向陸地的風，我們叫它「海風」；夜晚，從陸地吹向海洋的風，我們叫它「陸風」）的影響，在一般情況下，白天多吹東或南風，晚間多吹西或北風。所以說，「朝看東南，晚看西北」，就是要我們在早上應該注意東方和南方雲的情況和變化，傍晚卻要注意西北和北方。這對於預報晴雨是很有參考價值的。[193] 這些農諺反映了人們通過觀察雲朵的位置、形狀和時間來預測天氣的傳統方法。儘管它們可能不如現代氣象預測準確，但在沒有現代氣象數據和工具的情況下，它們仍然為農民提供了一些關於未來天氣的線索，幫助他們做出相應的農事安排。這些經驗法則基於長期的觀察和傳統知識，反映了人們對天氣模式的認知。

10　雨打黃梅頭，田岸變成溝（廣州）[194]

　　　jy¹³ta³⁵woŋ²¹mui²¹tʰeu²¹，tʰin²¹ŋon²²pin³³ʃeŋ²¹kʰeu⁵⁵

---

[193] 廣東省氣象局編寫：《看天經驗》（廣州市：廣東人民出版社，1975年11月），頁7。
[194] 也見於浙江寧波。陳可偉編著：《寧波氣象諺語淺釋》（北京市：光明日報出版社，2019年1月），頁32。也見於中國浙江省寧波市鄞縣。繆復元等編著：《鄞縣水利志》（南京市：河海大學出版社，1992年12月），頁579。也見於江蘇省。農業出版社編輯部編：《中國農諺》（北京市：農業出版社，1987年4月），下冊，頁368。也見於江蘇南京市。中國民間文學集成全國編輯委員會、中國民間文學集成江蘇卷編輯委員會編：《中國諺語集成》（北京市：中國ISBN中心，1998年12月），江蘇卷，頁554。也見於嵩江。謝振岳編著：《嵩江文存　1　嵩江民間文學》（寧波市：寧波出版社，2012年4月），頁189。也見於福建光澤縣。光澤中國人民政治協商會議福建省光澤縣委員會文史資料研究委員會《光澤文史資料》（欠出版社資料，1993年9月），第13輯。也見於上海嘉定區封濱鎮。倪金龍主編；上海市嘉定區封濱鎮修志領導小組編：《封濱志》（上海市：上海社會科學院出版社，1994年6月），頁345。也見於上海。農業出版社編輯部編：《中國農諺》（北京市：農業出版社，1987年4月），下冊，頁367。

黃梅天開始時如果多雨，那麼整個雨季雨水就會較多。[195]這句農諺傳達了一個關於黃梅頭雨季的訊息，即如果在黃梅頭開始時降雨較多，那麼整個雨季可能會持續時間較長且降雨量較大，這可能對農業產生一定的影響。農民需要根據降雨情況來調整田地的排水系統，以確保農作物不會被過多的水淹沒。這也強調了農民對天氣模式的觀察和對農業決策的靈活性。

11　打風唔趙西，唔夠三日就番嚟（廣州）

ta³⁵foŋ⁵⁵m̩²¹tʰŋ³³ʃei⁵⁵，m̩²¹kɐu³³ʃam⁵⁵jet²tʃeu²²fan⁵⁵lei²¹

　　趙，讀「熨」。颳颱風後，轉吹西風才不再到，不吹過西風，颱風很快再到。[196]這句農諺強調了颱風季節中風向變化的重要性，特別是西風的出現。農民和居民可以通過觀察風向的改變來預測颱風或風暴的接近和離開，從而及時採取必要的防護措施以保護生活和財產。如果西風持續不到三天就再次改變，這可能表明風暴的來臨或再度威脅，因此需要持續保持警惕。

12　紅雲上頂，搵定地方灣好艇（廣州、中山、珠海）

hoŋ²¹wɐn²¹ʃœŋ¹³tɛŋ³⁵，wɐn³⁵teŋ²²tei²²fɔŋ⁵⁵wan⁵⁵hou³⁵tʰɛŋ¹³

　　灣，泊的意思。「紅雲」是指出現東海面上空的雲顏色。颱風侵襲前，氣壓低、濕度大，大氣層中的水滴、灰塵大大增加陽光通過大

---

195 陳可偉編著：《寧波氣象諺語淺釋》（北京市：光明日報出版社，2019年1月），頁32。
196 廣州民間文藝研究會、廣州市群眾藝術館：《廣州民間成語農諺童謠》（廣州市：廣州民間文藝研究會、廣州市群眾藝術館編印，1963年3月），頁12。

氣層的時候，碰到很多水和灰塵，這時候容易被反射的顏色線都被射掉，只有易被反射掉的紅、橙、黃等顏色光線能夠通過，所以看上天空是紅色。這種現象大都是出現日出和日落的時候。因此，天頂滿布紅是颱風來臨預示。[197]這句農諺強調了觀察天空中紅色雲層的重要性，因為這可能是風暴或颱風來臨前的警告信號。漁民和船隻操作員常常會根據天空的顏色和雲彩來判斷未來天氣的變化，以確保他們的安全和財產不受到風暴的影響。因此，當看到紅色雲層出現時，他們會及時採取行動，找到安全的地方避風避雨。

13　回南轉北，冷到口烏面黑（廣州、肇慶高要）[198]

wui²¹nam²¹tʃyn³⁵pɐk⁵，laŋ¹³tou³³hɐu³⁵wu⁵⁵min²²hɐk⁵

如果回南天突然轉颳北風，那麼天氣就會非常寒冷。[199]這句農諺是在告訴人們，當風向由南風突然變成北風時，氣溫可能會急劇下降，天氣會變得非常寒冷。這種情況可能會對人們的生活和活動產生影響，因此需要注意天氣預報並採取相應的保暖措施。

14　早禾生水，晚禾生泥（廣州）

tʃou³⁵wɔ²¹ʃɐŋ⁵⁵ʃɵy³⁵，man¹³wɔ²¹ʃɐŋ⁵⁵nei²¹

這句農諺在廣州流行了七十年，曾經深刻影響了許多社員，甚至

---

197 韋有暹編著：《民間看天經驗》（廣州市：廣東科技出版社，1984年10月），頁61。
198 也見於肇慶市高要。高要縣地方志編纂委員會編：《高要縣志》（廣州市：廣東人民出版社，1996年9月），頁797。
199 何婉萍：〈廣州話農諺初探〉，收入《商丘職業技術學院學報》第12卷第6期（商丘市：商丘職業技術學院學報編輯，2013年12月），頁86。

幹部，使他們對於是否進行深耕產生了強烈的反對情緒。這種反對主要源自於另一句農諺的影響，該諺語聲稱：「早禾根盤在泥面，吃水不吃泥，深耕如脫褲放屁，徒勞無益。」[200]這句農諺的目的是強調早季和晚季水稻在生長過程中所需的水分管理的不同。早季水稻需要更多的水分來支援其生長；而晚稻則可以在土壤較泥濘的情況下生長，因為晚稻的根系比早稻更加強壯，可以更好地吸收土壤中的營養，需要更多的關注來防止土壤變得乾燥。農民需要根據不同季節和水稻的生長特點來調整水稻田的管理策略，以確保水稻的健康生長和高產量。這也反映了農民在不同季節和生長階段需要不同的農事操作，以最大程度地提高農作物的產量和質量。

15　烏雲攔東，唔係落雨就吹風；烏雲遮落日，不落今日落明日（佛山市三水縣）

$wu^{55}wen^{21}lan^{21}toŋ^{55}$，$m^{21}hei^{22}lok^2jy^{13}tʃeu^{22}tʃʰey^{55}foŋ^{55}$；
$wu^{21}wen^{21}tʃɛ^{55}lok^2jet^5$，$pet^5lok^2kem^{55}jet^5lok^2meŋ^{21}jet^2$

這組珠三角農諺用於初春末至秋初。這組農諺說明農民看雲的位置來預測晴雨，意思是早晨如果東南方向有烏雲攔東，當天就可能吹風下雨；傍晚落日被烏雲遮蓋，當晚或第二天就有可能下雨。需要注意，這裡所說的是「烏雲」，即是積雨雲或濃積雲，而且是連片能夠「攔東」和「遮落日」的，而不是小片孤立的雲朵。春末正秋初，早晨天空就有許多烏雲出現，說明天氣不穩定，空氣中含水汽很多，到中午氣溫升高，空氣上下對流旺盛，空氣上升冷卻，凝結雨滴，就會

---

200 中共廣東省委辦公廳編：《廣東省改良土壤平整土地典型經驗》（北京市：農業出版社，1958年12月），頁85。

落雨，如果對流強烈，還會形成雷雨和陣風。傍晚日落時，如西北方仍有大量烏雲，表示天氣不穩定，一種可能是本地區上空有積雨雲或濃積雲存在，空氣上下對流旺盛，引起落雨。另一種可能是有冷空氣晚響，引起落雨。佛山市三水縣地處珠三角西北部，垂直距離海洋不遠，東南方向有海洋，西北邊是陸地，因受海陸晝夜變溫的影響，白天氣流從海洋吹向陸地，晚上氣流從陸地吹向海洋，所以，一般情況下，白天常吹東南風，晚上常吹西北風，早上注意東南方向的天氣動態，傍晚注意西北方向的天氣動態，常常可作為預測晴雨的參考。」[201]這句農諺的主要目的是通過觀察烏雲的位置來預測天氣狀況，特別是在初春末至秋初這個季節，這段時間內天氣較為多變。它提醒人們關注天空中的雲朵，以便根據雲的位置和類型來預測是否會有風或雨。對於農民和其他需要依賴天氣的人來說，這種天氣預測方法是非常實用的，可以幫助他們做出相應的決策和準備。

16　雲拖橫石嶺（佛山市三水縣）

　　　wen²¹tʰɔ⁵⁵waŋ²¹ʃɛk²leŋ¹³

　　橫石嶺是在佛山市三水縣西南方向的高要境內的一座山，當地群眾都有雲拖山嶺就會有雨的經驗。雲層長時間拖嶺，表明雲層又低又厚，含水蒸氣多，容易下雨。另方面積雨雲雲塊移動過程，受到高山阻隔，就沿著迎風坡上升到高空受到冷卻，凝結雨點，降下陣雨。[202]這句農諺的主要目的是幫助人們通過觀察雲朵的移動，來預測是否會

---

[201] 麥昭慶編注：《三水農諺選注》（三水縣：三水縣科學技術委員會、科學技術協會印，1984年），頁27。

[202] 麥昭慶編注：《三水農諺選注》（三水縣：三水縣科學技術委員會、科學技術協會印，1984年），頁27。

有降雨。在這個地區，由於附近有橫石嶺等山脈，山脈對雲朵的影響可能會導致降雨。因此，人們將觀察雲朵是否朝著山脈的方向移動，以決定是否需要做好降雨的準備。這種天氣觀察方法對於農民和其他依賴天氣的人來說非常有用，可以幫助他們做出適當的決策，以保護農作物和財產。這句佛山三水農諺反映了當地農民根據長期的觀察和實踐經驗，通過觀察雲層的移動情況來判斷天氣變化的方法。這種經驗對於農業生產和生活具有一定的指導意義。再者，這句農諺只能用於佛山三水縣，別的地方用不上。

17 朝起紅雲不過來，晚起紅雲曬裂地；
　　朝起紅雲晚落雨，晚起紅雲大旱天。
　　紅雲上天頂，夜雨落滿井（佛山市三水縣）

tʃiu⁵⁵hei³⁵hoŋ²¹wɐn²¹pɐt⁵kwɔ³³lɔi²¹，
mɐn¹⁵hei³⁵hoŋ²¹wɐn²¹ʃai³³lit²tei²²；
tʃiu⁵⁵hei³⁵hoŋ²¹wɐn²¹man¹³lok²jy¹³，
man¹³hei³⁵hoŋ²¹wɐn²¹tai²²hɔn¹³tʰin⁵⁵。
hoŋ²¹wɐn²¹ʃœŋ¹³tʰin⁵⁵tɛŋ³⁵，
jɛ²²jy¹³lok²wun¹³tʃɛŋ³⁵

　　早上西方起紅雲，到中午就可能下雨，傍晚東方起紅雲，沒有下雨，傍晚紅雲出現天頂，當時就可能下大雨。早上或傍晚，太陽光斜照積雨雲層，由於雲中的水滴與塵埃對陽光的散射作用，其他顏色的光都被散射，而紅、燈、黃等光波較長的光下易被散射，所以雲塊就被染成紅色了。早上西邊天空有大片積雲，雲層不斷發展，隨氣流向本地區移動，就可能引起下雨，早上東邊天空有大片積雨雲，就是

「烏雲攔東」，也會發展而引起落雨。傍晚，東邊天空出現積雨雲，這些雲層很可能隨著氣流而移動，逐漸遠離本地區，未來沒有落雨。但是，如果當時勁吹東風，或是颱風帶來的雨雲，則仍有一下雨的可能；西邊出現積雨雲，這些雲塊會隨著氣流方向，逐漸移動到本地而引起落雨。紅雲上天頂，說明積雨雲層就在本地上空，很有可能引起落雨。看紅雲的方向預測晴雨，需要注意當時的風向和觀察雲的發展、變化，是逐漸發展的，可能引起落雨，逐漸消散，就不一定引起落雨。[203]這句農諺通過觀察紅色雲朵的位置和移動方向，以及時間的變化，來預測降雨和天氣情況。紅色雲朵通常與日出或日落時的特定天氣條件有關，但也可以用來指示可能的降雨。這種傳統的觀察方法在農業和農村地區非常有用，可以幫助農民做出天氣相關的決策。這句珠三角農諺反映了當地農民根據長期的觀察和實踐經驗，通過觀察雲層的顏色、位置和移動情況來判斷天氣變化的方法。這種經驗對於農業生產和生活具有一定的指導意義。

18　大霧在初冬、朝朝日頭紅（佛山市三水縣）

$tai^{22}mou^{22}tʃɔi^{22}tʃʰɔ^{55}toŋ^{55}$, $tʃiu^{55}tʃiu^{55}jɛt^{2}tʰɐu^{21-35}hoŋ^{21}$

冬季，出現大霧，是冷空氣到達的前兆，由於冬季氣暖氣團已退出本地，空氣含水汽比較少，而且南下冷空氣比較強勁，在它的控制下多是乾冷的晴天。[204]這句農諺主要傳達了初冬季節的特徵。初冬時，由於冷空氣南下，氣溫下降，通常伴隨著大霧的出現。另外，清

203　麥昭慶編注：《三水農諺選注》（三水縣：三水縣科學技術委員會、科學技術協會印，1984年），頁28。
204　麥昭慶編注：《三水農諺選注》（三水縣：三水縣科學技術委員會、科學技術協會印，1984年），頁28。

晨的紅色日出是常見的現象，這可能暗示了一天將會是晴朗的天氣。因此，這句農諺可用來指導農民們決定當天的農事活動，因為天氣條件對農業生產至關重要。這句珠三角農諺反映了冬季大霧和天氣變化之間的關係，以及大霧和氣溫變化之間的聯繫。這種經驗對於農業生產和生活具有一定的指導意義。

19　早霧快收，晴天可求，霧收不起，落雨不止（佛山市三水縣）

tʃou³⁵mou²²fai³³ʃɐu⁵⁵，tʃʰeŋ²¹tʰin⁵⁵hɔ³⁵kʰɐu²¹ mou²²ʃɐu⁵⁵pɐt⁵hei³⁵，lɔk²jy¹³pɐt⁵tʃi³⁵

　　這句農諺是說早上有霧，日出即消散。這種現象，是晴天的徵兆。如果天空瀰漫著濃霧，霧與雲層連成一片，是下雨的徵兆。快收的早霧多是輻射霧，由於晚上天空無雲，空氣層穩定，地面輻射降溫，近地空氣冷卻，水蒸氣凝結霧點，太陽一出就蒸發消散，這種天氣條件多是晴天。白天還收不起的霧，往往由於天空有雲層遮蓋，霧與雲層連接。這種情況的出現，往往是冷空氣，低氣壓等壞天氣出現之前，所以是落雨的徵兆。[205]這句農諺的主要目的是根據晨霧的行為來預測天氣。如果晨霧在早晨快速消散，那麼可能是一個晴朗的天氣日子。然而，如果晨霧持續存在，那麼可能是下雨的跡象，這可能需要人們做好準備來應對不利的天氣條件。這句珠三角農諺反映了當地農民根據霧的出現、消散情況和天空雲層的變化來預測天氣變化的方法，對於安排農業生產具有一定的指導意義。

---

[205] 麥昭慶編注：《三水農諺選注》（三水縣：三水縣科學技術委員會、科學技術協會印，1984年），頁28-29。

20　久晴大霧雨，久雨大霧晴（佛山市三水縣）

　　kɐu³⁵tʃʰeŋ²¹tai²²mou²²jy¹³，kɐu³⁵jy¹³tai²²mou²²tʃʰeŋ²¹

　　這句農諺是說天晴時間長，出現大霧，是一雨的徵兆，陰雨時間長出現大霧，是晴天的徵兆。天氣久晴時氣壓高，空氣濕度小，難成雲致雨，出現大霧，是暖濕空氣移動到本地，使空氣濕度增大，氣壓降低，可能成雲致雨。天氣久雨時，出現大霧，是鋒面或低氣壓已經移去，天氣穩定，空中雲層消散，夜間地面輻射降溫，形成輻射霧，這種現象是天晴的預兆。[206]這句農諺試圖通過觀察久晴、大霧、和久雨之間的關係來預測天氣。如果久晴後出現大霧，那可能是下雨的跡象。相反，如果久雨後出現大霧，那可能是天氣即將晴朗的跡象。這句珠三角農諺反映了當地農民根據長期的天氣狀況和霧的出現來預測天氣變化的方法，對於安排農業生產具有一定的指導意義。

21　春寒雨至，冬雨汗流；春寒雨起，冬寒雨止（佛山市三水縣）

　　tʃʰɵn⁵⁵hɔn²¹jy¹³tʃi³³，toŋ⁵⁵jy¹³hɔn²²lɐu²¹；
　　tʃʰɵn⁵⁵hɔn²¹jy¹³hei³⁵，toŋ⁵⁵hɔn²¹jy¹³tʃi³⁵

　　這組農諺的意思是春季氣溫由暖轉冷，冬季氣溫由冷轉暖都是下雨的徵兆，冬季轉冷則是天晴的徵兆。春季，海洋暖氣團已逐漸伸展到本地，帶來大量水汽，當冷空氣南下時，冷暖氣團交界的鋒面，暖濕空氣被抬升、冷卻，形成鋒面雨。如果兩個氣團勢力相當，形成靜

---

[206] 麥昭慶編注：《三水農諺選注》（三水縣：三水縣科學技術委員會、科學技術協會印，1984年），頁29。

止鋒，就出現陰雨連綿天雨。冬季，當影響本地的一次冷空氣過程消失後，暖濕氣團又重新伸展到本地，產生空氣的抬升冷卻現象。而成雲致雨，而且氣溫也有明顯的回升，這就出現「冬雨汗流」現象。另方面，冬季冷空氣勢力，強盛，暖空氣勢力相對較弱，當冷空氣南下時，把暖空氣很快就推移出海，本地在單一冷氣團影響下，沒有冷暖空氣的交鋒，所以下雨也就停止。同時冬季本地上空盛行冬季風，空氣低溫乾燥，北方冷空氣南下時沒有空氣的交鋒和抬升現象，而沒有雨下，所以冬寒是晴天的徵兆。[207]這些農諺表達了季節性氣溫變化與天氣模式之間的關係。在氣溫從寒冷的冬季過渡到溫暖的春季時，降雨模式可能會發生變化，從冬季的大雨變為春季的雨水逐漸減少。這些見解對於農民和其他需要考慮天氣因素的人們來說可能非常有用，因為它們提供了關於何時開始農業活動或採取其他天氣相關行動的線索。這句珠三角農諺反映了春季和冬季天氣變化的關係以及如何根據天氣變化來預測未來天氣情況的方法，對於安排農業生產具有一定的指導意義。

22　六月五更寒，洪水浸大床

　　　　lok²jyt²ŋ̇¹³keŋ⁵⁵hɔn²¹，hoŋ²¹ʃøy³⁵tʃɐm³³tai²²tʃʰɔŋ²¹；

　　這組農諺的意思是夏季風向轉北，氣溫轉冷，就會落大雨，和「六月無開北，食得唔做得」的說法同一意思。夏季，本地受海洋暖空氣控制，盛行東南季候風，當冷空氣突然南下，冷暖空氣發生交鋒和抬升，就產生下雨，因為夏季空氣中含水氣量大，降雨量也大，形

207　麥昭慶編注：《三水農諺選注》（三水縣：三水縣科學技術委員會、科學技術協會印，1984年），頁29。

成江河水上漲。[208]這句農諺所反映的是一種自然現象。在夏季，由於氣候原因，往往會出現高溫多雨的情況。而在某些情況下，當冷空氣南下並與暖濕氣流相遇時，會形成強烈的對流天氣，導致暴雨和大風等極端天氣現象的出現。這些極端天氣可能會給人們的生產和生活帶來不利影響，例如洪澇災害等。

23　朝早熱頭辣，唔係雨打就風颳（佛山市三水縣）

tʃiu⁵⁵tʃou³⁵jit²¹tʰɐu²¹⁻³⁵lat²⁻³⁵，m̩²¹hɐi²²jy¹³ta³⁵tʃɐi²²foŋ⁵⁵kwat³

　　這句農諺的意思是夏天朝早人感陽光很熾熱（熱頭辣），到了下午就有可能有風雨。早上陽光熾熱，低層空氣濕度高，含水量大，又沒有風，人身體的汗水不易蒸發，就感到悶熱。到了中午、下午，熱力對流增強，形成雨雲，就會有雷雨和陣風。[209]這句珠三角農諺反映了農民對夏季天氣變化的敏感性，特別是在炎熱的夏天，他們如何透過觀察自然現象來預測可能的天氣轉變。它強調了炎熱的早上可能預示著下午的氣象變化，通常包括雷雨和強風。夏季是農業活動的關鍵季節，降雨和氣象條件對農作物的生長至關重要。

24　二八東南大旱天，三七東風水浸田。春吹南風晴，北風雨不停（佛山市三水縣）

ji²pat³toŋ⁵⁵nam²¹tai²²hɔn¹³tʰin⁵⁵，

208　麥昭慶編注：《三水農諺選注》（三水縣：三水縣科學技術委員會、科學技術協會印，1984年），頁29。
209　麥昭慶編注：《三水農諺選注》（三水縣：三水縣科學技術委員會、科學技術協會印，1984年），頁29。

ʃam⁵⁵tʃʰet⁵toŋ⁵⁵foŋ⁵⁵ʃɵy³⁵tʃɐm³³tʰin²¹。

tʃʰɵn⁵⁵tʃʰɵy⁵⁵nam²¹foŋ⁵⁵tʃʰeŋ²¹，pɐk⁵⁵foŋ⁵⁵jy¹³pɐt⁵tʰeŋ²¹

  這組農諺是說春季勁吹南風或東南風，是晴天的徵兆，吹北風是陰雨的徵兆。春季，從立春開始，太陽直射位置逐漸北移，暖空氣的活動範圍已擴張到本省，此時，本省處於乾熱帶高壓的北側，高空常吹偏南風。當暖空氣進入時，地面也吹南風，這樣地面與高空的氣流方向一致，沒有空氣的交鋒和抬升的條件，所以，沒有成雲雨的機會。在暖空氣勢力強盛，冷空氣勢力相對弱小的情況下，冷暖空氣交界的鋒面雨區向北推移，本地處於在單一性質的暖空氣控制下，天氣晴好。所以，春吹南風兆晴。相反，如果有冷空氣南下，吹北風，冷暖空氣迎面會合，就產生空氣的交鋒，抬升形成鋒面雨區。所以，春吹北風兆雨。[210]這句珠三角農諺反映了農民對春季天氣變化的觀察和瞭解，特別是風向對於天氣的預測作用。它強調了南風或東南風在春季時往往預示晴朗的天氣，而北風則可能意味著陰雨的來臨。在農業社區中，春季是關鍵的種植季節，農民需要根據天氣預測來適當地安排種植和耕作活動。這個農諺的訊息對他們來說是寶貴的，因為它提供了一種簡單但有用的方式，通過風向觀察，來預測可能的天氣模式。

第三節　畜牧

  大陸的農民普遍在農業之外也從事畜牧的副業，特別是在一些地區如珠三角。這種現象可以追溯到幾個原因。首先，農村地區的經濟

---

210 麥昭慶編注：《三水農諺選注》（三水縣：三水縣科學技術委員會、科學技術協會印，1984年），頁29。

活動通常相對有限，單一農作物的收入容易受到季節性波動和市場風險的影響。因此，透過養畜牧業作為副業，農民能夠增加多元的經濟來源，從而減輕單一農作物所帶來的風險。其次，農村地區通常擁有相對充足的土地和自然資源。這些資源可以被用來養殖動物，例如進行放牧、飼養家禽或魚類等。這樣一來，農民能夠最大程度地利用土地資源，增加收入，同時也為當地提供了更多的食物供應。

再者，大陸作為人口眾多的國家，對肉類、乳製品和蛋等動物產品的需求非常大。農民養殖畜牧業可以迎合市場需求，賺取穩定的收入。這種市場需求也成為農民投身於畜牧業的一個重要因素。

1 田肥三層穀，豬肥三層肉（中山）

tʰin²¹fei²¹ʃam⁵⁵tʃʰɐŋ²¹kok⁵，tʃy⁵⁵fei²¹ʃam⁵⁵tʃʰɐŋ²¹jok²

這句農諺都是證明農家養豬積肥和增產糧食、改善生活的重要關係。豬，便於養管理，繁殖得多，長得快，一年就可以出圈、屠宰。而且積肥多，糞肥質量又好。因此要使地壯，多打糧食，必多養豬。[211]這一句農諺也出現於吉林。這句珠三角農諺強調了養豬和耕種之間的相互促進關係，特別是在改善土壤肥力和增加作物產量方面的重要性。農民養豬可以為農戶提供高質量的肥料，這種肥料在種植農作物時可以有效地改善土壤肥力。豬糞肥富含營養物質，這些營養物質可以提供植物所需的養分，促進農作物的生長和發育。同時，養豬也可以為農戶提供額外的經濟收入，改善他們的生活水準。

---

211 吉林省科學技術協會編：《吉林農諺淺釋》（長春市：吉林人民出版社，1964年8月），頁305。

2 種田不養豬，一定會執輸（中山市、惠州市博羅縣）

tʃoŋ³³tʰin²¹pet⁵jœŋ¹³tʃy⁵⁵，jet⁵teŋ²²wui³³tʃɐp⁵ʃy⁵⁵

執輸，這裡指不合算。強調農民種田不養豬在經濟上是極不合算的。發展農業是一項系統工程，廣義的農業包括種植業、養殖業、採掘業和加工業等。農民種田又養豬，可以充分利用閒餘勞動力和農副產品，可以為糧食生產提供有機肥料，做到少投入、多產出，綜合利用、增產增收。引申為商品經營者要有經濟頭腦，充分利用有利條件，搞好綜合經營和連帶經營，爭取更好的經濟效益。[212]農諺云：「豬是農家寶，糞是田中金」。就是說豬糞肥，是莊稼的好肥料。[213]這句珠三角農諺明確地指出了農業中的一個重要原則：綜合經營和資源充分利用。它提醒農民和農場主要善於整合不同的農業和畜牧業務，特別是種田和養豬這兩個方面。如果僅僅種田而不養豬，將會失去一個重要的資源循環機會，因為豬糞是極好的有機肥料，可以用於肥沃土地，提高農產量。

3 豬糞上地，一本萬利（廣州，也見於福建建寧縣）

tʃy⁵⁵fɐn³³ʃœŋ¹³tei²²，jet⁵pun³⁵wan²²lei²²

「板橋鎮的顧正修則是以種、養、加結合取勝。老顧今年62歲，他有一手磨豆腐的好手藝。他大包幹後，他在種地之外，又重操舊

---

212 劉金陵等主編：《中國商業諺語詞典》（北京市：中國統計出版社，1993年），頁438-439。
213 鍾瓊奎主編；傅忠謀、張炳勳副主編：《中國諺語集成 福建卷：建寧縣分卷》（建寧縣民間文學集成編委會，1991年10月），頁121。

業,用豆渣養豬,『豬糞上地』,如此良性循環,取得了可觀的經濟效益,未出三年,就成為當地有名的養豬專業戶、萬元戶。」這確實是豬糞上地,一本萬利。[214]所以,也有農諺云:「豬是農家寶,糞是田中金」。就是說豬糞肥,是莊稼的好肥料。[215]有機肥料(如動物糞便)富含有機質和營養元素,有助於改善土壤結構、保持土壤濕度,並為植物提供養分。通過在農田中施用有機肥料,可以增強土壤的肥力,提高農作物的產量和品質。這句珠三角農諺反映了豬糞在農業中的重要作用和經濟效益,以及豬糞作為有機肥料對土壤肥力的改善作用。它也強調了循環利用的重要性,以最大程度地發揮豬糞的價值和效益。

4 大豬要槽,小豬要放(中山市)[216]

tai^{22}tʃy^{55}jiu^{33}tʃʰou^{21},ʃiu^{35}tʃy^{55}jiu^{33}fɔŋ^{33}

本條農諺意味著大豬需要提供適當的圈舍(槽),以保持其飲食和環境的穩定性,而小豬則需要充分的運動和戶外時間(放),以促進其成長和健康發展。不同階段的豬在生長速度、體重、飲食和運動需求上有所不同,因此需要相應的飼養管理。反映了千百年來農民養豬所積累的辨識豬優劣及飼養管理豐富經驗。[217]這句農諺反映了珠三

---

214 馬啟榮著:《農村改革實踐與研究》(合肥市:安徽人民出版社,1996年12月),頁47。
215 鐘瓊奎主編;傅忠謀、張炳勳副主編:《中國諺語集成 福建卷:建寧縣分卷》(建寧縣民間文學集成編委會,1991年10月),頁121。
216 也見於四川省綿陽市。中國人民政治協商會議四川省綿陽市委員會文史資料研究委員會《綿陽市文史資料選刊》(綿陽市:政協四川省綿陽市委員會文史資料委員會,1990年11月),第6輯,頁323。
217 中國人民政治協商會議四川省綿陽市委員會文史資料研究委員會《綿陽市文史資料選刊》(綿陽市:政協四川省綿陽市委員會文史資料委員會,1990年11月),第6輯,頁323。

角地區農民在養豬過程中積累的豐富經驗,以及根據豬的不同生長階段,採用不同飼養方式的智慧。這種飼養方式可以促進豬的健康成長,提高豬肉產量和質量,為農民帶來更好的經濟效益。

5　一寸水一寸魚,深水養大魚(廣州)

jɐt⁵tʃʰyn³³ʃɵy³⁵jɐt⁵tʃʰyn³³jy²¹⁻³⁵,ʃɐm⁵⁵ʃɵy³⁵jœŋ¹³tai²²jy²¹⁻³⁵

　　由於魚在水中生活和生長,水深對放養有密切關係。原則上應該是深水比淺水多放魚。由於水層餌料的垂直分布差異較大,浮游生物上層水體分布比中層多,下層少。比如在同等面積的兩個水面,二米深的甲水面,就水體的體積而言比一米深的乙水面多一管。放養數量不一定就多一倍。而是相應地有所增加。水深不是愈深愈好,一般在四米以內的水體為有效水體。因光照能夠達到,四米以下的水層光照不易達到,生物生長是成問題的。太深的水層是否有養魚效果?按照光合作用原理分析,水的深層作用不大。因此挖魚塘提出三米水深的要求是合符科學道理的。[218]這句農諺反映了在魚類養殖中,水深度的選擇是一個需要仔細考慮的因素。適當的水深可以提供更好的養殖環境,有助於魚的生長和健康。這條農諺還是有點不足,水深不是唯一的因素,還需要綜合考慮水體的其他條件,如水溫、水質、氧氣供應等,以達到最佳的養殖效果。

---

218 石道全編著:《養魚問答三百題》(南昌市:江西科學技術出版社,1988年4月),頁131-132。

6　養雞要勤，養鴨要腥，養鵝要青（中山市）[219]

　　jœŋ¹³kɐi⁵⁵jiu³³kʰɐn²¹，jœŋ¹³ap³jiu³³ʃɐŋ⁵⁵，jœŋ¹³ŋɔ²¹jiu³³tʃʰɛŋ⁵⁵

　　鵝嗜食青草，耐寒，合群性及抗病力強，生長快，肉質美，壽命較其他家禽長，體重四至十五公斤。年產蛋數十個至百個不等，在三至五年以內產蛋量逐年遞增。大陸以華東、華南地區飼養較多。大陸養鵝的歷史悠久。中國鵝、獅頭鵝是大陸的優良品種。

　　唐代婺州義烏（今浙江義烏）人駱賓王七歲時作的〈詠鵝〉詩，描寫鵝在春天浮游的情景：「鵝、鵝、鵝，曲頸向天歌。白毛浮綠水，紅掌撥青波。」北宋詩人晁沖之〈春日〉中有「鵝鴨不知春去盡」，宋文學家蘇軾〈題惠崇〈春江曉景（其一）〉〉中有「春江水暖鴨先知」的詩句。

　　從生理的角度來說，雞屬於旱禽，在小的時候，需要較高的溫度和優質的飼料搭配，才能較好的生長。而且相對於其他家禽，雞不耐高溫高濕，抗病力也較差，因此養雞過程中需要人們精心的護理。鴨和鵝則是水禽，且具有較強的抗病能力，飼養過程中相對較為粗放，但鴨還具有喜食動物性蛋白質的特性，因此，在鴨的飼料中應適當添加一些葷腥物，如小魚、螺絲等動物性飼料。鵝的消化系統較為發達，相對較長的腸道又能消化一部分的粗纖維。因此，在鵝的飼料中應添加一些優質的青綠飼料，充分利用鵝的消化功能，提高生長速度，又可適當減少精飼料的用量，從而降低飼養成本。

　　鵝的體型較大，採食量和消化道功能均明顯的強於雞和鴨，其生長速度較雞和鴨要快得多，因此，鵝在飼養至六十天時個體成熟，此

---

219 也見於長三角。王士均著：《長三角農家諺語釋義》（上海市：上海社會科學院出版社，2011年2月），頁246-247。

時即可上市或宰殺。

　　雞是一種旱禽，喜歡生活在環境乾燥的地方，而山林生長著大量的樹木和雜草，各種昆蟲也混跡於叢林，而且又有大量植物的果實、種子等，這些動、植物正是雞最喜歡的食物，可大量減少飼料投入，不但降低了成本，而且山林裡飼養的雞肉也佳。所以「山林宜養雞」的說法是科學的。鴨是一種水禽，喜歡生活在河灣、湖泊、港叉等具有乾淨水源的地方，這樣鴨子一方面滿足了本身的喜水特性，經常性地保持機體乾淨，減少疾病的發生另一方面，鴨子還可以在水中覓食一些小魚、小蝦、螺絲等動物，補充機體動物性蛋白質的營養需要，提高鴨生長速度及產蛋量。因此，在水面積多的地方「宜養鴨」。

　　為什麼說「百日雞，正好吃；百日鴨，正好殺」呢？因為從畜牧角度來說，當雞、鴨、鵝等食用禽類機體發育進入個體成熟後為宰殺的最佳時機。雞和鴨在飼養一百天左右時，其機體發育已基本達到成熟，而且也已度過了快速生長的階段，接下來的一段時間是雞和鴨由個體成熟轉向性成熟直至產蛋的階段，因此一百天左右的飼養天數是肉禽宰殺的最佳時機。[220]這句農諺強調了養禽的不同種類需要不同的飼養方法和管理策略。在養雞時需要注意溫度、飼料質量等因素，而養鴨則需要考慮腥味食物的添加，養鵝則應提供豐富的青綠飼料。這句農諺反映了不同種類禽類的養殖需求和特點。每種禽類都有其獨特的生活習性和飼養需求，因此在養殖過程中需要根據它們的特點來提供適宜的環境和飼料。這也強調了農民需要瞭解和照顧不同禽類的需求，以獲得最佳的養殖效果。

220　王士均著：《長三角農家諺語釋義》（上海市：上海社會科學院出版社，2011年2月），頁246-247。

7 馬無夜草不肥（廣州）

　　ma¹³mou²¹jɛ²²tʃʰou³⁵pɐt⁵fei²¹

　　馬沒有複胃，吃草須細嚼，但是白天工作沒有時間細嚼，而且飽食後容易肚痛和通氣困難，所以，白天往往吃不飽；馬胃很小，只及牛胃的十二至十五分之一，工作後傍晚回來，單吃一頓不夠，所以，要在夜間添足草料，讓它細嚼緩咽，這才能養得肥壯。[221]「馬無夜草不肥」這句珠三角農諺反映了農業生產中馬匹飼養的一個常識，即夜晚給馬匹提供足夠的草料對於馬匹飼養的重要性。通過合理的飼養管理，可以提高馬匹的生產性能和經濟效益。

8 若要瘦田肥，豬屎撈塘泥（廣州）

　　jœk²jiu³³ʃɐu³³tʰin²¹fei²¹，jy⁵⁵ʃi³⁵lou⁵⁵tʰɔŋ²¹nɐi²¹

　　這句珠三角農諺蘊含著深刻的農耕智慧。它的主要意思是，如果你想讓田地變得肥沃，就應該使用豬糞和塘泥作為肥料，這將有助於提高土壤的肥力和水分保持能力，從而促進農作物的生長。[222]豬糞被認為是一種理想的有機肥料，含有豐富的營養物質，如氮、磷、鉀等。它可以提供植物所需的養分，促進農作物的生長和發育。塘泥曬乾後打碎使用，利於通氣透水，有助土壤保持水分。這句農諺反映了農民們在耕作過程中的智慧和經驗。它傳達了一個重要的觀點，即在農田中使用豬糞和塘泥作為肥料，可以提高土壤的肥力和水分保持能力，從而促進農作物的生長。

---

221 貴州人民出版社編：《農村日用大全》（貴陽市：貴州人民出版社，1982年9月），頁644。
222 劉振鐸主編：《俗語詞典》（長春市：北方婦女兒童出版社，2002年10月），頁492。

第四節　生活

1　五十養子不得力，五月種茄唔得食（廣州）

ŋ̍¹³ʃɐp²jœŋ¹³tʃi³⁵pɐt⁵tɐk⁵lek²，ŋ̍¹³jyt²tʃɔŋ³³kʰɛ³⁵m̩²¹tɐk⁵ʃek²

指五十歲後生兒子依靠不了，因生孩子不宜歲數太大；五月種茄子結不出果，原因是種茄子時間太遲。[223]「五十養子不得力，五月種茄唔得食」這句珠三角農諺強調了合適的時機和條件的重要性，不論是在生育子女還是在農業種植方面。它們都反映了珠三角地區人們對於時間和年齡因素的敏感性，以及在各種活動中選擇適當時機的必要性。

2　男勤耕，女勤織，足衣又足食（廣州）

nam²¹kʰɐn²¹kaŋ⁵⁵，nɵy¹³kʰɐn²¹tʃek⁵，tʃok⁵ji⁵⁵jɐu²²tʃok⁵ʃek²

指一戶人家，男女都勤勞，就會衣食無憂。也作「男要勤，女要勤，三時茶飯不求人」。[224]這句珠三角農諺強調了勤勞和男女分工合作的重要性。它提醒人們要努力工作，充分利用各自的能力和資源，以實現衣食無憂的生活。

---

[223] 劉振鐸主編：《諺語詞典　上》（長春市：北方婦女兒童出版社，2002年10月），頁265。馬建東、溫端政主編：《諺語辭海》（上海市：上海辭書出版社，2017年8月），頁1185。

[224] 溫端政主編：《分類諺語詞典》（上海市：上海辭書出版社，2005年8月），頁92。

3　禾生草死（中山市五桂山）

wɔ²¹ʃɐŋ⁵⁵tʃʰou³⁵ʃei³⁵

　　一般早稻播後十至十五天，禾苗三至四片葉時要第一次除草，及時灌水，以水壓草，水稻能忍受一定的缺氧環境，稻苗損失很少，而雜草幼苗沒這種能力，所以能達到淹死雜草目的。[225]「禾生草死」這句珠三角農諺反映了水稻生長早期採取的除草和灌溉措施，以減少雜草對水稻的競爭，確保水稻能夠健康茁壯地生長，最終提高農田的產量和質量。這也反映了農民在種植水稻時的耕作技巧和經驗。

4　立秋不下種，處暑不栽秧（中山市沙溪鎮）

lap⁵tʃʰeu⁵⁵pɐt⁵ha²²tʃoŋ³⁵，tʃʰy³⁵ʃy³⁵pɐt⁵tʃɔi⁵⁵jœŋ⁵⁵

　　晚造下秋至立秋，栽秧至處暑，已經過了季節，產量肯定無多。故晚造下種應在大暑前，栽秧在立秋前，才不誤農時而有好收成。[226]「立秋不下種，處暑不栽秧」這句珠三角農諺反映了農民在農業生產中對於適時種植和栽培的重視。它強調了晚期種植和栽培對於農作物生長和產量的影響，並提醒農民們在選擇種植和栽培時應注意適當的時機。這句農諺也反映了農民們對於農事時機的敏感性和對於農作物生長環境的瞭解。他們深知適時的種植和栽培對於農作物的生長和產量的重要性。

225　廣東師院、湖南師院、華中師院生物系合編：《生物學》（缺出版社資料），第2冊：水稻，頁235。
226　中山市沙溪鎮人民政府編：《沙溪鎮志》（廣州市：花城出版社，1999年6月），頁423。

5　千壅萬壅[227]，唔似用泥壅（中山）

tsʰin⁵⁵ŋoŋ⁵⁵man²²ŋoŋ⁵⁵，m̩²¹tsʰi¹³joŋ²²nei²¹ŋoŋ⁵⁵

　　農民群眾在生產實踐中的按土施肥經驗，首先考慮養分供應情況，同時也考慮如何利用當地肥源，一般門口的肥沃泥肉田，有機質和氮含量高，微生物旺盛，氮的有效程度高，著重巧施薄施，並多施草木灰，以防倒伏。其他的水田或旱地土壤，有機質和氮的含量較少，施肥量需較多，而且以有機肥和土雜肥等為主，並將旱地作物莖乾或稻草回田，並加施適當氮肥如硫酸銨和水糞等。沙圍田地區的油格田，有機質和氮肥含量高，多施氮肥易引起鋪霧倒伏，特別是低沙田地區，低油格田的有機質和氮含量更高，潛在肥分豐富，但由於地下水位高，土質黏，透性不良，養分轉化慢，發低油格田潛在肥力，在於提高田面，降低地下水位，而低沙田區泥肥豐富，且施用方便，故以施用泥肥為主。農民說：「千壅萬壅，唔似用泥壅」，因泥肥養分供應比較平衡，不會引起倒伏。入坭提高田面，降低地下水位，至五十釐米，而潮水又能灌溉自如時，最有利農作物生長。一般施一次泥肥（低沙田每畝入泥100-120艇，中沙田入泥80-100艇），可維持二點一三年。每畝增產稻穀五十至一百斤。又在地多人少的地區，肥源少，土雖瘦，亦不能多施肥料，而採取經濟集中施肥的辦法，提高施肥效果。如粵北地區的黃泥田和其他地區的低產田多用讓肥法等。至於特別缺磷的低土，農民多施骨灰骨粉或過磷酸鈣等均有良好效果，根據中南土壤研究所和各地農科所和試站試結果，養分缺乏的低產田如黃泥田和黑泥田施用有機質和氮磷肥料，特別是磷肥獲得良好效果。[228]這句珠三

227　壅，此字粵語口語只讀作ŋoŋ⁵⁵，絕對不會讀作joŋ⁵⁵。
228　廣東省土壤普查鑒定土地利用規劃委員會編：《廣東農業土壤志》（廣東省土壤普查鑒定土地利用規劃委員會，1962年10月），頁167。

角農諺反映了農民在農田管理中注重土壤特性和農作物需求的經驗。他們根據具體情況選擇合適的施肥方法，以提高農田的產量和質量，確保衣食無憂。這也反映了農民在農業生產中的智慧和努力，以適應不同的土地條件。

6　犁田過冬，好過用糞壅（中山）（生活、畜牧、活產等類也可）

lɐi²¹tʰin²¹kwɔ³³toŋ⁵⁵，hou³⁵kwɔ³³joŋ²²fɐn³³ŋoŋ⁵⁵

稻田全部採取犁田過冬，到來年春天再進行二犁四耙。冬種田在秋收後，進行三型二耙一打（碎土），然後冬種，到春天冬種作物收割後，再進行二型四耙。犁田過冬的好處是可使泥土疏鬆，受到陽光曝曬和風化作用，消滅蟲害，使泥土中有機質分解。這樣就可使生土變成熟土，增加土壤肥力，供給農作物更多養分。故在群眾中有句農諺：「犁田過冬，好過用糞壅」。[229]這句珠三角農諺反映了農民在稻田管理中對犁田過冬技術的信仰和實踐。他們認為犁田過冬比使用糞壅更好，可以長期地改善土壤肥力，提高農作物產量。

第五節　活產

農諺中的「活產」指的是農業生產中的活動產物或活體動物，強調其具有生命力和活力，是農民辛勤勞動的結晶，也是農業生產的重

---

[229] 國家民委《民族問題五種叢書》編委會編：《當代中國民族問題資料・檔案匯編：《民族問題五種叢書》及其檔案集成》（北京市：中央民族大學出版社，2005年12月），第5輯：中國少數民族社會歷史調查資料叢刊，第108卷，頁189。
中國科學院民族研究所廣西少數民族社會歷史調查組編：《睦邊縣那坡人民公社那坡生產大隊僮族社會歷史調查報告》（缺出版資料），頁43。

要成果。農作物作為農諺中的活產，是因為它們具有生命力和活力，需要農民的種植努力，並具有重要的經濟價值。

1　瘦田出肥穀，肥田出瘦穀（廣州）

ʃɐu³³tʰin²¹tʃʰɵt⁵fei²¹kok⁵，fei²¹tʰin²¹tʃʰɵt⁵ʃɐu³³kok⁵

瘦田穀紮實，肥田穀鬆身，結果肥田易倒伏，不結果實。[230]這句珠三角農諺反映了適合的土壤管理方法對於農作物生長和收成的重要性。它告訴我們，瘦田和肥田在土壤肥力和農作物結果方面有著不同的表現。這句農諺提醒農民們要選擇適合的土壤管理方法，避免過度施肥或忽視土壤改良。合理施肥是確保農作物生長所需養分的一個重要環節，但過度施肥可能導致土壤養分過剩、農作物根系不發達，從而影響農作物的生長和結果。同時，忽視土壤改良也會使土壤貧瘠，無法提供足夠的養分供應給農作物，影響農作物的生長和產量。

2　食完年晚飯，犁耙暫收起；睇過元宵燈，犁耙要整理（廣州）

ʃek²jyn²¹nin²¹man¹³fan²²，lei²¹pʰa²¹⁻³⁵tʃam²²ʃɐu⁵⁵hei³⁵；
tʰei³⁵kwɔ³³jyn²¹ʃiu⁵⁵tɐŋ⁵⁵，lei²¹pʰa²¹⁻³⁵jiu³³tʃɐŋ³⁵lei¹³

這是反映農時的諺語。過年的時候，犁耙就要收起來，而一過元宵燈節之後，又要整理犁耙，準備春天的播種了。從而可以看出，諺

230　楊子靜、蕭卓光主編；廣州市民間文藝家協會、廣州市民間文學三套集成編委會搜集整理選編：《廣州話熟語大觀》（北京市：中國文聯出版公司，1998年2月），頁216。

語中反映出來的天時氣候，農人的忙碌狀態，一定是溫暖的南方。[231] 這句珠三角農諺反映了中國南方地區的農事季節和農曆年節之間的過渡。農民在年節期間可以休息和慶祝，但一旦元宵節過後，就需要重新準備和計畫新的農業季節。這個傳統的農事時間表反映了中國南方農業社區的文化和農田管理實踐。從語言的歸屬地來看，「食完」、「過」這些典型的粵方言，屬於廣府一帶了，進一步印證了這句珠三角農諺的地理範圍和背景。

3 犁田過冬，勝過擔屎壅（廣州）

lei²¹tʰin²¹kwɔ³³toŋ⁵⁵，ʃeŋ³³kwɔ³³tam⁵⁵ʃi³⁵ŋoŋ⁵⁵

長期連作的水稻田，土壤經常有水，很難改善土壤的結構。除了在冬季種植綠肥和其他作物的稻田可以改良土壤的結構外，及早進行犁冬曬白，也可以使土壤風化鬆軟，以及使有益的細菌活動起來，促進有機物質的分解；消除土壤裡有毒的東西。所以，經過犁冬的稻田，早稻生長良好，農諺云「犁田過冬，勝過擔屎壅」，就是這個道理。犁冬要盡量提早進行，最好在秋收後幾天，田土比較濕潤，還未有出現大裂時就動手犁田，保證在冬至前犁完，這樣容易型成大塊泥坯，四面通風，便於曬透，如果犁得太遲，陽光轉弱，土壤風化時間短，遇到春雨早來，曬田不透，田土變成半乾半濕，春耕整地困難，容易增加泥核，影響犁田質量。另外，在犁冬時，應該盡量犁得均勻，防止粗犁和漏犁。到大寒前後，泥壤表面已經曬透，應該進行一次「潑霜」。根據近年來矮種高產驗，畝產八百斤以上的高產田，大多數是經過「潑霜」的。因為這時土壤經過曬白，潑下糞水後，可以

---

231 關宏著：《佛山彩燈》（廣州市：廣東人民出版社，2017年10月），頁208-209。

把肥貯藏到土壤內部，過一段時間的分解，將來插秧後禾苗很快吸收利用，對早生快發很有幫助。一般中等田每畝潑下糞水二十擔左右就差不多了，潑後再進行一次翻犁，把貼住地面的泥壤犁翻過來，把泥底再曬一遍。這種做法，一般叫做「反」，是促進土壤徹底風化的好辦法。安排冬種綠肥和其他作物的稻田，是水旱輪作的一種方式，有增加肥料和改良土壤的作用。至於種過大麥、小麥的稻田，土壤會損失一部分肥力，春耕時應該注意增施肥料。[232]這句農諺的要點在於犁田過冬可以在春季耕種之前改善土壤質量，而不僅僅是儲備肥料。這種農業實踐有助於提高農作物的產量和質量，確保土壤富饒，為農業生產提供了更好的條件。這也反映了中國南方農村地區農民的智慧和經驗，以便更好地管理土地資源。這句珠三角農諺與「犁田過冬，好過用糞壅」完全相同。

4　冬耕深一寸，猶如袋裡多個錢[233]（廣州）

toŋ⁵⁵kaŋ⁵⁵ʃem⁵⁵jet⁵tʃʰyn³³，jeu²¹jy²¹tɔ²²løy¹³tɔ⁵⁵kɔ³³tʃʰin²¹

這句話也有點「只要功夫深，錘頭底下出黃金」的意思。秋收之後，春播之前，農田要深耕，叫冬耕，以待來年春天農事。凡事豫則立，不豫則廢。事前準備充足，糧食增產有望。農事如此，其他事也如此。若是安享冬閒，不事耕作，不修水利，不添補農具，來年春耕就抓瞎。這話跟北諺「磨刀不誤砍柴工」有點相似。[234]這句珠三角農

---

232 廣東省農業廳糧食生產局編寫：《早稻矮種栽培技術》（廣州市：廣東人民出版社，1965年12月），頁18-19。
233 溫州俚語稱「冬耕深一寸，夏糧多一半」。見陳顏玉著：《溫州俚語選析》（寧波市：寧波出版社，2016年6月），頁86。
234 陳顏玉著：《溫州俚語選析》（寧波市：寧波出版社，2016年6月），頁86。

諺反映了深耕冬耕的重要性以及事前準備對農事的影響。

5　禾花結穗無草人，耕耕埋埋同雀分（廣州）

wɔ²¹fa⁵⁵kit³ʃɵy²²mou¹³tʃʰou³⁵jɐn²¹，
kaŋ⁵⁵kaŋ⁵⁵mei²¹mei²¹tʰoŋ²¹tʃœk³³fɐn⁵⁵

　　禾花結穗時，農民紮一禾草人插在田間嚇雀。若然不紮草人，農夫耕來的禾穗，就會給雀仔幫你吃去一半。這句農諺反映出農民在農田管理中的智慧。他們通過設置草人等方法，保護農作物免受鳥類的侵害，從而確保收成的安全和充實。這同時也反映出農民對於生態平衡和農作物保護的敏感性，以及他們在耕作過程中的堅持與付出。這句農諺反映了農民們在農田管理中的智慧和努力。他們知道如果不採取措施保護自己的農作物，那麼辛辛苦苦的勞動成果就會被鳥類吃掉。因此，他們通過設置草人等方法來保護農作物，確保收成的安全和充實。

6　斬草不除根，來春芽又生（廣州）

tʃam³⁵tʃʰou³⁵pɐt⁵tʃʰɵy²¹kɐn⁵⁵，lɔ²¹tʃʰɐn⁵⁵ŋa²¹jeu²²ʃaŋ⁵⁵

　　通過草木的生長特性，隱含著農業和生活的智慧。這句農諺的意思是，如果只是將草莖割斷，而不將根部完全清除，草就會在來年重新生長。這句農諺反映了在農業管理和生活中的智慧。農民們在田間除草時需要確保徹底清除草的根部，以免導致來年雜草再次生長。同樣地，這種原則也應用於我們的日常生活中。我們應該努力找到問題的根本原因，並採取相應的解決措施，以確保問題得到永久解決。這

句農諺反映了農民在田間除草時的智慧。他們明白只有徹底清除草的根部，才能防止雜草再次生長。這句農諺強調了解決問題的根本性和持久性，以及通過預防和解決問題的根源來實現長期改善的重要性。這一觀點在農業管理和生活中都具有普遍適用性。

7　十年早，九年好（廣州黃埔區、廣州白雲區太和鎮、中山五桂山石鼓村、江門市鶴山）[235]

ʃep²nin²¹tʃou³⁵，kɐu³⁵nin²¹hou³⁵

就是指各種農作物要適時搶時播種，而不是隨意延時遲播。有經驗的老農都知道，時令來了，遲播一天的情況都是大不一樣的。但是，不適時地早播了，也是要不得的。即是說明耕種要抓好季節，早計畫，早種植，十年早種植，九年會豐收。[236]這句珠三角農諺「十年早，九年好」通過抓住季節的重要性，強調了適時搶時播種的重要性。它告訴我們，只有抓好季節，提前做好計畫，並且在適宜的季節進行種植，才能獲得良好的收成。

---

[235] 也見於清遠市連南瑤族自治縣。連南瑤族自治縣地方志編纂委員會編：《連南瑤族自治縣縣志》（廣州市：廣東人民出版社，1996年8月），頁699。也見於四川涼山彝族自治州寧南縣。寧南縣志編纂委員會編：《寧南縣志》（成都市：成都科技大學出版社，1994年11月），頁582。也見於浙江。汪本學、張海天著：《浙江農業文化遺產調查研究》（上海市：上海交通大學出版社，2018年6月），頁387。也見於四川省綿陽市北川羌族自治縣。《北川年鑒》編纂委員會編：《北川年鑒（1988-1997）》（成都市：巴蜀書社，1999年10月），頁173。也見於四川成都市代管簡陽市。簡陽縣禾豐區公所編：《簡陽縣禾豐區區志》（缺出版資料，1985年5月），頁104。也見於四川省樂山市馬邊彝族自治縣。馬邊彝族自治縣地方志編纂委員會編：《馬邊彝族自治縣志》（成都市：成都科技大學出版社，1994年11月），頁584。

[236] 中國農學會編：〈廣東農業氣象災害對農業生產的影響〉，《新的農業科技革命戰略與對策》（北京市：中國農業科出版社，1998年12月），頁488-489。

8 斗米養斤雞（廣州）[237]

teu³⁵mei¹³jœŋ¹³kɐn⁵⁵kei⁵⁵

　　一九四九年前廣州地區養雞屬個體副業生產。農戶養幾隻母雞，放養、產蛋、孵化、育雛，由母雞完成，只是早晚餵一些碎米、穀粒或米糠等，其餘時間均任由母雞帶小雞自由覓食或放到稻田啄食遺穀。由於飼養期長，耗料多，生長慢，故有「斗米養斤雞」的說法。[238]這句珠三角農諺「斗米養斤雞」反映出一九四九年前，由於生產水準較低，糧食和其他資源都比較匱乏，因此農民們需要盡可能地節約糧食和資源，同時也需要合理安排好自己的生產和生活。因此，農民們就將雞放到田野裡覓食，或者餵一些碎米、穀粒或米糠等，只有在早晚餵一些糧食，這樣可以節省飼料和糧食的開支，同時也充分利用了雞糞來作為肥料。這句農諺也反映了當時農民們的生產和生活方式。由於當時的生產水準較低，農民們需要依靠副業生產來增加收入和改善生活。因此，農民們就會在自家的庭院裡養一些雞、鴨、鵝等家禽，以及種植一些蔬菜、水果等農作物，這些副業生產不僅可以增加農民們的收入，還可以改善他們的生活水準。

---

237 也見於江西省萍鄉市。黃式國主編；萍鄉市志編纂委員會編：《萍鄉市志》（北京市：方志出版社，1996年8月），頁1157。也見於廣西壯族自治區桂林市全州縣。全州縣志編纂委員會編；唐楚英主編：《全州縣志》（南寧市：廣西人民出版社，1998年5月），頁187。也見於湖南懷化市。湖南省懷化市編纂委員會編：《懷化市志》（北京市：生活・讀書・新知三聯書店，1994年9月），頁284。
238 廣州市地方志編纂委員會編：《廣州市志》（廣州市：廣州出版社，1996年1月），卷8，頁156。

9　家有千條棕，子孫不怕窮（廣州）[239]

ka⁵⁵jɐu¹³tʃʰin⁵⁵tʰiu²¹tʃoŋ⁵⁵，tʃi³⁵ʃyn⁵⁵pɐt⁵pʰa³³kʰoŋ²¹

棕編是許多農戶的傳統手工技藝之一。「棕」為棕樹，是熱帶及亞熱帶樹種，喜溫暖濕潤氣候，較耐寒耐陰，對土地適生性強，所以不少農戶在屋前房後種植棕樹。廣州一帶的編棕多做成掃把。這句珠三角農諺反映了棕編手藝在當時農村生活中的重要性。首先，棕編是一種家庭手工藝，許多農民利用農閒時間編製棕製品出售或自用。這對於家庭經濟有一定的補充作用，特別是對於那些沒有其他經濟來源的家庭來說尤為重要。其次，這句農諺也反映了傳統技藝的傳承。許多農民在長期實踐中不斷積累和總結經驗，形成了獨特的棕編技藝。這種技藝不僅為家庭創造了財富，還成為了一種文化傳承，為後人留下了寶貴的精神財富。

第六節　生產管理

淺水插田，寸水回青（中山）

tʰin³⁵ʃɵy³⁵tʃʰap³tʰin²¹，tʃʰyn³³ʃɵy³⁵wui²¹tʃʰɛŋ⁵⁵

此農諺要求插秧時對水田中水的深度有一定的要求。插秧時，秧苗的合適高度一般在十五釐米左右，插秧的深度大約為兩釐米左右。

---

239 也見於河北省石家莊市正定縣。蘇平修；王京瑞主編：《正定縣歌謠諺語卷》（石家莊市正定縣三套集成編輯委員會，1989年1月），第1卷，頁210。

如果水層太深，易導致漂種。[240]這句珠三角農諺不僅反映了農民對於合理利用水資源和田地管理的重視，透過淺水管理、合理秧苗高度和插秧深度，傳達了農業生產中合理利用水資源以及有效管理田地的重要性。同時，這句農諺還體現了農民對於農業智慧的傳承，通過長期的觀察和實踐，摸索出了一套有效的田地管理方法，以確保農作物的健康生長和豐收。

---

240 賈貴訓、于皓著：《永州風土謠諺集釋》（蕪湖市：安徽師範大學出版社，2015年9月），頁134。

第三章
珠三角農諺的語言特色

第一節　修辭

一　對偶

對偶常指把相對或對立的觀點、意義、形象或詞語的句子安排在一起,以強調對比,突出差異,創造強烈的對比效果。按其內容來分,則有正對、反對兩種。

1　正對對偶

例如:

春霧晴,夏霧雨,秋霧風,冬霧寒

立秋有雨抽抽有,立秋無雨企田頭

禾怕霜降風,人怕老來窮

七月落金,八月落銀

霜降降禾黃,霜降滿田紅

二月清明莫在前,三月清明莫在後

秋霧日頭曬脊痛,秋霧曬死黃牛牯

2　反對對偶

例如:

驚蟄風，一去永無蹤；驚蟄無風，冷到芒種

春寒春暖，春暖春寒

春陰百日陰，春晴百日晴

早霧晴，夜霧陰

久晴大霧陰，久雨大霧晴

春寒多雨，冬寒雨散

小暑小割，大暑大割

未食五月粽，寒衣唔敢送；食過五月粽，寒衣收入槓

秋前北風易下雨，秋後北風乾到底

處暑公，犁耙氹過氹；處暑乸，犁耙返屋下

冬早莫割早，冬遲莫割遲

冬在月頭，賣被置牛；冬在月尾，賣牛置被

冬在月初，冷在年頭；冬在月尾，冷在明年二三月；冬在月中央，無雪也無霜

朝翻三，晚翻七，晏晝翻風唔過日，半夜亂風冷折骨

上看初三，下看十六

雲往東，一場空；雲往北，淋死雞

朝霞陰，晚霞晴

朝看東南，晚看西北，朝看東南，晚看西北，是晴是雨，看看便得

小暑小割，大暑大割

二　排比

　　用結構相似的句法，表出相同範圍、相同性質的意象，叫做排比。這些排比能讓漁諺的節奏感加強，增大語勢和增強表達的效果。

例如：

> 正月冷牛，二月冷馬，三月冷死蒔田阿媽
> 正薑、二芋、三薯、四葛、處暑番薯白露菇
> 冬至在月頭，有天冇日頭；冬至在月腰，有米冇柴燒；冬至在月尾，掌牛細仔唔知歸
> 冬在月初，冷在年頭；冬在月尾，冷在明年二三月；冬在月中央，無雪也無霜
> 冬在月頭，賣被置牛；冬在月尾，賣牛置被；冬在月中，冷死耕田公
> 烏雲在東，有雨不凶；雨雲在南，落雨成潭；南邊起雲頭，雨陣最風流；朝看東南，晚看西北；朝看東南，晚看西北。

三 對比

是把互相矛盾對立的事物放在一起相互比較，使形象美醜、特點更加顯著的一種修辭手法。例如：

（一）處暑薯，白露菇

這句農諺通過描述在不同的季節或時期所產生的不同農產品（薯和菇），強調了季節之間的差異。這種對比有助於突出不同季節的特點和農事活動的變化。所以，這是對比修辭。

（二）春分日日暖，秋分夜夜寒

農諺「春分日日暖，秋分夜夜寒」中，「春分日日暖」和「秋分夜夜寒」使用了對比修辭，以強調春分和秋分的溫度差異。「春分日

日暖」和「秋分夜夜寒」對比了春分和秋分的氣溫特點。在春分時，每一天都暖和；而在秋分時，每一個夜晚都寒冷。這種對比突出了春分和秋分兩個節氣之間的溫度差異，暗示了天氣的變化和季節的交替。這種對比還強調了春分和秋分的日夜溫差。在春分時，白天持續溫暖，夜晚也相對較溫和；而在秋分時，白天仍然溫暖，但夜晚卻變得極度寒冷。這種對比突出了春分和秋分期間日夜溫差的變化，強調了兩個節氣之間的差異。

（三）最有志，耕田掘地勤理莊稼事；最可恥，飲醉食飽坐處聽疴屎

　　這句話使用了修辭手法中的對比技巧，將兩種截然不同的行為進行對比，以突顯它們的差異和價值觀。在這句話中，「最有志，耕田掘地勤理莊稼事」表示勤奮耕作、辛勤勞動的人最有志向和價值；而「最可恥，飲醉食飽坐處聽疴屎」農諺則表示沉迷於享樂、懶散無為的人最可恥。這種對比使得兩種行為的差異更加鮮明，同時也傳達了一種價值觀，即勤奮努力的工作比懶散享樂更有價值。

四 比喻

（一）隱喻

　　隱喻是一種比喻，用一種事物暗喻另一種事物。隱喻是在彼類事物的暗示之下感知、體驗、想像、理解、談論此類事物的心理行為、語言行為和文化行為。

1　處暑根頭白

「處暑根頭白」這句話中的「根頭白」並不是直接描繪農作物的顏色，而是通過隱喻來表達農作物成熟的意義。這裡的「白」可以看作是一種象徵意義，代表著農作物的成熟和收穫。同時，「處暑」這個節氣名也具有一定的象徵意義，代表著秋季的來臨和農作物生長的最後階段。因此，可以說「處暑根頭白」這句話是一種隱喻，它通過比較不同事物之間的相似性，並用一種事物來描繪另一種事物，從而表達出所要傳達的含義。

2　大寒牛滾涬

「大寒牛滾涬」，實際上是一個引人深思的隱喻，傳達了一個有趣但極具警示意義的信息：在大寒的時節，牛仍然活蹦亂跳地打漿，暗示了大寒時氣溫不像預期的那麼寒冷。這種氣象異常可能預示著將在清明時節（早春季節）出現低溫和陰雨的情況，這種天氣對早稻等早期作物的生長可能會造成損害。

（二）類比

是一種文學修辭手法，也是一種說理方法。類比是基於兩種不同事物或道理間的類似，借助喻體的特徵，通過聯想來對本體加以修飾描摹的一種文學修辭手法。

禾怕霜降風，人怕老來窮

「禾怕霜降風，人怕老來窮」是類比的例子。類比是通過比較兩個不同的事物或概念來進行說明或理解。這句農諺通過將「禾」（莊稼）與「人」進行對比，形成了一種相對立的關係。句子表達了禾在

霜降風中容易受到傷害，突出了禾在霜降和風中的脆弱性，類比人在老年時可能會陷入貧困的境地。這種對比突顯了兩者的不同特點和處境，以表達出對它們的關注或警示。此外，這句農諺通過類比的手法，將自然界的現象和人生的經歷聯繫在一起，強調了農民對於環境變化和個人未來的關注，同時也體現了他們對於自然和生活智慧的深刻理解。

（三）誇張

　　修辭中的誇張手法是一種言辭或情景的放大的表達方式，用來強調和突出某一事物或情感的效果。誇張可以引起讀者的豐富想像和強烈感受，有時候也被用來引發讀者對被描繪的事物的深刻印象和深切理解。在修辭學中，誇張手法通常被用於描寫人物、描寫景物、描寫情感、描寫事物。

　　誇張手法可以通過多種方式來實現，如誇大事物的數量、程度、速度、重要性等。例如，「他的聲音大得震耳欲聾」、「他的財富多得可以買下整個城市」、「他的速度快得可以穿越時空」等等，這些都是修辭中的誇張手法。

1　三朝大霧一朝風，一冷冷彎弓

　　秋冬季節，如果是連續幾天起大霧，跟著便轉颳起風，天氣馬上會變得很冷，冷得人們都要彎著身子。連續幾天大霧，然後轉颳風，天氣馬上會變得很冷，但冷得人都要彎著身子，這農諺便使用上誇張手法。

2　秋霧日頭曬脊痛，秋霧曬死黃牛牯

　　「曬死」這個詞在粵語中常常用於口語和非正式場合，具有一種

誇張和幽默的語氣。它常被用來表示某種情況或狀態達到了極端的程度，使得句子更加生動有趣。例如，「秋霧日頭曬脊痛，秋霧曬死黃牛牯」（秋霧天氣太陽曬背痛，秋霧天氣太陽曬死黃牛）中的「曬死」就是用來強調太陽的強烈照射程度。

3　正月冷牛，二月冷馬，三月冷死蒔田阿媽

此農諺用上一種誇張手法，稱正月時，天氣還寒冷，可以冷死牛，冷死馬，還會冷死人。其實天氣還是寒冷，阿媽耕田時，她在水田中耕作，雙腿深深地浸泡在冰冷的水中，阿媽的手指凍得通紅，但她始終堅守著，因為她知道這份辛勞將成就農田的希望，為季節的交替埋下種子。這是一種無奈，農夫是沒得選擇的，只能默默接受這一種寒冷天氣。這樣的描述更加細膩地呈現了寒冷對於農耕的影響，同時也突顯了農民不畏寒冷，努力耕作的堅毅精神。

（四）重疊

重疊修辭是修辭手法中的一種，它指的是在詞語或詞組之間的重複使用，以加強表達的效果。重疊修辭通常用於詩歌、歌詞和文學作品中，可以增強詞句的韻律感和語感，使詞語更加生動有力。重疊修辭的使用能夠營造出豐富的詞句音韻和節奏，加強詞句的表達力和感染力。

1　是晴是雨，看看便得

在句子「是晴是雨，看看便得」中，「看看」使用了重疊修辭。這裡的「看看」起到了強調和加強的作用。「看看」的重疊形式帶來了節奏感，使句子更加韻律流暢。這種重複的字詞營造出一種輕快的語感，讓讀者或聽者感到愉悅。再者「看看」的重疊使整句話更加強

調了觀察、審視的意味。這句話的意思是無論是晴天還是雨天，只要仔細觀察，就能得到答案。「看看」的重疊強調了觀察的重要性，暗示著只有細心觀察，才能真正理解和掌握事物的本質。同時，「看看」的重複還表達了一種反覆思考和確認的態度，突顯了重要性和確定性。所以「看看」的重疊在這句話中起到了強調、加強和強化的作用，提醒人們要仔細觀察，反覆思考，才能得到正確的結論或判斷。

2　大霧在初冬、朝朝日頭紅

「大霧在初冬、朝朝日頭紅」的「朝朝」使用了重疊修辭。這裡的「朝朝」起到了強調和增強的作用。「朝朝」的重疊形式帶來了節奏感和韻律感。這種重複的字詞使句子更加流暢且聽起來節奏明快。詩人通過重複的形式，使詞句在音韻上更加和諧，增強了詩歌的韻律感。「朝朝」的重疊也強調了「日頭紅」的情景。詩句表達了初冬時大霧的景象，而「朝朝」的重疊則加強了早晨太陽的鮮紅色彩的意象。農民通過重複的形式，讓「日頭紅」這個景象更加生動、鮮明和引人注目。整句話表達了初冬時大霧中早晨太陽紅彤彤的美景。詩人選擇使用「朝朝」這個詞的重疊形式，使詩句更加豐富且引人入勝。這種重複形式在語感上增加了農諺的力量，讓讀者感受到鮮明的視覺和強烈的感受。

3　禾花結穗無草人，耕耕埋埋同雀分

「禾花結穗無草人，耕耕埋埋同雀分」中，「耕耕埋埋」使用了重疊修辭，並起到了強調和加強的作用。「耕耕埋埋」的重疊形式帶來了節奏感和韻律感。這種重複的字詞使句子在音韻上更加和諧，增強了詩歌的韻律感。重複形式也讓句子在語感上更加流暢，讓讀者感受到一種重複的動作和連續的感覺。「耕耕埋埋」的重疊是強調了農民辛

勤勞作的情景。這農諺表達了禾花結穗的景象，而「耕耕埋埋」的重疊則加強了農民耕作的辛勤和持久。這種重複形式突顯了農民日復一日辛勤勞作的樣子，表達了他們埋頭苦幹的精神和堅持不懈的態度。

4 春分秋分，晝夜均勻寒暑平；春分日日暖，秋分夜夜寒

這句「春分秋分，晝夜均勻寒暑平；春分日日暖，秋分夜夜寒」農諺中，「春分日日暖，秋分夜夜寒」使用了重疊修辭，起到了對比和強調的作用。「春分日日暖，秋分夜夜寒」的重疊形式也帶來了對比效果。該句子描述了春分時日夜溫暖而秋分時日夜寒冷的情況。重複的「日日暖」和「夜夜寒」形成了鮮明的對比，突顯了兩個節氣之間的差異。「春分日日暖，秋分夜夜寒」的重疊修辭在這句詩中起到了對比和強調的作用。它通過重複形式突出了春分和秋分之間的溫度差異，同時增強了詩句的表達力和韻律感。這種修辭手法使詩歌更加生動有力，讓讀者更好地理解詩人想傳達的意義。

第二節 押韻

研究珠三角農諺的押韻結構的目的是為了探索該地區農村方言中的韻律特點和詩歌傳統。透過研究農諺的押韻結構，可以瞭解該地區農村方言中詩歌和口頭傳統的音韻規律和形式。這樣的研究有助於深入瞭解農諺方言中詩歌的創作和演變，並對該地區的文化傳承和語言表達方式提供更多的資料和洞察。

農諺雖然不是詩歌，也不是一些歌謠，但是農諺有很多是用上押部的。農諺用押韻，能通過押韻，使韻律增強和諧感，從以下例子便知一二。韻母採用廣州話。

（1）正月冷牛，二月冷馬[a]，三月冷死蒔田阿媽[a]

（2）蒔田蒔到立夏[a]，蒔唔蒔就罷[a]

（3）處暑㬢[a]，犁耙返屋下[a]

（4）蒔田蒔到立夏[a]，有就蒔，無就罷[a]

（5）三月大[ai]，擔秧過嶺賣[ai]

（6）初一水，初二大[ai]，初三初四水浸街[ai]

（7）雨雲在南[am]，落雨成潭[am]

（8）四月八[at]，洗魚笪[at]

（9）四月八[at]，大水發[at]

（10）處暑根頭白[ak]，農夫吃一嚇[ak]

（11）打風唔趯西[ɐi]，唔夠三日就番嚟[ɐi]

（12）驚蟄前三畫[ɐu]，下秧齊動手[ɐu]

（13）七月冇立秋[ɐu]，遲禾冇得收[ɐu]

（14）立秋有雨抽抽有[ɐu]，立秋無雨企田頭[ɐu]

（15）未曾驚蟄先開口[ɐu]，冷到農夫冇氣抖[ɐu]

（16）雷打秋[ɐu]，得半收[ɐu]

（17）七月無立秋[ɐu]，遲禾無得收[ɐu]

（18）冬在月頭[ɐu]，賣被置牛[ɐu]

（19）木棉花開透[ɐu]，築基兼使牛[ɐu]

（20）南邊起雲頭[ɐu]，雨陣最風流[ɐu]

（21）雨打黃梅頭[ɐu]，田岸變成溝[ɐu]

（22）冬在月頭[ɐu]，賣被置牛[ɐu]

（23）清明暗[ɐm]，西水不離磡[ɐm]

（24）九月十三陰[ɐm]，漚爛禾稿心[ɐm]

（25）下穀近春分[ɐn]，冷死唔使恨[ɐn]

（26）秋分灰，白露糞[ɐn]，唔落就係笨[ɐn]

（27）下穀近春分[ɐn]，冷死唔使恨[ɐn]
（28）春分亂紛紛[ɐn]，農村無閒人[ɐn]
（29）朝翻三，晚翻七，晏晝翻風唔過日[ɐt]，半夜亂風冷折骨[ɐt]
（30）回南轉北[ɐk]，冷到口烏面黑[ɐk]
（31）清明蔗[ɛ]，毒過蛇[ɛ]
（32）七月紅雲蓋天頂[ɛŋ]，收好禾苗灣好艇[ɛŋ]
（33）紅雲上頂[ɛŋ]，搵定地方灣（泊）好艇[ɛŋ]
（34）養雞要勤，養鴨要腥[ɛŋ]，養鵝要青[ɛŋ]
（35）冬在月尾[ei]，賣牛置被[ei]
（36）冬在月尾[ei]，賣牛置被[ei]
（37）春雨淋頭皮[ei]，百日雨微微[ei]
（38）春吹南風晴[eŋ]，北風雨不停[eŋ]
（39）芒種聞雷聲[eŋ]，個個笑盈盈[eŋ]
（40）冬早莫割早，冬遲莫割遲[i]，立冬最當時[i]
（41）清明穀雨時[i]，插田莫遲疑[i]
（42）寒露過三朝[iu]，過水要尋橋[iu]
（43）寒露過三朝[iu]，遲早一齊標[iu]
（44）白露聽禾標[iu]，秋分定禾苗[iu]
（45）霜降過三朝[iu]，過水愛尋橋[iu]
（46）冬至在月腰[iu]，有米冇柴燒[iu]
（47）乾冬濕年[in]，禾穀滿田[in]
（48）二月東風大旱天[in]，三月東風水責田[in]
（49）二月東風大旱天[in]，三月東風水責田[in]
（50）芒種節[it]，食唔切[it]
（51）三伏不熱[it]，五穀不結[it]
（52）雷公先唱歌[ɔ]，有雨也無多[ɔ]

（53）五月壬子破[ɔ]，龍船崗上過[ɔ]
（54）八月水浸坡[ɔ]，九月蟲咬禾[ɔ]
（55）十月初一濃罩山坡[ɔ]，明年正月雨水多[ɔ]
（56）八月秋收忙[ɔŋ]，農夫穀滿倉[ɔŋ]
（57）十年早[ou]，九年好[ou]
（58）驚蟄風[oŋ]，一去永無蹤[oŋ]；驚蟄無風[oŋ]，冷到芒種[oŋ]
（59）南風凍[oŋ]，水浸洞[oŋ]
（60）立夏吹北風[oŋ]，十個魚塘九個空[oŋ]
（61）兩春夾一冬[oŋ]，無被暖烘烘[oŋ]
（62）未食五月粽[oŋ]，寒衣唔敢送[oŋ]；食過五月粽[oŋ]，寒衣收入槓[oŋ]；食過五月粽[oŋ]，過咗百日又番風[oŋ]
（63）處暑公[oŋ]，犁耙氹過氹[oŋ]
（64）立夏吹北風[oŋ]，十眼魚塘九眼空[oŋ]，夏至西北風[oŋ]，菜園一掃空[oŋ]
（65）夏至西北風[oŋ]，十個田園九個空[oŋ]
（66）禾怕霜降風[oŋ]，人怕老來窮[oŋ]
（67）寒露打大風[oŋ]，十個田頭九個空[oŋ]
（68）小雪滿田紅[oŋ]，大雪滿田空[oŋ]
（69）家有千條棕[oŋ]，子孫不怕窮[oŋ]
（70）三朝大霧一朝風[oŋ]，一冷冷彎弓[oŋ]
（71）天紅紅[oŋ]，瘟禾蟲[oŋ]
（72）雲往東[oŋ]，一場空[oŋ]
（73）烏雲在東[oŋ]，有雨不凶[oŋ]
（74）冬在月中[oŋ]，冷死耕田公[oŋ]
（75）六月六[ok]，黃皮熟，夏收夏種忙碌碌[ok]
（76）大暑涼[œŋ]，餓斷腸[œŋ]

（77）霜降遇重陽[œŋ]，穀滿頂正樑[œŋ]
（78）冬在月中央[œŋ]，無雪也無霜[œŋ]
（79）初三十八[at]，高低盡乾[at]
（80）穀雨無雨[y]，交還田主[y]

重韻方面

重韻是一種常見的修辭手法，被認為可以增加詩歌的音樂性和節奏感。它通過將相同的字或音節重複使用於句子或詩句的末尾，營造出一種和諧的韻律效果。珠三角農諺的押韻，也有少數重疊用韻，就是用同一個字作出重複押韻。農諺中的押韻和重疊用韻確實是一個特色，它們為這些口頭傳統的農村諺語增添了韻律和表現力。這些押韻和重疊用韻在農諺中常常被用來增強表達的記憶性和生動性。通過在農諺中使用相似的音韻，人們更容易記住這些格言和諺語，這有助於它們在傳統農村社區中的口頭傳承。但是，在近體詩和一些文學形式中，過度的重疊用韻可能被視為忌諱或被認為不合適，因為它可能顯得呆板或缺乏創意。因此，在不同的文學和文化背景下，對於用韻的接受程度會有所不同。

（81）冬至在月頭[ɐu]，有天冇日頭[ɐu]
（82）小暑小割[ɔt]，大暑大割[ɔt]
（83）夏霧雨[y]，秋霧雨[y]

珠三角農諺多數出現押韻，這個跟兩廣海南海洋捕撈漁諺一樣[1]，其

---

1 馮國強著：《兩廣海南海洋捕撈漁諺輯注與其語言特色和語彙變遷》（臺北市：萬卷樓圖書公司，2020年12月），頁228-233。

原因是押韻有聲韻美感，使其更加優雅和易於記憶。這種韻律感可以使農諺更加引人注目，並在口頭傳遞中更容易被接受和傳播，也是與記憶和傳承有密切關係。押韻可以增加農諺的記憶性，使其更容易被農民記憶和傳承。這種韻律結構可以幫助農民更好地記住農諺的內容和引用。最後一點，可能是一稱文化傳統。押韻在中國文化中具有重要的地位，廣泛應用於詩詞、歌謠和諺語中。珠三角農諺的押韻可能是受到這種文化傳統的氛圍影響，因而在農民社區中得到廣泛接受。

第三節　ABB式形容詞

　　珠三角農諺有一個特色是用了廣州話單音節形容詞重疊的ABB式，它是由一個單音形容詞和一個重疊式組成。ABB形式的A是形容詞，至於BB則是比況重疊後綴，是對形容詞A的詞義進行描述或補充。ABB式形容詞在句子中大多數用作謂語，其次是狀語及補語。[2] 然而，珠三角農諺只見是補語作用，不見用作謂語或狀語。

一　笑盈盈

　　原句是「芒種聞雷聲，個個笑盈盈」（廣州黃埔區）。這一句農諺的「笑盈盈」，形容在芒種這個時節，農田裡的莊稼得到了充足的雨水滋潤，生長茂盛，農民們看到這樣的景象，心情愉悅，笑容滿面。這句諺語也可以用來形容事物順利、繁榮的情況。

---

[2] 陳雄根：〈廣州話ABB式形容詞研究〉，《中國語文通訊》第58期（2001年6月），頁24。

二 亂紛紛

原句是「春分亂紛紛,農村無閒人」(廣州黃埔)。農諺中的「亂紛紛」是形容詞,形容的是春分時農村的繁忙和忙碌情景。這句諺語意味著春分時節,農村的農民們都忙於農田務,沒有閒暇的時間。

三 雨微微

原句是「春雨淋頭皮,百日雨微微」(廣州增城)。其中的「雨微微」是形容雨量較小、細微的意思。這句諺語意味著春天的雨水不多,只是微微地下雨,而且可能會持續下雨很長一段時間。

四 暖烘烘

原句是「兩春夾一冬,無被暖烘烘」(廣州增城)。這句農諺中的「暖烘烘」是形容氣候暖和的狀態。這句諺語的意思是,如果一個冬天被兩個春節夾在中間,那麼這個冬天往往會比較暖和,不需用被子保暖。因此,「暖烘烘」是形容這種氣候暖和的感覺。

五 忙碌碌

原句是「六月六,黃皮熟,夏收夏種忙碌碌」(廣州、河源市龍川)。這句農諺中的「忙碌碌」是形容在六月六這一天,人們忙於收穫成熟的黃皮果,並且開始準備播種夏季作物,表現出繁忙、忙碌的景象。

六　天紅紅

原句是「天紅紅，漚禾蟲」（廣州番禺、中山）。這句農諺中的「天紅紅」是指天空呈現紅色的狀態。在廣東地區，當農曆八月份的傍晚，天空出現紅色霞光時，就預示著禾蟲的出現季節到了。禾蟲是一種富含蛋白質的食材，對於廣東人來說，是不可多得的美味珍饈。因此，「天紅紅」與禾蟲的出現有著密切的關係。

第四節　句式結構

關於珠三角的農諺，其句式結構是多樣性的。通過句式結構可以幫助我們理解珠三角農諺的意義和隱含含義。農諺往往蘊含深刻的智慧和文化價值觀，透過分析句式結構，我們可以更好地理解農諺所傳達的意義和隱含的含義。

珠三角的農諺句式結構方面，有單句式、雙句式、三句式，四句式和多句式。珠三角地區的農諺句式結構是多樣性的，它們簡潔、表現力強，並承載著深刻的農業智慧、文化價值和情感。這些農諺不僅易於傳承和記憶，還在農村社區中發揮著實際的作用，幫助農民度過不同季節的挑戰，並取得成功的收成。

一　單句式

春寒雨至
清明下秧穀雨蒔田
春霧不過三朝雨
初二十六水大晏茶熱

初一十五水大當朝飯

初八廿三水大煮晚飯

立春宜微寒

雙春閏月好耕田

六月無閒北

梅裡不落蒔裡落

蒔糯唔被立秋知

秋分定禾苗

秋淋夜雨

斗米養斤雞

晚造望秋淋

立冬無米不成禾

二　雙句式

春寒雨至，冬雨汗流

穀雨無雨，交還田主

三月大，擔秧過嶺賣

立春晴一天，農夫不用力

春分亂紛紛，農村無閒人

二月清明莫在前，三月清明莫在後

清明穀雨時，插田莫遲疑

春寒春暖，春暖春寒

清明暗，西水不離磡

春陰百日陰，春晴百日晴

二月東風大旱天，三月東風水責田

下穀近春分，冷死唔使恨
早霧晴，夜霧陰
霧收不起，下雨不止
久晴大霧陰，久雨大霧晴
三月東風曬死草，六月東風放船走
春吹南風晴，北風雨不停
南風凍，水浸洞
雷公先唱歌，有雨也無多
春寒雨至，冬寒不濕地
人吵有事，風吵有雨
清明蔗，毒過蛇
初一落水初二晴，初三落水成泥羹
初九矇矓，初十見光
春雨淋頭皮，百日雨微微
兩春夾一冬，無被暖烘烘
春寒多雨，冬寒雨散
立春晴一日，農夫不用力耕田
二月東風大旱天，三月東風水責田
下穀近春分，冷死唔使恨
青蛙叫，大雨到
蒔田蒔到立夏，蒔唔蒔就罷
芒種節，食唔切
立夏吹北風，十個魚塘九個空
三伏不熱，五穀不
芒種聞雷聲，個個笑盈盈
四月八，洗魚笪

五月壬子破，龍船崗上過
小暑小割，大暑大割
四月八，大水發
處暑根頭白，農夫吃一嚇
大暑涼，餓斷腸
處暑若逢天下雨，縱然結實也難收
處暑薯，白露菇
夏至西北風，十個田園九個空
有雨抽抽有，立秋無雨企田頭
禾怕霜降風，人怕老來窮
七月落金，八月落銀
白露水，冇益人
霜降降禾黃，霜降滿田紅
霜降遇重陽，穀滿頂正樑
七月冇立秋，遲禾冇得收
寒露過三朝，遲早一齊標
寒露打大風，十個田頭九個空
八月秋收忙，農夫穀滿倉
七月紅雲蓋天頂，收好禾苗灣好艇
寒露過三朝，過水要尋橋
八月水浸坡，九月蟲咬禾
雷打秋，得半收
寒露最怕風，霜降最怕雨
寒露過三朝，遲早一齊標
秋霧日頭曬脊痛，秋霧曬死黃牛牯
立秋處暑犁耙住，若然唔住枉耕田

白露聽禾標，秋分定禾苗
霜降過三朝，過水愛尋橋
七月無立秋，遲禾無得收
南邊起雲頭，雨陣最風流

三　三句式

六月六，黃皮熟，夏收夏種忙碌碌
蒔田蒔到立夏，有就蒔，無就罷
旱白露，漚秋分，有穀無地囤
秋分灰，白露糞，唔落就係笨
冬早莫割早，冬遲莫割遲，立冬最當時
初一水，初二大，初三初四水浸街
正月冷牛，二月冷馬，三月冷死蒔田阿媽

四　四句式

春分秋分，晝夜均勻寒暑平；春分日日暖，秋分夜夜寒
春霧晴，夏霧雨，秋霧雨，冬霧主寒
春霧晴，夏霧雨，秋霧日頭曬脊痛，冬霧秤上吊雪棍
處暑公，犂耙氹過氹；處暑姆，犂耙返屋下
立夏吹北風，十眼魚塘九眼空，夏至西北風，菜園一掃空
不怕重陽雨，最怕十三陰；九月十三陰，漚爛禾稿心
寒露風、穀不實；霜降雨，米多碎
冬在月頭，賣被置牛；冬在月尾，賣牛置被
朝翻三，晚翻七，晏晝翻風唔過日，半夜亂風冷折骨

雲往東，一場空；雲往北，淋死雞

烏雲在東，有雨不凶；雨雲在南，落雨成潭

五 多句式

驚蟄前三晝，下秧齊動手；驚蟄風，一去永無蹤；驚蟄無風，冷到芒種；未曾驚蟄先開口，冷到農夫冇氣抖

未食五月糭，寒衣唔敢送；食過五月糭，寒衣收入櫃；食過五月糭，過咗百日又番風

冬至在月頭，有天冇日頭；冬至在月腰，有米冇柴燒；冬至在月尾，掌牛細仔唔知歸。

冬在月初，冷在年頭；冬在月尾，冷在明年二三月；冬在月中央，無雪也無霜

冬在月頭，賣被置牛；冬在月尾，賣牛置被；冬在月中，冷死耕田公

朝看東南，晚看西北，朝看東南，晚看西北，是晴是雨，看看便得

珠三角農諺的主要形式是雙句式，這種現象可能是多因素的結果。首先，農諺是農民智慧的結晶，通過簡潔明瞭的語言來傳達他們的觀點和經驗，雙句式結構可以幫助他們在有限的字數內傳遞更豐富的信息，實現農諺的簡練和精準。其次，農民需要將這些農諺牢記在心，在需要時能夠隨時引用。雙句式結構具有一定的節奏和韻律，這有助於農民更好地記憶和背誦。最後，農諺通常是口頭傳承的，雙句式結構在口頭傳承中更具優勢，更容易被口口相傳，保持了完整性和一致性。然而，需要注意的是，這只是對珠三角農諺結構的一種可能解

釋，農諺的結構可能還受到地域、文化、歷史等多種因素的影響。在研究不同地區的農諺時，需要結合當地的歷史、文化、風土人情等多方面因素進行綜合分析，以更好地理解和探究農諺的內涵和價值。

第五節　音節結構

研究珠三角農諺音節結構的目的是探索該地區農村方言的音韻特徵和語音規律。透過研究農諺音節結構，瞭解該地區農村方言的音節組成，有助於深入瞭解農諺方言的語音特點。

珠三角農諺以雙句式為主，一般上下對稱，而音節可以分成多種。例如：

一　三音節雙句式

南風凍，水浸洞
早霧晴，夜霧陰
清明蔗，毒過蛇
青蛙叫，大雨到
芒種節，食唔切
四月八，洗魚笪
四月八，大水發
大暑涼，餓斷腸
處暑薯，白露菇
白露水，冇益人
雷打秋，得半收

二　四音節雙句式

春寒雨至，冬雨汗流
穀雨無雨，交還田主
人吵有事，風吵有雨
春寒多雨，冬寒雨散
三伏不熱，五穀不結
春寒春暖，春暖春寒
霧收不起，下雨不止
初九矇矓，初十見光
七月落金，八月落銀
小暑小割，大暑大割

三　五音節雙句式

下穀近春分，冷死唔使恨
久晴大霧陰，久雨大霧晴
清明穀雨時，插田莫遲疑
春吹南風晴，北風雨不停
雷公先唱歌，有雨也無多
下穀近春分，冷死唔使恨
蒔田蒔到立夏，蒔唔蒔就罷
芒種聞雷聲，個個笑盈盈
五月壬子破，龍船崗上過
處暑根頭白，農夫吃一嚇
春雨淋頭皮，百日雨微微

兩春夾一冬，無被暖烘烘
霜降降禾黃，霜降滿田紅
霜降遇重陽，穀滿頂正樑
七月冇立秋，遲禾冇得收
寒露過三朝，遲早一齊標
立春晴一天，農夫不用力
春分亂紛紛，農村無閒人
禾怕霜降風，人怕老來窮
八月秋收忙，農夫穀滿倉
寒露過三朝，過水要尋橋
八月水浸坡，九月蟲咬禾
寒露最怕風，霜降最怕雨
寒露過三朝，遲早一齊標
白露聽禾標，秋分定禾苗
霜降過三朝，過水愛尋橋
七月無立秋，遲禾無得收
南邊起雲頭，雨陣最風流
春陰百日陰，春晴百日晴

四　七音節雙句式

二月東風大旱天，三月東風水責田
三月東風曬死草，六月東風放船走
初一落水初二晴，初三落水成泥羹
七月紅雲蓋天頂，收好禾苗灣好艇
秋霧日頭曬脊痛，秋霧曬死黃牛牯

立秋處暑犁耙住，若然唔住枉耕田
二月東風大旱天，三月東風水責田
二月清明莫在前，三月清明莫在後
處暑若逢天下雨，縱然結實也難收

五　參差多音節雙句式

三月大，擔秧過嶺賣
清明暗，西水不離礎
立春晴一日，農夫不用力耕田
立夏吹北風，十個魚塘九個空
夏至西北風，十個田園九個空
有雨抽抽有，立秋無雨企田頭
寒露打大風，十個田頭九個空
春寒雨至，冬寒不濕地

在語言結構上，大都數是雙句式為主，不單如此，珠三角農諺的音節結構多數是五音節雙句式出現。這種語言結構能增加農諺的節奏感和韻律，使其更容易記憶和傳承。五音節的結構可以帶來一種平衡與和諧的感覺，使農諺更具語言美感。再者，這種結構也是為了在有限的字數內傳達更多的訊息。五音節的結構可以提供更多的空間來表達農民的觀點和經驗，使農諺更具深度和豐富性。最後，筆者認為這種結構可能是受到地域和文化的影響。珠三角地區的農民可能有特定的語言風格和口頭傳統，這種結構可能是他們獨特的表達方式。

第六節　粵方言詞和口語

一　芒種節，食唔切

　　粵語特點：「食唔切」中的「唔」表示否定，是粵語中的常見否定詞。同樣，「食」的使用方式在標準漢語中不常見，但在粵語中是常用的。

　　在粵語中，「唔」字是一個常用的否定詞，通常用於表示否定、不同意或拒絕的意思。它與普通話中的「不」字用法相似，但有一些細微的差別。

　　一、「唔」字通常出現在動詞前面，作為動詞的助詞。例如，「食唔切」（吃不完）中的「唔」就是用來表示否定的助詞。而在普通話中，「不」字則可以出現在動詞後面或者句子末尾，例如「吃不完」和「吃不完了」。

　　二、「唔」字的使用也有一定的語氣強調作用。在粵語中，使用「唔」字可以使語氣更加強烈，表達出一種堅定的態度或強烈的情感。例如，「唔可以」（不可以）中的「唔」就強調了否定的含義。而在普通話中，使用「不」字的語氣可能相對較弱。

　　三、在一些特定的語境下，粵語中的「唔」字還可以用作疑問句的結尾。例如，「你嚟唔嚟啊？」（你來不來啊？）中的「唔」就是用來構成疑問句的結尾。而在普通話中，這種用法較少見。

　　四、不只如此，粵語中的「唔」字具有否定、不同意或拒絕的意思，常用於動詞前作為助詞，並具有一定的語氣強調作用。它在粵語中的使用方式與普通話略有差異，體現了粵語的獨特特點。

二　白露水，冇益人

　　在粵語中，「冇」字是「沒有」的縮寫形式，常用於口語和非正式場合。它與普通話中的「沒有」意義相同，但發音略有不同。

　　一、「冇」字的使用在粵語中非常常見。它是粵語口語中常用的縮略詞，可以代替「沒有」，簡化了表達的過程。例如，「白露水，冇益人」（白露水對人沒好處）中的「冇」就是用來表示「沒有」的意思。而在普通話中，則需要使用完整的詞語「沒有」。

　　二、「冇」字在粵語口語中的使用也有一定的語氣強調作用。由於它的發音比較輕鬆、隨意，常常被用來表達一種輕鬆、隨意的態度。例如，「你咁忙，我唔想去打擾你啦，佢哋都冇事」（你這麼忙，我不想去打擾你了，他們都沒事）中的「冇」就強調了說話者的輕鬆態度。

　　三、需要注意的是，雖然「冇」字在粵語口語中非常常見，但在正式場合或書面語中並不適用。在這些情況下，需要使用完整的詞語來表達否定的意思。

　　四、「冇」的使用反映了粵語方言的語言特色，即通過簡單、直接的方式表達否定概念，無需複雜的否定結構。這種方式在粵語口語中非常普遍。如「七月冇立秋，遲禾冇得收」。

三　寒露過三朝，遲早一齊標

　　粵語特點：這句中的「過三朝」和「遲早一齊標」反映了粵語中的時間表達方式。「標」在粵語中是一個常見的方言詞彙，它具有特定的用法和語言特點。

　　一、表示行動：在粵語中，「標」常用來表示特定的行動或活動。它通常用於農事活動和農村生活中，指的是在莊稼或農田中進行

的標記、操作或記錄。在這種情況下，「標」表示農民在農事過程中所採取的具體行動，如標記莊稼、確定農事的時間或進度等。

二、強調季節性和農事：「標」的使用在粵語中尤其常見於與季節性和農事相關的語境中。粵語方言中的農民通常使用這個詞彙來描述農業活動、農作物的生長情況以及農事計劃。在「寒露過三朝，遲早一齊標」中，「標」強調了在寒露這個節氣過後的某個時間點進行的農事活動。

四　寒露最怕風，霜降最怕雨

在粵語中，「最」字是一個常用的程度副詞，用於表示最高程度或最大範圍。它與普通話中的「最」字用法相似，但有一些細微的差別。

一、「最」字通常出現在形容詞或副詞前面，用來表示程度的最高點。例如，「寒露最怕風」中的「最」就是用來表示程度最高的意思。而在普通話中，使用「最」字的形容詞或副詞前面也可以出現其他修飾詞來表達程度的不同。

二、「最」字的使用可以加強語氣，突出表達的程度之高。它常常被用來強調某種狀態或情況的極端性，使得句子更加生動、形象。例如，「霜降最怕雨」中的「最」就強調了雨對霜降的影響之大。

三、需要注意的是，在一些特定的語境下，粵語中的「最」字可能具有特殊的意義或用法。例如，在一些方言詞彙中，「最」字可能表示某種特定的東西或行為。因此，對於具體的語境和用法，需要結合具體的情況進行分析和理解。

五　秋霧日頭曬脊痛，秋霧曬死黃牛牯

　　在粵語中，「曬死」是一個常用的俚語表達，表示非常嚴重或極度的意思。它與普通話中的「曬死」用法相同，但在語氣和程度上有所不同。

　　一、「曬死」這個詞在粵語中常常用於口語和非正式場合，具有一種誇張和幽默的語氣。它常被用來表示某種情況或狀態達到了極端的程度，使得句子更加生動有趣。例如，「秋霧日頭曬脊痛，秋霧曬死黃牛牯」（秋霧天氣太陽曬背痛，秋霧天氣太陽曬死黃牛）中的「曬死」就是用來強調太陽的強烈照射程度。

　　二、「曬死」這個詞的使用也有一定的口語化特點。它在口語交流中更為常見，常用於形容天氣、食物或其他事物的狀態或程度。而在正式場合或書面語中，使用更正式的詞語來表達可能更為合適。

六　立秋處暑犁耙住，若然唔住枉耕田

　　粵語特點：這句中的「犁耙住」，「住」在粵語中是一個常見的方言詞彙，它具有特定的用法和語言特點。

　　一、表示持續性：在粵語中，「住」常常用來表示動作的持續性或延續性。它可以加在動詞後面，表示動作在進行中或持續下去。例如，在句子「立秋處暑犁耙住」中，「住」強調了犁耙這個農業活動的持續性，即一直在進行犁耙工作。

　　二、強調穩定狀態：「住」還可以用來強調某種狀態或情況的穩定性。在這種情況下，它表示某種狀態一直保持不變。在「立秋處暑犁耙住」中，「住」可以強調農民一直在從事犁耙工作，並且這個狀態不會改變。

「住」在粵語中用於表示動作的持續性和狀態的穩定性,「立秋處暑犁耙住」這句話中,「住」的使用符合粵語的語言特點,強調了農業活動的持續性和不變性。

七 白露聽禾標,秋分定禾苗

這句中的「聽禾標」和「禾苗」可能反映了粵語中的詞彙和語法。「標」在粵語中是一個常見的方言詞彙,它具有特定的用法和語言特點。

一、表示行動:在粵語中,「標」常用來表示特定的行動或活動。它通常用於農事活動和農村生活中,指的是在莊稼或農田中進行的標記、操作或記錄。在這種情況下,「標」表示農民在農事過程中所採取的具體行動,如標記莊稼、確定農事的時間或進度等。因此「標」的使用符合粵語的語言特點。

二、反映地方特色:「標」的使用反映了粵語方言的地方特色。它通常用於口頭傳統、甚至用到粵語農諺,因此在粵語方言中具有重要的地位。

八 七月無立秋,遲禾無得收

無,是粵語的「冇」字。「無立秋」即是「冇立秋」。「無立秋」中的「無」表示否定。

「無」(有時也寫作「冇」)在粵語中是一個非常常見的詞彙,它具有特定的用法和語言特點。

一、表示否定:在粵語中,「無」通常用來表示否定。它與普通話中的「沒有」或「不」相當。例如,在句子「七月無立秋,遲禾無

得收」中,「無」強調了在七月沒有立秋這個節氣,以及由此導致的遲禾無法收割的情況。

二、常見於口語交流:「無」是粵語口語中非常常見的詞彙,特別在日常交流口頭表達中經常使用。它通常用來簡潔明瞭地表達否定或缺乏某事物的概念。總的來說,「無」在粵語中用於表示否定,它是粵語口語中的重要詞彙,用來簡潔地表達否定概念。在「七月無立秋,遲禾無得收」這句話中,「無」的使用符合粵語的語言特點,強調了某個條件或情況下的否定情況。

九　食完年晚飯,犁耙暫收起;睇過元宵燈,犁耙要整理

這是反映農時的諺語。從語言的歸屬地來看,「食完」、「過」這些典型的粵方言,屬於廣府一帶了。在粵語中,「食完」用於表達「吃完」的意思,這是粵語口語中常見的表達方式。而「過」在粵語中用作動詞「看」的後綴,常用於表達「看過」的意思,這種用法在粵語中比較常見。再者,在廣州話中,「食」和「過」都可以用來表示完成的意思,例如「食完飯」就是吃過午飯的意思。而「犁耙暫收起;睇過元宵燈,犁耙要整理」這句話中的「食完」、「過」,則是用來表示完成某件事情的意思。

「睇過元宵燈」這句話展現了粵語方言的一些特色:「睇」是粵語的常用詞,相當於普通話的「看」。在粵語中,「睇」常用於表達看的意思,比如「睇電視」、「睇報紙」等。在廣東話中,「睇」和「看」的意思相近,都表示觀看的意思,但「睇」比「看」更口語化,更加接地氣。

十　下穀近春分，冷死唔使恨

在粵語中，「唔使」表示「不用」或「不需要」的意思。所以，「冷死唔使恨」可以直譯為「冷死也不需要怨恨」，意思是說即使天氣很冷，也不需要怨恨或埋怨。這句話不但用到了粵語的詞彙，還能夠體現粵語的口語文學特色。

十一　處暑公，犁耙氹過氹；處暑乸，犁耙返屋下

在粵語中，「氹」和「乸」都有特定的用法和含義。

「氹」在粵語中是一個名詞，通常用於表示水塘、水坑、或者是凹下的地方。這個字可以單獨使用，也可以和其他字組合使用，比如「氹仔」（小坑），「氹濘」（水坑）等。這個字在廣州話中常被用作地名，如澳門的氹仔島。「氹」字在粵方言中具有特殊的發音和含義，使得「氹」字成為了粵方言中的獨特詞彙。

在粵語中，「乸」字的意思是雌性，特指動物或植物中的雌性個體。例如，「雞乸」就是母雞的意思，「牛乸」就是母牛的意思。在粵語中，「乸」字主要用於描述動物的性別，與「公」字相對應，「公」字則表示雄性。此外，「乸」字在粵語中還有一些俚語用法，例如「乸型」，意思是像女人一樣，多用於形容男人舉止過於女性化。

十二　秋分灰，白露糞，唔落就係笨

「唔落就係笨」是用了粵語的口語表達方式，可以翻譯成「不倒下就是笨」，其中「唔落」是粵語的口語表達方式，意思是「不倒下」（糞肥）；「就係」是粵語口語中的一種表達方式，意思是「就是」，

「笨」在粵語中通常用來形容人愚蠢、笨拙。

因此,「唔落就係笨」雖然沒有特別的粵方言詞彙,而是使用了粵語的口語表達方式來表達「不倒下就是笨」的意思。

十三　朝翻三,晚翻七,晏晝翻風唔過日,半夜亂風冷折骨

在粵語中,「晏晝翻風唔過日」是使用了粵語的口語表達方式。「晏晝翻風唔過日」可以翻譯成「如果白天起大風,那麼天氣就不會轉晴」,其中「晏晝」是白天的意思,「翻風」是指颱風,「唔」是粵語中表示否定的詞語,「過日」則是指天氣轉晴。因此,「晏晝翻風唔過日」雖然沒有特別的粵方言詞彙,而是使用了粵語的口語表達方式來表達這個天氣變化的諺語。

十四　打風唔趨西,唔夠三日就番嚟

「唔夠三日就番嚟」這一句用到了粵語的一些常見表達和語法。

一、「唔夠」是粵語中表示否定的詞語,「不夠」的意思,其中「唔」是用來構成否定形式的詞語之一,類似的還有「唔該」、「唔理」等等。

二、其次,「番嚟」是粵語口語中的一種表達方式,意思是回來或者轉晴。其中,「番」是回的意思,而「嚟」則是一種語氣助詞,表示動作的完成或者狀態的持續。

三、這句話還涉及到了粵語的語法。比如,「番嚟」是動詞短語,其中「番」是動詞,「嚟」是動詞後的助詞,表示動作的完成或者狀態的持續。同時,「唔夠三日就番嚟」這句話也使用了粵語口語

中的一些表達方式,比如使用「就」表示強調,使用「唔」表示否定等等。

因此,「唔夠三日就番嚟」這句話雖然沒有特別的粵方言詞彙,但是用到了粵語的一些常見表達和語法。

十五　烏雲攔東,唔係落雨就吹風;烏雲遮落日,不落今日落明日

在「唔係落雨就吹風」這句話中,用到了以下幾個粵方言詞:

一、「唔係」是粵語中的否定形式,其中「唔」是用來構成否定形式的詞語之一,類似的還有「唔該」、「唔理」等等。「係」是粵語中的肯定形式的表達,在這裡和「唔」一起使用,表示否定的意思。

二、「落雨」是粵語中的詞語,意思是下雨。其中「落」是動詞,表示下降、落下的意思,而「雨」則是名詞,表示天空中降下的水珠。

三、「吹風」在粵語中是口語化的表達,意思是颱風。其中「吹」是動詞,表示吹拂、颳的意思,而「風」則是名詞,表示空氣流動的現象。

這句話的語法使用了粵語的基本詞序,即主語+動詞+賓語的結構。同時,「唔係」、「落雨」和「吹風」都是動詞,也體現了粵語中動詞處於句子的核心地位的特點。整句話表達的意思是「如果不是下雨就是颱風」。

「唔係落雨就吹風」這句話用到了粵語的否定形式、動詞短語和口語表達,同時也體現了粵語的基本詞序和動詞核心的特點。

十六　朝早熱頭辣，唔係雨打就風颭

「朝早熱頭辣，唔係雨打就風颭」這句話中用到了以下幾個粵方言詞：

一、「朝早」是粵語中的詞語，意思是早上。「熱頭」指太陽，熱頭是粵方言詞。

二、「唔係」是粵語中的否定形式，其中「唔」是用來構成否定形式的詞語之一，類似的還有「唔該」、「唔理」等等。「係」是粵語中的肯定形式的表達，在這裡和「唔」一起使用，表示否定的意思。

十七　若要瘦田肥，豬屎撈塘泥

在「豬屎撈塘泥」這句話中，沒有用到特別的粵方言詞，但是用到了粵語口語中的一些表達方式。

「豬屎」是粵語中對豬糞便的俗稱；「撈」是粵語中的一個動詞，意思是「撈取」；「塘泥」是池塘底部的淤泥。所以，「豬屎撈塘泥」可以理解為「用豬糞便和池塘底部的淤泥混合在一起」。這句話涉及到的粵語語法主要是名詞和動詞的組合，即「豬屎」和「撈塘泥」。這種組合在粵語中非常常見，用來描述一種行為或動作。同時，也使用了口語化表達，更加生動形象。

十八　千壅萬壅，唔似用泥壅

在「唔似用泥壅」這句話中，用到了以下粵方言詞：

一、「唔似」是粵語中的詞語，意思是「不像」、「不如」，表達的是一種比較、對比的關係。

二、「用泥壅」是粵語中的一個動詞短語，其中「用」是介詞，「泥」是名詞，指代泥土，「壅」是動詞，意思是「堵塞」、「封閉」。合起來可以理解為「用泥土堵塞」。

這句話涉及到的粵語語法主要是比較級和動詞短語的運用。其中，「唔似」是表示比較的詞語，而「用泥壅」則是一個動詞短語，用來表達一種行為。同時，「唔似用泥壅」也使用了口語化的表達方式，使得語言更加生動、簡潔。

二十　種田不養豬，一定會執輸

在「一定會執輸」這句話中，沒有用到特別的粵方言詞，但是用到了粵語口語中的一些表達方式。「一定會」表示「一定會」，「一定會執輸」這句話涉及到的粵語語法，主要是副詞修飾動詞的結構，即「一定會」修飾「執輸」。

執輸，這裡指不合算。強調農民種田不養豬在經濟上是極不合算的。「執輸」在粵語中是一個常用的口語詞彙，它的意思是在比賽或競爭等中占下風；吃虧；比別人差。這個詞的來源與粵語中的一個遊戲有關，叫做「執籌」，類似於抓鬮，但有一定的輸贏。輸了的就是「執輸」，也就是失敗和吃虧的意思。因此，「執輸」在粵語中是一個非常具體和生活化的詞，用以形容在某一情境中處於不利地位的情況。

「執輸」是粵語中的詞彙，使用範圍主要在香港和廣東地區。在其他地區的中文方言中，可能沒有這個詞彙或使用不同的詞彙來表達相同的意思。

「執輸」在粵語中是一個常用的詞，它的語法用法主要是作為一個動詞，表示在比賽或競爭等中占下風、吃虧、比別人差的意思。在粵語中，「執輸」通常用來描述在某種情況下處於不利地位，比如在你

提到的農諺「種田不養豬，一定會執輸中」，強調的是只種田不養豬在經濟上是不合算的，相對而言，養豬則能增加收入，因此在經濟效益上占優勢。此外，「執輸」也可以用來形容人在某方面的表現不如他人，比如「佢零舍執輸過人嘅」，意思是「他總是比人略遜一籌」。

第七節　珠三角農諺語彙的變異

農諺的普遍性高及變異文本

　　農諺當中有一句「未雨先唱歌，有雨也不多」，是筆者在從化田野調查時搜集的，後來與二十多個學生到佛山市進行田野調查時，筆者在三水也發現有一樣「未雨先唱歌，有雨也不多」這農諺，打後先後到過廣西欽州和海南田野調查，在當地也有「未雨先唱歌，有雨也不多」這一句農諺。「正月冷牛，二月冷馬，三月冷死蒔田（插秧）阿媽。」此農諺，在廣東一帶有變異文本，廣州花縣稱「正月冷牛，二月冷馬，三月冷死蒔田媽」、仁化縣稱「正月冷牛，二月冷馬，三月冷死耕田者」、羅定稱「正月冷牛，二月冷馬，三月冷死插田嬭」、韶關市稱「正月冷牛，二月冷馬，三月冷死插嫲」、白雲區人和鎮稱「正月冷牛，二月冷馬，三月冷壞蒔田阿阿爸」、廣西桂平稱「正月冷牛，二月冷馬，三月冷著插田母」和「正月冷牛，二月冷馬，三月冷死插田母」，指農曆一月牛幹活，二月馬幹活，三月春耕春種開始，農婦也忙於田裡幹活。「不怕重陽雨，最怕十三陰；九月十三陰，漚爛禾稿心。」九月九重陽下雨倒不怕，怕就怕在一連到九月十三日時還不晴，那時禾稿心也被漚爛了。此農諺於廣西龍州稱「九月初九淋，帶來十三陰；日頭貴過金，種菜不用淋」、上思稱「九月十三陰，日頭難得風」，也稱「九月十三陰，柴火貴如金」、有稱「九月

十三陰，禾稈漚爛心」、也稱「九月十三陰，菜園有雨淋」、賀州稱「不怕重陽雨，最怕十三陰」、玉林稱「重陽落雨都不怕，最怕九月十三陰」、南寧邕寧稱「重陽有雨重重雨，重陽無雨看十三，十三無雨看冬間。「春霧晴，夏霧雨，秋霧雨，冬霧主寒」，見於廣州、天河、佛山高明、南海、四會、汕頭市澄海區蓮下鎮、廣西昭平縣、中山市民眾鎮、東莞市道滘鎮、廣西玉林。這一種現象，與漁諺一樣。「死五、絕六、無救七」是粵東沿海的漁諺，但也見於浙江湖州。湖州那邊說「死五、絕六、斷命七」，都是說明這幾個月海裡魚類少，捕撈困難。「稻尾變赤，魚蝦爬上壁」，這是惠陽縣的漁諺，這一句，福建惠安安縣則說成「五月赤，鱟爬壁」；浙江東北部的舟山一帶漁民則說「六月稻尾赤，鱟魚爬上壁」。可見農諺、漁諺有些是通用到很遠的地方。筆者雖然是寫珠三角農諺，但別處地方也去過調查，發現一樣或類似的，也會在書裡一一交代。看來農諺與漁諺一樣出現語彙變異。[3]

---

[3] 筆者曾在《兩廣海南海洋捕撈漁諺輯注與其語言特色和語彙變遷》曾寫了一些漁諺的變異。原文如下：看了一些不同地區收錄的漁諺，發現有些漁諺不單是出現於南海，在福建和浙江也同樣出現，與南海漁民的漁業生產作業的總結竟然是完全相同。如「春過三日魚北上，秋過三日魚南下」，這是一條南海漁諺，不只是出現於廣東汕頭市南澳一帶，也見於浙江寧波、山東臨清，竟然還會出現於內陸的河北市邯鄲市，生產作業總結出的經驗也是完全相同。如「四月初一晴，魚仔上高坪」這條南海漁諺，一般流傳於惠陽、江門、中山，竟然也出現於廣西內陸桂平一條操粵方言的漁村。不單如此，「四月初一晴，魚仔上高坪」這條海洋作業的漁諺，也見於中山五桂山一帶，這裡不接近海洋，是位於中山市的內陸，這條漁諺也見於廣東內陸客家地區的龍川，看來江河打魚的生產總結經驗也會如此相同。如「稻尾赤，魚蝦爬上壁」這一條南海漁諺，也見於福建、浙江舟山一帶。如「清明早，來得早，清明遲，來得遲」，不單見於珠海斗門，這條漁諺也見於浙江舟山漁場。如粵東沿海有「死五、絕六、無救七」這一條漁諺，而浙江湖州的漁諺則說「死五、絕六，斷命七」，意思也是完全相同。看來沿海、沿江、湖泊或港灣地區的漁民，在長期的漁業生產實踐中，總結出的具有規律性的諺語竟然會這麼如此接近。這些漁諺這麼接近，其實與漁民是水流柴特性有關，他們的漁船可以到處去的，於是隨處

語彙，是語言中「語」的總彙。這一概念由溫端政在確立《語詞分立》觀點時，作為一個區別於「詞彙」的重要術語提出。其目的在於將成語、諺語、慣用語、歇後語等語言單位從詞彙中突顯出來，作為單獨的研究對象，這一提法引起了學術界的關注。同時，他將「語」的範圍界定為成語、諺語、慣用語和歇後語，而「包括格言在內的名句、專門用語、專名語（也稱「專有名詞」）、複合詞，以及結構上缺乏必要固定性條件的某些習慣性說法，都不屬於『語』」。[4]此文就以漁諺作為研究對象，對其歷時演變過程及其特徵進行分析語彙的形式（即「語形」）和意義（即「語義」），看各語類的變化情況。

從歷時的角度來看，漢語語彙的語形具有兩種變化類型：一是語形從產生至今構成成分或結構關係從未發生變化，一是語形中部分構成成分或結構關係部分在使用中發生變化。[5]由於水上人、漁民從來被視為最低層人物，所以漁諺難以被收錄於歷代的語面文獻中，所以要通過文獻來分析古今變化是絕對不可能的。但是，幸好還保留於口語中，筆者就根據調查出來時的漁諺與各地相近的漁諺進行比較，看其語形的變異。由於漁諺難以考證哪兒是原形的，筆者只能以調查當地漁諺時，第一次提出的作為最原型看待，然後與同一縣鎮和各地區的相近漁諺進行比較分析，否則便不能進行探討。

根據吳建生、安志偉《漢語語彙的變異與規範研究》把語形部分

聽到不同的生產作業有關的漁諺，可用的，便互相留下來，但經過歲月洗禮，各區按著押韻或別的因素，把得來的漁諺進行了語彙上增加、減少或替換等，當然也有依舊不變的。現在就根據語彙的變異來進行分析這些接近和相似的漁諺。見馮國強著：《兩廣海南海洋捕撈漁諺輯注與其語言特色和語彙變遷》（臺北市：萬卷樓圖書公司，2020年12月），頁271-272。

4 吳建生、安志偉主編；李中元叢書主編：《漢語語彙的變異與規範研究》（太原市：山西人民出版社，2017年12月），頁169。

5 吳建生、安志偉主編；李中元叢書主編：《漢語語彙的變異與規範研究》（太原市：山西人民出版社，2017年12月），頁171。

變化型的構語成分變化分成為增加成分、減少成分、替換成分。[6]筆者便根據這三項來分析兩廣南海漁諺，看其變異情況。[7]

（一）正月冷牛，二月冷馬，三月冷死蒔田阿媽（廣州黃埔）

此農諺，在廣東一帶有變異文本，廣州花縣稱「正月冷牛，二月冷馬，三月冷死蒔田媽」、仁化縣稱「正月冷牛，二月冷馬，三月冷死耕田者」、羅定稱「正月冷牛，二月冷馬，三月冷死插田乸」、韶關市稱「正月冷牛，二月冷馬，三月冷死插嫲」、白雲區人和鎮稱「正月冷牛，二月冷馬，三月冷壞蒔田阿爸」、廣西桂平稱「正月冷牛，二月冷馬，三月冷著插田母」和「正月冷牛，二月冷馬，三月冷死插田母」。

這一條農諺，假若以廣州市的「正月冷牛，二月冷馬，三月冷死蒔田阿媽」的農諺為原始語形。花縣有農諺「正月冷牛，二月冷馬，三月冷死蒔田媽」，與原始語形「正月冷牛，二月冷馬，三月冷死蒔田阿媽」比較，其語彙在基本理性意義不變條件下，語形在其歷時演變的過程中減少了成分：少了個稱謂「阿」。

仁化縣稱「三月冷死耕田者」與原始語形的「三月冷死蒔田阿媽」比較，由「阿媽」轉成「耕田者」，是替換成分的演變，而其替換時，不是以同義、近義、類義等形式替換原始語形中的「阿媽」成分。再者，仁化縣稱「三月冷死耕田者」與原始語形的「三月冷死蒔田阿媽」比較，其語彙在基本理性意義不變條件下，語形在其歷時演

---

6 吳建生、安志偉主編；李中元叢書主編：《漢語語彙的變異與規範研究》（太原市：山西人民出版社，2017年12月），頁172-174。

7 馮國強著：《兩廣海南海洋捕撈漁諺輯注與其語言特色和語彙變遷》（臺北市：萬卷樓圖書公司，2020年12月），頁272-273。

變的過程中減少了成分，少了「蒔田」。

　　羅定稱「三月冷死插田嫲」與原始語形的「三月冷死蒔田阿媽」比較，由「蒔田阿媽」轉成「插田嫲」，是替換成分的演變，而其替換時，以同義、近義、類義等形式替換原始語形中的「蒔田阿媽」成分。

　　韶關市稱「正月冷牛，二月冷馬，三月冷死插嫲」與原始語形的「三月冷死蒔田阿媽」比較，由「蒔田阿媽」轉成「插嫲」，是替換成分的演變，而其替換時，以同義、近義、類義等形式替換原始語形中的「蒔田阿媽」成分。

　　白雲區人和鎮稱「正月冷牛，二月冷馬，三月冷壞蒔田阿爸」與原始語形的「三月冷死蒔田阿媽」比較，由「冷死」轉成「冷壞」，是替換成分的演變，而其替換時，以同義、近義、類義等形式替換原始語形中的「冷死」成分；由「阿媽」轉成「阿爸」，是替換成分的演變，而其替換時，以同義、近義、類義等形式替換原始語形中的「阿爸」成分。

　　廣西桂平稱「正月冷牛，二月冷馬，三月冷著插田母」與原始語形的「三月冷死蒔田阿媽」比較，由「蒔田阿媽」轉成「插田母」，是替換成分的演變，而其替換時，以同義、近義、類義等形式替換原始語形中的「蒔田阿媽」成分。

（二）初一落水初二晴，初三落水成泥羹（廣州增城、惠州、河源市紫金縣）

　　惠州一帶稱「初一落水初二晴，初三落水成泥葵」，與原始語形的「初一落水初二晴，初三落水成泥羹」比較，由「泥羹」轉成「泥葵」，是替換成分的演變，而其替換時，以同義、近義、類義等形式替換原始語形中的「泥羹」成分。

（三）三伏不熱，五穀不結（廣州）

廣州的「三伏不熱，五穀不結」與原始語形的〔清〕朱彝尊《明詩綜》卷一百又作「六月不熱，五穀不結」比較，由「六月」轉成「三伏」，是替換成分的演變，而其替換時，以同義、近義、類義等形式替換原始語形中的「六月」成分。

（四）五月壬子破，龍船崗上過（廣州黃埔區）

廣東稱「五月壬子破，大水穿山過」、河南稱「五月壬子破，水從房脊過」，又稱「五月壬子破，水打城上過」、浙江稱「五月壬子破，水望山頭過」，又稱「五月壬子破，大水唱山歌」、江蘇稱「五月壬子破，鯉魚穿山過」。

廣東稱「五月壬子破，大水穿山過」與原始語形的「五月壬子破，龍船崗上過」比較，由「龍船崗上過」轉成「大水穿山過」，是替換成分的演變，而其替換時，不以同義、近義、類義等形式替換原始語形中的「龍船崗上過」成分。

（五）處暑根頭白，農夫吃一嚇（廣州黃埔區）

黃埔區的「處暑根頭白，農夫吃一嚇」與原始語形的古人云：「處暑根頭白，農夫吃一嚇」比較，其語彙在基本理性意義不變條件下，語形在其歷時演變的過程中從未發生變化。

（六）立秋有雨抽抽有，立秋無雨企田頭（廣州黃埔區）

廣州黃埔區大沙鎮稱「立秋有雨秋秋有，立秋無雨甚擔憂」、廣西橫縣稱「立秋有雨喜豐收，立秋無雨人人愁」、桂平稱「立秋有水家家有，立秋無水家家憂」、桂平又稱「立秋下雨偷偷雨，立秋無雨

枉功勞」、馬山壯區稱「立秋有雨雨水足，立秋無雨天大旱」、扶綏及橫縣壯區「立秋有雨秋秋有，立秋無雨半成收」、樂業稱「立秋有雨秋秋有、立秋無雨甚擔憂」、龍川稱「立秋有雨秋秋有，立秋無雨百家憂」等。

廣州黃埔區大沙鎮稱「立秋有雨秋秋有，立秋無雨甚擔憂」與原始語形的「立秋有雨抽抽有，立秋無雨企田頭」比較，由「立秋有雨秋秋有，立秋無雨甚擔憂」轉成「秋秋」和「甚擔憂」，是替換成分的演變，而其替換時，不以同義、近義、類義等形式替換原始語形中的「抽抽」、「企田頭」成分。

廣東省河源市龍川稱「立秋有雨秋秋有，立秋無雨百家憂」與原始語形的「立秋有雨抽抽有，立秋無雨企田頭」比較，由「立秋有雨抽抽有，立秋無雨企田頭」轉成「百家憂」，是替換成分的演變，而其替換時，以同義、近義、類義等形式替換原始語形中的「企田頭」成分。

廣西橫縣稱「立秋有雨喜豐收，立秋無雨人人愁」與原始語形的「立秋有雨抽抽有，立秋無雨企田頭」比較，由「立秋有雨秋秋有，立秋無雨甚擔憂」轉成「喜豐收」和「人人愁」，是替換成分的演變，而其替換時，不以同義、近義、類義等形式替換原始語形中的「秋秋有」、「甚擔憂」成分。

廣西桂平稱「立秋有水家家有，立秋無水家家憂」與原始語形的「立秋有雨抽抽有，立秋無雨企田頭」比較，由「立秋有雨秋秋有，立秋無雨甚擔憂」轉成「秋秋」和「無水家家憂」，是替換成分的演變，而其替換時，以同義、近義、類義等形式替換原始語形中的「抽抽有」、「企田頭」成分。

廣西桂平又稱「立秋下雨偷偷雨，立秋無雨枉功勞」與原始語形的「立秋有雨抽抽有，立秋無雨企田頭」比較，由「立秋有雨秋秋

有，立秋無雨甚擔憂」轉成「秋秋」和「枉功勞」，是替換成分的演變，而其替換時，以同義、近義、類義等形式替換原始語形中的「抽抽有」、「企田頭」成分。

馬山壯區稱「立秋有雨雨水足，立秋無雨天大旱」與原始語形的「立秋有雨抽抽有，立秋無雨企田頭」比較，由「立秋有雨抽抽有，立秋無雨企田頭」轉成「雨水足」和「天大旱」，是替換成分的演變，而其替換時，以同義、近義、類義等形式替換原始語形中的「抽抽有」、「企田頭」成分。

扶綏、橫縣壯區「立秋有雨秋秋有，立秋無雨半成收」與原始語形的「立秋有雨抽抽有，立秋無雨企田頭」比較，由「立秋有雨抽抽有，立秋無雨企田頭」轉成「秋秋」和「半成收」，是替換成分的演變，而其替換時，以同義、近義、類義等形式替換原始語形中的「抽抽有」、「企田頭」成分。

廣西樂業稱「立秋有雨秋秋有、立秋無雨甚擔憂」與原始語形的「立秋有雨抽抽有，立秋無雨企田頭」比較，由「立秋有雨抽抽有，立秋無雨企田頭」轉成「秋秋」和「甚擔憂」，是替換成分的演變，而其替換時，以同義、近義、類義等形式替換原始語形中的「抽抽有」、「企田頭」成分。廣西樂業稱「立秋有雨秋秋有、立秋無雨甚擔憂」與廣州黃埔區大沙鎮一致，毫無分別。

（七）九月十三陰，漚爛禾稿心（廣州）

此農諺於廣西龍州稱「九月十三陰，柴火貴如金」、有稱「九月十三陰，禾稈漚爛心」。

廣西龍州稱「九月十三陰，柴火貴如金」與原始語形的「九月十三陰，漚爛禾稿心」比較，由「九月十三陰，漚爛禾稿心」轉成「柴火貴如金」，是替換成分的演變，而其替換時，不以同義、近義、類

義等形式替換原始語形中的「漚爛禾稿心」成分。

廣西龍州有稱「九月十三陰，禾稈漚爛心」與原始語形的「九月十三陰，漚爛禾稿心」比較，由「九月十三陰，漚爛禾稿心」轉成「禾稈漚爛心」，是替換成分的演變，而其替換時，以同義、近義、類義等形式替換原始語形中的「漚爛禾稿心」成分。

（八）雷打秋，得半收（廣州從化、粵北地壯族地區）

也云：「雷打秋，低田無收」，也作「雷打秋，冬半收」、「雷打秋，晚冬一半收」、「雷打秋，晚禾折半收」、「雷震秋，晚禾折半收」。

「雷打秋，低田無收」與原始語形的「雷打秋，得半收」比較，由「得半收」轉成「低田無收」，是替換成分的演變，而其替換時，以同義、近義、類義等形式替換原始語形中的「得半收」成分。

「雷打秋，冬半收」與原始語形的「雷打秋，得半收」比較，由「得半收」轉成「冬半收」，是替換成分的演變，而其替換時，以同義、近義、類義等形式替換原始語形中的「得半收」成分。

「雷打秋，晚冬一半收」與原始語形的「雷打秋，得半收」比較，由「得半收」轉成「晚冬一半收」，是替換成分的演變，而其替換時，以同義、近義、類義等形式替換原始語形中的「得半收」成分。

「雷打秋，晚禾折半收」與原始語形的「雷打秋，得半收」比較，由「得半收」轉成「晚禾折半收」，是替換成分的演變，而其替換時，以同義、近義、類義等形式替換原始語形中的「得半收」成分。

「雷震秋，晚禾折半收」與原始語形的「雷打秋，得半收」比較，由「雷打秋」轉成「雷震秋」；由「得半收」轉成「晚禾折半收」，是增加成分和替換成分的演變，而其替換時，以同義、近義、類義等形式增加和替換了原始語形中的「得半收」成分。

（九）立秋處暑犁耙住，若然唔住枉耕田（粵語地區）

客家有「立秋處暑犁耙住，若然唔住枉耕田」的農諺，與原始語形的「立秋處暑犁耙住，若然唔住枉耕田」比較，由「住枉耕田」轉成「住枉耕田」，是替換成分的演變，而其替換時，以同義、近義、類義等形式替換了原始語形中的「若然唔住枉耕田」成分。

（十）十月初一濃罩山坡，明年正月雨水多（佛山順德）

順德農諺有「十月初一露水大，明年正月雨水多」，與原始語形的「十月初一濃罩山坡，明年正月雨水多」比較，由「濃罩山坡」轉成「露水大」，是替換成分的演變，而其替換時，以同義、近義、類義等形式替換了原始語形中的「濃罩山坡」成分。

第四章
農民生計的寫照和智慧的反映

第一節　反映農耕的辛苦方面

一　正月冷牛，二月冷馬，三月冷死蒔田阿媽

此農諺用上一種誇張手法，稱正月時，天氣還寒冷，可以冷死牛，冷死馬，還會冷死人。其實天氣還是寒冷，阿媽耕田時，她在水田中耕作，雙腿深深地浸泡在冰冷的水中，阿媽的手指凍得通紅，但她始終堅守著，因為她知道這份辛勞將成就農田的希望，為季節的交替埋下種子。這是一種無奈，農夫是沒得選擇，只能默默接受這一種寒冷天氣。這樣的描述更加細膩地呈現了寒冷對於農耕的影響，同時也突顯了農民不畏寒冷，努力耕作的堅毅精神。

二　穀雨無雨，交還田主

在每年四月二十前後，太陽抵達黃經攝氏三十度，標誌著穀雨節氣的到來。這是春季的重要轉折點，農民們急切地等待著天空的贈禮。穀雨的名稱表明了此時的雨水對農作物生長的至關重要。然而，這個時節的天氣並不總是如人所願。當穀雨節氣來臨，農民們準備著忙碌的春耕工作。這是一個關鍵的時期，耕種的窗口期往往很短暫。若是天空不作美，雨水遲遲未降臨，田地乾涸的情景無疑讓人焦慮。春天的農事與時俱進，每一天都至關重要。但如果穀雨無雨，農夫們

將不得不面對煩人的現實:無法按時插秧,早造失收已成定局。這時,「交還田主」的語言,更如一把尖銳的鐮刀,刺痛著人們的心。這一句農諺凝縮了一個季節的期盼和希望,將農耕勞動的不易凝聚其中。通過對穀雨節氣的細緻描述,可以更加深入地描繪出農夫在此時所面臨的挑戰和壓力。

三　南風凍,水浸洞

這句珠三角農諺勾勒出南風在春季時帶來的極端天氣現象,以及可能對農田帶來的不良影響。當春季南風吹來,人們可能以為暖意陸續到來,然而實際情況卻不總是如此。南風或許會讓人感到一絲溫暖,但這種南風卻帶著一種特殊的刺骨寒冷,深入人體,讓人不禁打顫。這種異常的天氣往往是極端情況的徵兆。「水浸洞」這後半句,描述了南風帶來的另一種可能性。南風吹來,雖然帶來了一些微妙的暖意,但同時也可能預示著強烈的降雨即將來臨。在這種情況下,大雨可能會毫不留情地落在田野上,將農田淹沒,甚至形成積水。這種突如其來的降雨可能讓農夫們措手不及,造成農作物受損,播種和種植計劃被迫延遲。這一句農諺「南風凍、水浸洞」現象為農民帶來了極大的困境。他們可能剛剛經歷了冬季的艱辛,期盼著春天的到來,卻在南風凍的寒冷和降雨的侵襲下,不得不面對新的挑戰。這種突如其來的氣候變化,對於農作物的生長和收成可能造成嚴重的損害,使農民的辛勞和期望落空。

四　初一水,初二大,初三初四水浸街

這句珠三角農諺以簡潔的方式傳達了春季潮汐變化對社區的影響。初一和初二這兩天,海水漲潮的現象在沿海地區開始浮現。這是

春季的一個特殊時刻,潮汐的變化引起人們的關注。初一時,海水漲起,初二則更加劇烈,形成一波又一波的潮水衝擊,逐漸將海水推向沿岸地區。然而,正是在初三和初四這兩天,情況變得尤為嚴峻。「水浸街」的情景似乎突顯出了自然界的威力。此時,潮汐變得極端,高漲的海水不僅進入到沿海的地區,甚至淹沒了城市的街道。雨水與潮汐的交織,使得城市的道路成為暫時的河流,街道上的人們不得不小心翼翼地穿越淹水的地方。居民可能需要將物品移至較高的地方,以防止受損。這樣的潮汐變化對當地居民的生活帶來困難。淹水的街道可能導致交通受阻,人們的日常活動受到干擾。對於農村社區來說,這種突如其來的潮汐可能對農田和農作物帶來嚴重損害,影響農民的經濟收入。因此,這句諺語或許也反映了當地居民在自然環境中所面臨的挑戰與苦難。

五 秋霧日頭曬脊痛

這句珠三角農諺描繪了秋季霧氣散去後,陽光照射下的特點,但也隱含了因此而帶來的困境。如果想要更加詳細地描述這種情況。農諺提到的「日頭曬脊痛」,揭示了這種美麗的秋日陽光背後的苦處。秋季的陽光雖然柔和,但照射在人們的背上,卻可能讓人感受到一絲刺痛。農夫們在農田中勤勞地耕作,背部直接暴露在陽光下,隨著陽光的照射,背部可能感受到一陣火辣辣的疼痛。這種感覺類似於脊椎被曬得發痛,帶來了辛勞的警示。這種情況在農村地區尤其常見。農夫們在秋季收割農作物、整理田地,需要長時間在陽光下工作。雖然陽光是生命的源頭,但同時也帶來了勞累和不適。這種苦處成為農民們辛勞勞動的象徵,也顯示了在美麗景象背後的辛勞與辛酸。

六　立夏吹北風，十個魚塘九個空

　　這句珠三角農諺暗示了夏季立夏時北風帶來的不良影響，以及對於農田和水源的可能威脅。當立夏節氣來臨，但北風的吹拂卻可能打破這個平靜的夏天。夏天的風，應該是輕盈而溫暖的，然而北風卻常常帶著狂暴和不穩定。它是颱風、暴雨的先兆，預示著可能的自然災害，並對農田和水域造成威脅。後半句「十個魚塘九個空」是警語，提醒人們北風所帶來的潛在危險。夏季的魚塘是重要水源，供應著農田灌溉和養殖等需求。然而，立夏時節吹來的北風，可能帶來暴雨或颱風，導致魚塘水位急劇上升，超出承受範圍。魚塘被淹，其中的魚類和水生生物可能遭受重大損失，甚至整個魚塘可能因為水位過高而崩潰。這對於依賴魚塘的居民和農民而言，是一個嚴重的挑戰。

七　三伏不熱，五穀不結

　　這句珠三角農諺藉由描述伏天時期的熱度與農作物生長的關聯，強調了高溫對於農作物生產的重要性。在農曆七月中旬到八月中旬的這段時間，我們進入了一個被稱為「伏天」的階段。此時，副熱帶高壓在控制著天氣，陽光強烈，天氣晴熱，雨水稀少。這段時間內的三次伏天——初伏、中伏和末伏，都被認為是夏季最熱的時期，氣溫極高，地表和地下的熱量積聚，形成了炎炎熱浪。然而，這樣的高溫環境對於農作物的生長帶來了不少挑戰。這就是「三伏不熱，五穀不結」的含義所在。農作物需要一定的溫度和環境條件來保證正常生長和結實。適度的高溫有助於促進植物的生理活動，但過高的溫度則可能導致水分蒸發過快、土壤乾燥，以及農作物生長停滯不前。如果伏天不夠熱，農作物可能無法充分利用這段時期的光熱資源，生長和結

實的能力受到影響。這句諺語表示，因為三伏天該熱卻不熱，農民的收入便受到影響，從而對家庭的生計造成壓力。因此，這句諺語不僅是對氣象現象的描述，也是農民對於天候的期望和擔憂的反映。

八　四月八，大水發

這句珠三角農諺在簡短的語句中表達了特定時節的氣候特點，還警示了可能出現的水災對農民生計的影響。農曆四月初八前後的時期來臨，正是過渡到夏季的時節。這段時間內，春季的降雨依然相對較多，陽光溫暖，但同時也容易帶來潛在的風險。在農村地區，農民們的生計與農田和水源息息相關。而在四月八這個特定時刻，農民需要特別留意水災的可能性。這後半句「大水發」強調了在這個時節可能出現的水患情況。隨著降雨量增加，河流湖泊的水位可能上升，土地可能遭受洪水侵襲，特別是那些靠近水源或位於低窪地區的農田。這種情況可能對農田造成嚴重的損害，影響農作物的生長和收成。

九　處暑根頭白，農夫吃一嚇

這句珠三角農諺說明處暑時節對水稻生長的關鍵影響，並突顯了農民在農耕過程中的苦勞和壓力。處暑是農曆二十四節氣中的一個重要節點，它標誌著夏季的逐漸過渡到秋季。在農田裡，處暑的時節正值水稻生長的關鍵時期。古時，稻田的灌溉主要依賴於水車等人力工具。稻田中的水分對於稻苗的生長至關重要，尤其是在處暑時節，苗根的需要水分更加迫切。諺語中的「處暑根頭白」，隱喻著處暑時節稻苗的根部已經因為缺水而變得白色，這暗示了稻苗的生長出現了問題。處暑時節的氣溫通常相對高，蒸發速度加快，而如果稻田的灌溉

不足，根部將缺乏水分，影響稻苗的正常生長。這後半句是「農夫吃一嚇」，揭示了農民面臨的苦勞和壓力。處暑時節的稻田需求大量的水分，農民需要花費更多的時間和精力來確保灌溉的充足。如果在這關鍵時期沒有足夠的水源，農民可能感到不安和焦慮，因為這可能會對他們的收成產生重大影響。他們需要盡最大努力確保稻苗的生長環境，同時也需要面對稻田灌溉等農事工作帶來的困難。

十　大暑涼，餓斷腸

　　這句珠三角農諺表達了大暑時節偏涼的現象所隱含的嚴重影響。「大暑」是農曆二十三節氣中的一個節點，標誌著夏季的最後一個階段。根據傳統觀念，大暑的時候天氣應該是酷熱的，符合夏季的特點。然而，這句諺語「大暑涼，餓斷腸」卻描述了大暑時節出現的偏涼現象，並意味著可能發生不好的預兆。「大暑涼」是指大暑時節的氣溫相對較低，不符合夏季的正常氣象特點。這樣的涼爽可能意味著氣候異常，可能對農作物生長產生不良影響，尤其是在這個關鍵的生長時期。「餓斷腸」強調了這種情況可能帶來的困難。在農耕社會中，農民的生計主要依賴於農作物的種植和收成。如果在大暑時節，原本應該是生長旺盛的時期，卻出現了偏涼的情況，可能導致農作物的生長受到抑制，進而影響產量。農民可能面臨著收成不如預期的可能性，這將直接影響他們的糧食供應和經濟收入。

十一　處暑若逢天下雨，縱然結實也難收

　　這句珠三角農諺說明處暑時節的降雨對農作物收成的影響，突顯了氣象變化對農民生計的重要性。「處暑若逢天下雨」的描述，突顯

了降雨的突然出現，可能會打破正常的季節過渡。處暑時節通常是氣候轉變的關鍵時期，對於農作物的生長和發育十分重要。然而，如果處暑時節出現大量的降雨，可能導致地表過濕，土壤水分過多，進而影響農作物的生長和收成。「縱然結實也難收」強調了降雨對於收成的潛在影響。即使農作物在之前的生長過程中取得了結實的成果，但降雨可能導致穀米吸水過多、發芽、腐爛等問題，從而影響收成的質量和產量。

十二　立夏吹北風，十眼魚塘九眼空，夏至西北風，菜園一掃空

　　這句珠三角農諺說明不尋常的風向對農業產出的影響，強調了氣象變化對農民生計的脆弱性。在傳統的農耕社會中，農民的生計往往取決於天氣和氣候。這句諺語對立夏和夏至時節的風向變化提出了警示。正常情況下，立夏的正風應該是東南風，而夏至的正風應該是南風，這些風向對於農作物的生長是有益的。當立夏時吹北風，夏至時吹西北風。北風通常被認為是邪風，會對農作物帶來不好的影響。在立夏時，北風吹來可能導致魚塘中的魚死亡，這可能對當地的漁業生產造成損失。同樣地，夏至時的西北風可能對菜園中的蔬菜生長造成威脅，可能導致蔬菜死亡，影響食物供應。這句諺語揭示了農民在農耕過程中所面臨的不確定性和脆弱性。他們的生計直接受到天氣和氣候的影響，而突如其來的氣象變化可能對他們的收成和糧食供應造成嚴重影響。農民可能需要應對氣象變化，調整種植策略，甚至可能需要面臨收成的損失。這種情況可能對他們的經濟和生計帶來不小的困難。

十三　夏至西北風，十個田園九個空

　　這句珠三角農諺描寫夏至時節西北風對農田的影響，強調了颱風季節的來臨可能對農業生產造成的威脅。夏至標誌著夏季的正式到來。這句農諺表示夏至時節可能出現的不良氣象情況，特別是西北風。夏至時颱風季節的開始，颱風常常伴隨著西北風，這種風向可能帶來暴雨和大量的降水。「十個田園九個空」的描述，強調了颱風對農田造成的影響。颱風帶來的西北風可能導致暴雨和洪水，進而對農田造成損害。洪水可能淹沒田地，影響農作物的生長和收成，尤其是禾田等需要足夠水分的農作物。從苦的角度來看，這句諺語反映了農民在颱風季節面臨的困境。他們的生計往往依賴於農業生產，而颱風帶來的暴雨和洪水可能對他們的農作物和土地造成嚴重損害。農民可能需要面對農作物歉收、土地受損、甚至生計崩潰的風險，這可能對他們的經濟和生活帶來嚴重影響。

十四　禾怕霜降風，人怕老來窮

　　這句珠三角農諺以比喻的方式，將農作物的困境和人生的現實連結在一起，表達了生命的無常和農民生計的脆弱性。「霜降」是秋季的節氣之一，標誌著氣溫逐漸下降，可能出現霜凍的情況。在這個時候，農作物，尤其是晚稻，正處於生長的重要階段。正值晚稻抽穗揚花至稻穗灌漿的期間，這個時期農作物需要適當的氣溫和生長條件來確保正常的發育和收成。「禾怕霜降風」的描述，強調了農作物在霜降時節所可能遭遇的困境。霜降風可能帶來突然的氣溫下降，可能導致農作物遭受霜凍，影響生長和發育。特別是晚稻在灌漿階段容易受到影響，可能出現空粒和秕粒的情況，這直接影響著收成的質量和產

量。因此,這句諺語表達了農民生計的不穩定性。他們的生計受到氣象變化的影響,而這可能對他們的糧食供應和經濟收入帶來嚴重影響。

十五　白露水,冇益人

這句珠三角農諺提醒農民注意白露時節的氣候變化之外,也隱含了農民生計的不確定性和對氣象變化的敏感性。白露是秋季的一個重要節氣,代表著秋季的開始,天氣逐漸轉涼,並開始出現凝結成露水的現象。白露時節,正是農作物的成熟期,同時也是秋收的時刻。然而,諺語中的「白露水,冇益人」暗示了在這個關鍵時期出現的不利氣象,可能對農業生產造成不良影響。諺語中的「冇益人」表達了對農作物生長的不利影響。如果白露時節出現降雨,可能會對農作物的生長和品質造成影響。特別是禾苗等農作物,在成熟時可能會因風雨的侵襲而倒伏,從而影響收成和產量。所以這一句農諺突顯了農民生計的脆弱性。農民依賴農作物的種植來維持生計,然而氣候變化和不利天氣可能對他們的收入和糧食供應造成重大影響。特別是在秋季這個關鍵時期,不良氣象可能導致辛勤種植的農作物受到損害,進而影響經濟收入。

十六　不怕重陽雨,最怕十三陰;九月十三陰,漚爛禾稿心

這句珠三角農諺說明了不同時期的天氣變化對農業產出的影響,強調了農民在秋季的不確定性和風險。「重陽」是秋季的一個重要節氣,通常在每年的九月九日左右,是菊花開放的時節,人們會在這一天登高遠足,插茱萸,祈求平安。這個時候下雨並不會對農作物造成

太大影響，因此諺語中提到「不怕重陽雨」。然而，諺語中最關鍵的部分是「最怕十三陰；九月十三陰，漚爛禾稿心」。「十三陰」是指九月的第十三天，即農曆九月十三，古人將這一天視為陰雨的日子。諺語強調，在這個時期，如果陰雨不斷持續，可能會對農作物的生長和收成造成嚴重威脅。「漚爛禾稿心」指的是稻穗的中心部分，如果長時間受潮，可能導致穀粒腐爛，從而影響收成的品質和產量。秋季是農作物成熟的時期，但天氣的不穩定性可能對農業生產造成嚴重影響。如果陰雨持續，可能導致穀物腐爛，農作物收成受損，進而影響農民的經濟收入。

十七　七月冇立秋，遲禾冇得收

這句珠三角農諺通過將農曆節氣與農作物生長週期相結合，強調了節氣對於農業生產的關鍵性。「立秋」是秋季的一個重要節氣，代表著夏季的結束，秋季的開始。這個時候氣溫開始下降，開始進入農作物的成熟和收割時期。秋季是農作物的成長高峰，正確的時機進入秋季可以確保農作物能夠在適宜的氣候條件下成熟，從而保證收成的品質和產量。諺語中的「七月冇立秋，遲禾冇得收」指的是如果在七月份還沒有進入秋季，也就是說，立秋的時節未到，那麼秋季的氣溫可能會持續較高。高溫可能導致農作物的生長進一步延遲，無法如期成熟。這會對收成產生負面影響，可能導致收成時機延遲，進而影響農民的糧食供應和經濟收入。這句諺語反映了農民在農業生產中所面臨的不確定性和風險。農業受到氣候變化的影響，而氣候變化可能對農作物的生長和收成造成重大影響。如果無法按時進入秋季，農民可能需要面對延遲的收成，這可能對他們的生計和生活造成嚴重困境。

十八　寒露打大風，十個田頭九個空

　　這句珠三角農諺「寒露打大風，十個田頭九個空」強調了農民在晚稻生長關鍵時期所面臨的風險和不確定性。「寒露」是秋季的一個重要節氣，代表著秋季的深入。這個時候，天氣逐漸轉涼，開始進入秋收時節。尤其對於晚稻來說，此時正處於抽穗揚花的階段，穀粒正在形成，是農作物生長的關鍵時期。諺語中的「寒露打大風，十個田頭九個空」強調了風對晚稻的不利影響。秋季的風可能導致農作物倒伏，稻穗損壞，進而影響成熟和收成。如果在抽穗揚花的時期遇到強風，可能導致田地中的稻穀受損，影響產量，甚至讓一片農田空無一物。這句諺語反映了農民在農業生產中所面臨的風險和不確定性。農作物的生長和收成受到氣候變化的直接影響，而秋季的風可能對農作物造成嚴重損害。農民需要不斷關注氣象變化，並在適當的時機採取措施，以保護農作物免受風害。然而，風害可能在短時間內造成嚴重損失，這對農民的生計和經濟收入帶來嚴重威脅。

十九　七月紅雲蓋天頂，收好禾苗灣好艇

　　這句珠三角農諺說明了颱風來臨前的氣象現象的同時，強調農民在面對自然災害時所需的應對策略。農民通過觀察紅雲的出現，能夠預測颱風的來臨，因為紅雲往往是颱風前兆之一。諺語中的「收好禾苗灣好艇」則表達了農民在面對颱風來臨時的應對策略。農民需要在颱風來臨前盡快收割禾苗，以免受颱風的影響而損失農作物。同時，也需要把船隻停放在避風的地方，以保護農艇免受颱風的損害。這句諺語反映了農民在面對自然災害時的無奈和擔憂。颱風可能導致農作物受損，影響收成，同時也可能造成農船等財物的損失。農民需要在

颱風來臨前盡量做好準備,但有時天災不可抗拒,這可能對他們的生計和經濟造成重大影響。

二十　寒露風、穀不實；霜降雨,米多碎

這句珠三角農諺語透露了農民們對於秋季氣象變化對農作物的影響感受,同時反映了他們對於農業生計的關切。在寒露節氣,隨著秋季的到來,氣溫逐漸下降,且帶來了較為冷的北風,這樣的氣候環境對於晚稻等禾稻的抽穗與花朵發育有一定的影響。這可能導致晚稻的生長速度減緩,穀實發育不如預期,進而影響到收成的品質和數量,從而使得「穀不實」成為可能的現象。而隨著寒露過後,接近霜降節氣,禾稻已經結成穀果外穀,進入了灌漿階段。灌漿階段是禾稻穀果內部注入米漿,成熟的過程。然而,如果在這個階段遇到陰雨天氣,氣溫下降,光合作用減緩,禾稻葉部無法足夠製造米漿,穀果因此變得脆弱且易碎。這樣的情況下,稻穀的品質和產量都可能受到影響,稻穀碎裂的情況比較嚴重。這句諺語突顯了農民在秋季農務中所面臨的不確定性和困難。氣象的變化可能影響到農作物的生長和成熟,進而影響到農民的收成和生計。對於那些以農業為主要生計的人來說,收成的好壞直接關係到他們的經濟狀況和生活水準。因此,這句諺語描繪了農民們在秋季的農耕過程中所面臨的不確定性和可能的苦難,並突顯了農業生計的脆弱性。

二十一　八月水浸坡,九月蟲咬禾

這句珠三角農諺說明農民們在秋季農務中所遭遇的病蟲害問題,同時也反映了他們對於農業生計的關切。在八月份,正值秋季的到

來，天氣逐漸轉涼，氣溫下降。這個時候，常常出現較多的降雨，使得田地容易受浸泡，尤其是在坡地上。而這樣的潮濕環境創造了理想的生長條件，有利於剃枝蟲等病蟲害的繁殖和發生。因此，「八月水浸坡」意味著在濕潤的環境下，這些害蟲有可能大量繁殖。進入九月，天氣仍然濕潤，這個時候剃枝蟲等害蟲開始對禾稻進行侵害。它們以吸取禾稻的汁液為食，進而導致禾稻的生長受到嚴重影響，可能會影響到禾稻的產量和品質。因此，「九月蟲咬禾」強調了這個時期病蟲害對於農作物的危害，以及農民們對於如何應對這種害蟲侵害的關切。這句諺語突顯了農民在農業生計中所面臨的挑戰和不確定性。病蟲害的發生可能對農作物產量和品質造成嚴重損害，進而影響到農民的收入和生活。農民們必須花費更多的時間和精力來對抗病蟲害，這對於已經辛勤勞作的他們來說可能增加了額外的負擔。因此，這句諺語反映了農民在農業勞動中所面臨的困難，以及他們如何應對這些挑戰。

二十二 雷打秋，得半收

這句珠三角農諺意味著秋天雷聲隆隆，通常不是一個好的預兆，暗示收成可能會受到影響。這種現象實際上反映了農業勞動者們在面對自然變化時的擔憂，也連結到他們的生計和農產品的命運。秋天是農作物成熟收割的季節，農民們希望收成豐收以維持生計。然而，雷聲通常伴隨著雷雨天氣，這可能對農作物產生不利影響。例如，強烈的雷電可能引發火災，導致田地受損或燒毀，從而影響收成。此外，雷雨可能伴隨著強風、豪雨和冰雹，這些都可能造成農作物的損壞和損失。在農業社會中，農民的生計直接依賴於農作物的產量和品質。收成的好壞將直接影響他們的經濟收入和生活品質。因此，當農民們

看到秋天雷聲隆隆，心裡可能會擔心未來的農業生產。他們可能會擔心自然災害將對他們的辛勤勞動和種植所帶來的期望產生不良影響。

二十三　寒露最怕風，霜降最怕雨

　　這句珠三角農諺強調了秋季農作物生長過程中的兩個關鍵時期：寒露和霜降。它反映了農民在這些時節面臨的風險和挑戰，特別是在天氣不利的情況下，他們可能會面臨生計上的困難。寒露最怕風：寒露時節，天氣逐漸變涼，氣溫下降，植物的生長速度放緩。而在這個時候，如果出現強風，尤其是冷風，容易對禾稻等農作物產生不利影響。強風可能使脆弱的穗部受損，導致穀實脫落，進而影響收成。農民們會擔心風的影響，因為這可能導致他們的勞動和投資付諸東流，導致收成減少，甚至完全喪失。霜降最怕雨：霜降時節，農作物已經進入了灌漿階段，即稻穀注入米漿，開始形成稻米。然而，如果此時降雨，氣溫下降，陰雨天氣可能導致農作物的生長受阻。陰雨可能減緩植物的光合作用，減少營養物質的運輸，導致稻穀變得脆弱易碎，這可能在收割時造成損失。農民在這個時候可能會特別擔心雨水對他們辛勤種植的農作物所帶來的不良影響。這一句農諺強調了農民們在秋季的收成時節所面臨的風險，特別是在天氣不利的情況下。農業生產對天氣的敏感性使農民們需要時刻關注天氣變化，並做出適當的應對，以確保他們的辛勤勞動能夠轉化為豐收的成果。這也突顯了農業勞動者生計的不確定性，以及他們在保障食物供應方面所扮演的重要角色。

二十四　七月無立秋，遲禾無得收

　　這句珠三角農諺反映了農民在農作物生長季節內面臨的時序和天候挑戰。立秋通常出現在農曆七月，它標誌著夏季的結束，秋季的到來，農作物進入成熟和收割的階段。然而，有時立秋的節令可能因氣候變化而推遲到農曆八月，這可能對遲熟的晚稻產生負面影響。由於晚稻需要更長的生長時間才能成熟，如果立秋推遲，那麼晚稻的生長季節就會受到壓縮，可能導致收成不好。這不僅對農民的收入產生影響，還可能對家庭經濟造成一定的困難。這句農諺強調了農作物生長所依賴的時序和節令，以及農民在面對變化多端的氣候情況時所面臨的挑戰和不確定性，揭示了他們農業勞動的不易和生計的脆弱性。

二十五　小雪滿田紅，大雪滿田空

　　這是流行在廣東地區的一句農諺。這裡所謂的紅，不是指紅色，而是在說農活多，晚造水稻到小雪節氣陸續黃熟，因此開始收穫晚稻，而到了大雪節氣，田裡已經收割完畢，空空如也了。

二十六　風入大寒，冷死早禾秧

　　這句珠三角農諺除了表達大寒季節氣溫最低的特點外，還暗示了農民們在這段時間面臨的困境和苦難。在冬季，農民們栽種了早禾秧，希望在春天來臨時收穫豐碩的農作物。然而，如果在大寒時節風吹得很冷，這將對早禾秧的生長和存活造成嚴重的影響。這對農民們來說是一大困擾，因為他們的生計和收入很大程度上依賴於農作物的種植和收成。如果在大寒季節早禾秧冷死，農民們將面臨著巨大的損

失和財政困難。他們可能無法繼續生產或購買足夠的食物和生活必需品，這可能會導致飢荒和貧困。此外，農民們還可能面臨著失業和嚴重的經濟不穩定，因為他們無法賣出沒有收成的農作物。

二十七　大寒牛滾湴，冷死早禾秧

　　這句珠三角農諺突顯了農民對於天氣變化對農作物生長的影響的敏感觀察。牛滾湴指的是農民把水牛放入泥漿中，以幫助水牛清洗，這通常發生在大寒節氣。然而，如果在大寒節氣時氣溫並不低，意味著接下來的時期可能出現異常的低溫陰雨，尤其在清明時節。這樣的天氣狀況可能對早稻的生長造成不良影響，可能導致早稻秧苗死亡，從而影響到農民的收成。這句農諺反映了農民對於氣候變化的細致觀察和經驗，並強調了他們在農業生計中所面臨的風險和不確定性。「冷死早禾秧」這後半句是指大寒時節本應該是寒冷的，但實際上卻出現不寒的情況，這種不正常的氣象現象可能對於早稻的秧苗造成嚴重的影響。正常情況下，大寒時節應該是寒冷的，尤其在南方農村，農民會在這個時候為早稻的種植和生長做準備。然而，如果大寒時節不冷，而是暖和的話，這將導致接下來的時期可能出現異常的低溫陰雨，這種天氣對於早稻的秧苗生長是不利的。低溫和陰雨可能會阻礙早稻的正常生長，甚至導致秧苗死亡。因此，這句農諺強調了大寒時節出現不正常的暖和天氣對於早稻的危害，警示農民要特別關注天氣變化，以確保他們的農作物能夠順利生長和收成。

二十八　南風入大寒，冷死早禾秋

　　這句珠三角農諺說明大寒節令時，農夫們特別要關注南風的情

況。大寒是一年中氣溫最低的時候，農民通常會準備好保護和管理農作物，以應對嚴寒的天氣。然而，如果在大寒時節卻出現暖和的南風，這種反常的氣候變化可能對早稻的秧苗生長造成嚴重影響，甚至導致其死亡。這句農諺反映了農民對天氣的敏感性和對氣候變化的觀察能力。他們需要根據天氣的變化調整種植策略，以確保農作物的生長和收成。這也突顯了農業生計的不確定性，農民必須在變化多端的自然環境下努力養活自己和家人，並適應氣候變化帶來的風險。

二十九　冬在月頭，賣被置牛；冬在月尾，賣牛置被；冬在月中，冷死耕田公。

　　這句珠三角農諺反映了農民對於冬至時節的觀察與預測，並揭示了他們在冬季生活中所面臨的困境。農諺的前半部分指出了不同冬至日期對農民的影響。如果冬至在月初，農民會將自家的被子賣掉，用所得來買牲口，意味著冬天可能會比較暖和，不需要過多保暖。而如果冬至在月末，農民則會將牲口賣掉，以取得更多的資金，用於購買保暖的衣物，暗示著氣溫可能會更寒冷。如果冬至在月中，則表示天氣極端不穩定，甚至可能出現極端惡劣的天氣狀況。這句農諺的後半部分強調了冬至的重要性，特別是冬至在月中的情況。冬至作為一個重要的節氣，影響著農田的運作。如果在冬至時氣溫驟降，可能會對耕田工作造成嚴重影響，導致無法正常進行農耕活動。這將對農民的生計造成嚴重困難，可能導致農業收成的減少，進而影響他們的經濟收入和生活水準。因此，這一句農諺反映了農民對於自然環境變化的敏感性，以及他們如何根據天氣預測調整自己的生活和生計策略。它也突顯了農業生計的不確定性，農民必須在不確定的自然條件下努力養活自己和家人，並採取措施應對可能出現的困難情況。

三十　朝翻三，晚翻七，晏晝翻風唔過日，半夜亂風冷折骨

　　這句珠三角農諺反映了農民對於冷空氣影響天氣變化的觀察，並提示了不同情況下的氣候特點和可能對生計帶來的影響。農諺中提到的「朝翻三，晚翻七」意味著冷空氣影響轉北風的時間，早上轉風往往在三天後開始，而傍晚或晚上轉風則需要七天左右。這顯示了冷空氣影響的持續時間可能因時間點不同而有所變化。而「晏晝翻風唔過日，半夜亂風冷折骨」則說明了冷空氣在中午時分影響的情況。如果中午冷空氣南下影響，往往在不久後就會過去，天氣容易轉時回暖，低溫陰雨的持續時間較短。相比之下，如果冷空氣持續影響，特別是在半夜時分，可能會伴隨著亂風和寒冷，對人們的健康和生活產生不利影響。從生計的角度來看，這句農諺突顯了農民對天氣變化的敏感性，以及他們如何根據不同時間點的氣象變化來調整農業活動。冷空氣的影響可能導致天氣的劇烈變化，包括低溫陰雨和強風等，這對於農作物的生長和收成可能產生負面影響。農民需要根據不同情況來安排種植、收割和其他農事活動，以確保農作物的健康生長和順利收成。這也突顯了農業生計的不確定性，農民必須隨時應對可能出現的氣象變化，並作出適應性調整，以維持他們的生計穩定。

三十一　斗米養斤雞

　　這句珠三角農諺道出了養雞的耗時耗力，以及農民在生計中所遇到的一些苦處。這個諺語強調了養雞的辛勞和耗費，尤其是在一些農村家庭中，養雞不僅需要提供食物，還需要長時間的監督、照顧和管理。從生計的角度來看，「斗米養斤雞」反映了農村家庭的經濟壓力

和勞動投入。養雞雖然可以提供經濟收益，但卻需要長時間的耐心和努力。母雞的飼養和照顧需要提供足夠的食物，並確保牠們在孵化和育雛過程中得到良好的管理。此外，母雞的生長速度相對較慢，需要更長的時間才能達到出售或食用的重量。這可能對農民的時間、資源和精力造成一定的負擔，特別是在生活成本上升的情況下。「斗米養斤雞」不僅揭示了養雞的辛勞和耗費，還反映了農村家庭在生計中所做出的經濟抉擇，以及如何在不同的生活條件下努力維持穩定的經濟來源。當然，這一句農諺也反映出養雞副業的成本也很高，真的當農夫是不容易的。

第二節　反映農耕的樂觀方面

一　立春晴一日，農夫不用力耕田

　　這句珠三角農諺關注的是春季農事的開始，並反映了農民對於天氣變化對農業的影響的敏感性。這句諺語傳遞了一種希望和樂觀的情緒，暗示著如果春天的第一天是晴朗的，那麼農民就能在新的一年中享受較輕鬆的開始。從樂觀的角度看，這句諺語體現了農民對於農業收成的期望和希望。晴朗的天氣有助於土地迅速回暖，促進種子發芽和植物生長。如果立春這一天是晴朗的，農民就能夠充分利用這個有利的時機，進行耕作和種植。這樣，他們可以在農季的開始就取得一個良好的開端，為整個種植季節的順利進行奠定基礎。從生計的角度來看，這句諺語提醒農民春季的開始是一個關鍵時刻，他們需要趁著有利的天氣條件，盡早進行必要的農事工作。這包括翻耕、種植、施肥等活動，這些都需要耗費不少的人力和資源。如果立春是晴朗的，農民可以更有效地開始耕作，這有助於確保農作物在整個生長季節內

得到適當的照顧和管理，最終實現一個豐收的結果。「立春晴一日，農夫不用力耕田」這句農諺是呼應了農民對於春季農事的期望，並反映了他們在新的種植季節開始時的樂觀態度。

二　雙春閏月好耕田

這句珠三角農諺傳達了一種幸運和喜悅的情感，暗示著逢雙春閏月的年份對於農民來說是一個值得期待的好年份。這種情況下，農作物的生長和收成可能更為理想，這也意味著農民的生計可能會有更好的表現。從樂觀的角度看，這句諺語反映了農民對於年份和季節的變化的敏感性。在農業社會中，農民的生活和收入直接關聯著農作物的生長情況。如果一年中的農業季節是有利的，例如有利於種植、生長和收成的雙春閏月，農民可能會在這樣的年份裡享受更好的生計。

三　六月六，黃皮熟，夏收夏種忙碌碌

這句珠三角農諺描述了農民在六月六這一天的農事繁忙景象，強調了農忙的節奏和農田的變化。除了描述忙碌，它還反映了農民的努力和辛勤工作，以確保收成的成功。在這句諺語中，「黃皮熟」表示夏季農作物的成熟，特別是某些夏季水果和蔬菜，如西瓜、葵花等。同時，「夏收夏種忙碌碌」表明農民同時需要進行夏季農作物的收割和新一輪的種植，這對於農民來說是一個繁忙的時期。再者，這句農諺說明了農忙的同時，也反映了農民的努力和對於農業生活的積極態度。這種繁忙的農忙季節可能是充滿希望和歡樂的。

四　芒種節，食唔切

　　這句珠三角農諺表達了夏季農作物豐收的情景。在芒種節，農作物開始進入成熟期，特別是一些夏季瓜果和蔬菜。由於天氣變暖，陽光充足，這些農作物的生長速度加快，果實也逐漸成熟。因此，農民可能會面臨豐收的情況，田地充滿了瓜果蔬菜，而且可能多到人們無法在短時間內全部食用完。所以這句諺語暗示了農民對於農作物的成功種植和生長的喜悅。看到自己的辛勤勞動結出了豐碩的果實，農民可能會感到自豪和滿足，並期待著將這些收成帶入市場銷售，為家庭帶來經濟上的回報。

五　芒種聞雷聲，個個笑盈盈

　　這句珠三角農諺描繪了農民在芒種節氣期待雷聲的樂觀心情，以及這種心情背後所帶來的喜悅和期望。芒種節氣標誌著夏季的正式到來，農作物進入了生長的關鍵時期。而在南方地區，夏季常常伴隨著颱風的侵襲，颱風可能造成農作物的損壞和倒伏。因此，農民渴望聽到芒種時節的雷聲，認為這是一種幸運的預兆。這種雷聲可能意味著不會有颱風的侵襲，農作物能夠順利成長，收成也能夠獲得保障。在這個背景下，「個個笑盈盈」表達了農民因為聽到雷聲而感到喜悅和滿足。他們的辛勤勞動得到了一種自然的祝福，這種喜悅可能會在他們的臉上流露出來。這種樂觀心情也反映了農民對於農作物收成的期望，他們希望能夠經歷一個豐收的季節，從而帶來經濟和生活上的好處。

六　霜降遇重陽，穀滿頂正樑

　　這句珠三角農諺描述了霜降節氣和重陽節氣相遇時的吉利兆頭，暗示了農民對於豐收的樂觀和期望，並將收成比喻為穀滿，象徵豐收的幸福感。霜降是秋季的最後一個節氣，意味著冷空氣的加強和氣溫的逐漸降低。而重陽節氣則在秋季的中間，通常在每年的十月八日或九日之間。如果這兩個節氣相遇，意味著在秋季早期的寒冷天氣中，農作物的生長情況良好，有望帶來豐收的收成。「穀滿頂正樑」的比喻，表示農作物已經生長茁壯，穀物穗子滿滿，穀倉中的穀物堆積如山，糧食豐富。這個比喻不僅反映了農民對於收成的滿足，也代表了他們的生活將會豐富充實，這種樂觀心情和期望也能帶來精神上的愉悅。從生計的角度來看，豐收的收成不僅意味著食物充足，也代表著農民將來的生活將會比較輕鬆，他們不必過於擔心食物短缺和生計困難。這種心情會帶來喜悅和安慰，使農民能夠享受到辛勤勞動的成果，同時也對未來充滿了希望。

七　八月秋收忙，農夫穀滿倉

　　這句珠三角農諺表達了農民在秋季收割時的喜悅和滿足，強調了辛勤勞動的成果和對於豐收的期待。這句諺語反映了農民在農忙時節所感受到的樂趣和愉悅。在農業社會中，秋季是一年中最重要的收成季節之一。在農作物成熟的季節，農民需要投入大量的勞動來進行收割、脫粒、儲存等工作。然而，收割帶來的不僅僅是辛勤勞動，更是經濟和生計的保障。當農作物豐收時，農民不僅能夠保證自己的食物供應，還可以賣掉多餘的農產品換取收入，從而改善生活品質。「農夫穀滿倉」一方面反映了農民在辛苦勞作後能夠得到豐富的回報，穀

物豐滿的倉庫意味著穩定的食物供應和經濟穩定。另一方面，這句農諺也表達了農民對於農業生活的熱愛和對於自然環境的感恩之情。秋季的收成不僅是勞動的成果，也是大自然的恩賜，農民對於這份恩賜充滿了感激和愉悅。

從生計的角度來看，好的收成意味著農民可以度過一個相對較輕鬆的時期，他們不必為食物短缺和生計困難而擔心，可以享受到勞動的成果帶來的樂趣和滿足。這種樂觀的心情和豐收的愉悅也會影響整個社區，形成一種向上的氛圍，增進人們的幸福感和生活品質。

八　乾冬濕年，禾穀滿田（深圳寶安、東莞）

這句珠三角農諺蘊含著對天氣現象和農作物生長的觀察和期望。這句諺語強調了乾冬和濕年之間的關聯，以及這種情況對於農田收成的影響。從觀察來看，乾冬意味著冬季天氣較為乾燥，陽光充足，有利於田地的晾曬殺蟲。當寒冷的冬季過去後，農民可能會在春季來臨之前將田地翻耕，這樣可以曝曬土壤，殺死一些害蟲的卵，有利於病蟲害的控制。而濕年則意味著雨水充足，尤其在農曆新年期間，有利於播種和移植農作物。這樣的天氣條件有助於農作物的生長和發育，進而影響了收成的品質和數量。從生計的角度來看，「乾冬濕年，禾穀滿田」蘊含了農民對於良好天氣的期望和祈禱。在乾冬的情況下，農民希望能夠利用陽光對田地進行有效的處理，減少病蟲害的影響，以保證後續的生長情況。而濕年則意味著充足的雨水供應，有利於農作物的種植和生長。這種天氣情況對於提高農作物的產量和品質，從而為農民的生計帶來穩定的收益，具有重要的意義。從樂觀的角度來看，這句諺語反映了農民對於良好天氣和豐收的期望，帶有一種對未來的樂觀和希望。他們相信，如果冬季能夠有足夠的陽光和乾燥的天

氣，而春季則有適度的雨水，就能夠帶來豐收的果實。這種樂觀心態能夠影響農民的工作態度和生活情緒，使他們更加積極地面對生活中的挑戰。所以「乾冬濕年，禾穀滿田」這句農諺不僅反映了農民對天氣變化的觀察和期望，還體現了他們對於良好生計的樂觀和希望。這種觀察、期望和樂觀的心態都對農民的生活和生計產生了積極的影響。

九　霜降降禾黃，霜降滿田紅

　　這句珠三角農諺表達了農民對於秋季農作物成熟的喜悅和希望。這句諺語充滿了對農業收成的期待，同時也反映了農民對於豐收的樂觀心情。「霜降降禾黃，霜降滿田紅」將農作物的成熟與紅色聯繫起來，寓意著秋收時節，田地變得繁忙，農作物在陽光下展現出金黃的色彩，這種景象令人心情愉悅。成熟的禾稻象徵著辛勤勞動的結果，也象徵著農民的辛苦付出得到了回報，所以人們用「滿田紅」來形容這種熱鬧和豐收的景象。從生計的角度來看，「霜降降禾黃，霜降滿田紅」暗示著秋季是農民的收穫季節，也是他們努力工作的結果的體現。成熟的農作物代表著糧食和收益的增加，對於農民而言，這是一個重要的時刻，意味著他們將有足夠的糧食儲備以應對冬季的來臨。這種穩固的生計基礎能夠為農民帶來安全感和樂觀心情，也讓他們能夠更加愉快地度過冬季。所以「霜降降禾黃，霜降滿田紅」這句農諺不僅描繪了秋季收成的美好景象，還體現了農民對於豐收和幸福生活的期待。這種樂觀和期望不僅來自於自然界的變化，也來自於農民對於自己辛勤勞動的信心和對未來的希望。

十　旱白露，漚秋分，有穀無地囤

這句珠三角農諺蘊含了農民對於氣候變化和農作物收成的期待，同時也反映了農村生活中的一些樂趣和希望。從氣候的角度來看，「旱白露」指的是白露節氣時天氣晴朗乾燥，而「漚秋分」則是秋分節氣時有降雨。如果白露節氣當天晴朗乾燥，有利於農作物的成熟和收割，而秋分節氣時的降雨則可以為農作物提供足夠的水分，有利於農作物的生長。因此，「旱白露，漚秋分」象徵著氣候的適宜，有助於農作物的生長和收成。從生計的角度來看，「有穀無地囤」強調了收成豐收所帶來的喜悅和希望。當農民的辛勤勞動結出豐收的果實時，他們有了足夠的穀物，但如果沒有足夠的儲存空間（地囤），就難以保存這些寶貴的穀物。因此，這句諺語提醒農民不僅要迎接豐收，也要確保有適當的儲存設施，以便日後使用。從樂趣的角度來看，農諺反映了農村生活中對於自然變化和收成的敏感，農民會在特定節氣時觀察天氣，從中獲得訊息以指導農業活動。同時，這種觀察和期待也成為農民生活的一種樂趣，他們能夠感受到自然界的變化和生活的節奏。所以，「旱白露，漚秋分，有穀無地囤」這句農諺凝聚了農民對於氣候和收成的期望，同時也反映了農村生活中的一些樂趣和希望。這種觀察和期待讓農民更加與自然界保持聯繫，同時也讓他們對於自己的勞動和生活充滿了希望和樂趣。

第三節　反映農耕的生活智慧

這些簡短而有力的珠三角諺語，不僅是農村社區的口頭傳承，更是代表了廣東省珠三角地區的智慧和文化寶藏。這些農諺經過世代的傳承，已經成為這個地區的一個獨特標誌，凝聚了農村社區的生活經

驗、農業生產技巧和智慧。

在這些簡單的句子背後，蘊含著豐富的文化內涵和智慧。農民們通過這些農諺，傳遞著他們的價值觀和信念，分享著他們在農業生產和日常生活中所積累的經驗。每一句農諺都像是一個小小的故事，講述著農民如何與大自然相處，如何克服各種挑戰，以及如何珍惜生活中的點滴，當然也講述了當農夫的苦與樂。

這些諺語不僅僅是一些句子，它們更是一個時代的見證。它們承載著歷史的記憶，記錄了這個地區的演變和變革。從農業技術的改進到社區生活的變遷，這些農諺都是一個個小小的時間膠囊，將過去的智慧傳承給了現代社會。

珠三角農諺的價值不僅在於它們的內容，還在於它們的傳承方式。這些諺語是口頭流傳的，通常由長輩傳授給年輕一代。這種口耳相傳的方式不僅保證了農諺的傳承，還促進了社區內不同年齡層之間的交流和連結。這種傳承方式強調了社區的凝聚力，讓年輕人能夠從老一輩的智慧中受益，同時也讓老一輩感到他們的知識和經驗得以延續。

而且，珠三角農諺代表了一個地區的智慧和文化，它們是一個地區的珍貴寶藏，蘊含了農村社區的生活智慧和價值觀。通過這些諺語，我們能夠更深入地瞭解這個地區的精神面貌，同時也能夠將這份寶貴的文化遺產傳遞給後代，讓他們能夠汲取其中的智慧，並將其應用於現代社會的挑戰中。

珠三角農諺不僅僅是一個珍貴的文化遺產，它們更像是一面鏡子，反映出一個特定地區的文化、價值觀和生活方式。這些農諺是一個社區的集體記憶，蘊含著歷史的深刻印記，承載著代代農民的心靈遺產。通過深入研究和傳承這些諺語，我們得以穿越時空，窺探這個社區的精神面貌，並將這份寶貴的遺產傳遞給後代。

這些農諺的價值不僅體現在它們所包含的智慧和經驗上，還體現

在它們作為文化的載體上。它們是一個地方文化的代表，承載了珠三角地區的獨特風土人情。每一句農諺都是一個故事，一個關於這個社區的故事，一個關於農民生活的故事。它們通過簡短而有力的語言，傳達著深刻的情感和價值觀，讓我們更好地理解這個社區的心靈世界。

這種文化遺產的傳承是非常重要的，因為它們代表著一個社區的根本。隨著現代化的進程和文化的變遷，這些農諺可能面臨失傳的風險。因此，我們有責任將這些寶貴的諺語傳承下去，使它們繼續在我們的生活中發揮作用。這不僅是對過去農民的尊重，也是對未來世代的禮物，讓他們能夠更好地瞭解和珍惜這個特殊的文化遺產。

因此，珠三角農諺代表著一個社區的精神和文化，它們是智慧的結晶，也是歷史的見證。通過深入研究和傳承這些諺語，我們能夠更好地瞭解和珍愛這個社區，同時將這份寶貴的遺產傳遞給後代，使之在未來繼續綻放光彩。

以下是一些珠三角農諺句子所反映出農民之智慧。

「清明穀雨時，插田莫遲疑」：這句珠三角農諺反映了珠三角農夫們對於農作時機的智慧和對天候的敏感，也反映出農夫們懂得適時機會，避免因猶豫拖延而錯過種植的最佳時機。

「春陰百日陰，春晴百日晴」：這句珠三角農諺反映了農夫們對春季天氣變化的觀察和經驗，以及對於農事的智慧，也反映了農夫們通過多年觀察，理解春季的氣候變化模式。他們知道春天陰天和晴天的時間大致相等，因此可以根據這種天氣特點調整農作業的安排。再者，農夫們瞭解春季氣候的穩定性，會選擇在連續的晴天時進行較重要的農作業，以確保農作物能夠在較長的時間內獲得足夠的陽光和生長條件。所以這句珠三角農諺反映出農夫們的智慧還懂得如何合理安排耕種和管理，從而提高生產效益，獲得更好的農作物產量。

「正薑、二芋、三薯、四葛、處暑番薯白露菇」：這句珠三角農諺反映了農夫們通過對季節變化的觀察和經驗，瞭解不同植物的最佳

種植和收穫時機。他們根據不同植物的生長習性、耐寒性和氣候需求，以及季節變化的特點，合理安排農作業，以確保最好的生長條件和產量。這種智慧有助於最大程度地利用每個季節的特點，從而獲得最佳的農作物收成。

「下穀近春分，冷死唔使恨」：這句珠三角農諺反映出農夫們在農作時機和氣候變化方面的智慧，他們通過觀察季節特點和植物的生長需求，選擇最佳的種植時機，從而在不確定的天氣條件下取得較好的農作物收成。

「秋霧日頭曬脊痛，秋霧曬死黃牛牸」：這句珠三角農諺反映了農夫們對自然現象的觀察和智慧。對於對秋季天氣和健康的關注，以及他們根據觀察和經驗來採取相應的預防措施，保障自己和家畜的安全和健康。

「早霧晴，夜霧陰」：這句珠三角農諺反映出農夫對天氣變化的識別，能夠有隔天的天氣趨勢作出預測智慧。他們經常透過氣象特徵來判斷未來天氣，這種能力有助於他們做出農業活動的適當安排，展示出農夫們對天氣變化的敏感觀察和預測能力，他們透過這種智慧能夠更好地適應自然環境，確保農業生產的成功。

「霧收不起，下雨不止」：這句珠三角農諺反映了農夫們對於氣象變化的觀察和智慧，以及他們對於農事安排的敏銳性。此外，也反映出珠三角農夫們有對氣象變化的識別能力和能夠根據氣象做安排，這展示了農夫們的智慧，他們根據早上的氣象情況來做出相應的農事安排。

「春吹南風晴，北風雨不停」：這句珠三角農諺反映了農夫們對春季天氣特徵和風向變化的觀察和智慧，以及他們根據這些觀察來預測天氣變化的能力，以及他們根據這些觀察做出的智慧決策，以確保最佳的農業生產。

「雷公先唱歌，有雨也無多」：這句珠三角農諺反映了農夫們對於天氣變化的觀察和智慧，以及他們根據自然現象來預測天氣的能力。也反映出珠三角農夫們有基於長期的實際觀察和經驗，對於自然現象和天氣變化的知識和瞭解。他們通過多年的觀察，逐漸掌握了自然界的變化規律，並將這些經驗應用於農業生產中。他們根據這些觀察和經驗做出的智慧決策，以確保農業生產的順利進行。

「六月六，黃皮熟，夏收夏種忙碌碌」：這句珠三角農諺反映了農夫們對於季節特徵和農業活動時機的觀察和智慧，以及他們根據這些觀察來做出適當農事安排的能力，也展示了農夫們對於季節特徵、農作物生長和農業活動時機的觀察和瞭解，以及他們根據這些觀察做出的智慧農事安排，確保最佳的農業生產成果。

「蒔田蒔到立夏，蒔唔蒔就罷」：這句珠三角農諺反映了農夫們對於農作時機的觀察和智慧，以及他們根據季節和氣候變化做出的適當農事安排的能力，確保最佳的農業生產條件和產量。

「芒種節，食唔切」：這句珠三角農諺反映了農夫們對於季節和農作物特徵的觀察和智慧，以及他們根據這些觀察做出適當決策的能力。這句農諺反映出農夫們對季節和農作物生長週期的觀察，瞭解到在芒種節可能尚未適合食用某些農作物。他們知道在特定季節內，農作物可能還需要更多的時間來成熟，也反映出他們根據這些觀察做出的智慧決策，確保最佳的食物品質和資源利用。

「立夏吹北風，十個魚塘九個空」：這句珠三角農諺反映了農夫們對於季節特徵和自然現象的觀察和智慧，以及他們根據這些觀察來預測水產資源變化的能力。此外，這農諺也反映出珠三角農夫們對於季節特徵、風向和水產資源之間關聯性的觀察和瞭解，以及他們根據這些觀察做出的智慧決策，確保水產資源的有效管理和保護。

「三伏不熱，五穀不結」：這句珠三角農諺反映了農夫們對於氣

候和農作物生長的觀察和智慧,以及他們根據這些觀察來預測農作物產量的能力。這句諺語也展示出珠三角農夫們對於氣候對農作物生長和產量的影響的觀察和瞭解,以及他們根據這些觀察做出的智慧決策,以確保農業生產的穩定和有效。

「芒種聞雷聲,個個笑盈盈」:這句珠三角農諺反映了農夫們對於自然現象的觀察和智慧,以及他們對於農業生產的喜悅和希望的表達,也體現了農夫們的智慧和對於農事的深入認識。

「小暑小割,大暑大割」:這句珠三角農諺反映了農夫們對於時節和農業勞動的適當安排的觀察和智慧,以及他們根據季節變化做出的適當農事決策的能力。這句農諺也顯示出農夫們對於時節特點和農業勞動安排的觀察和瞭解,以及他們根據這些觀察做出的智慧農事決策,以確保最佳的農業生產條件和效率。

「未食五月粽,寒衣唔敢送」:這句珠三角農諺反映了農夫們對於季節變化和氣候特點的觀察和智慧,以及他們根據這些觀察做出的生活和衣物安排的能力,以確保能夠適應不同的氣候環境。

「四月八,大水發」:這句珠三角農諺反映了農夫們對於氣象變化和洪水可能性的觀察和智慧,以及他們根據這些觀察做出應對措施的能力,以確保農業生產和資產的安全。

「禾怕霜降風,人怕老來窮」:這句珠三角農諺反映了農夫們對於自然現象和人生經驗的觀察和智慧,以及他們對於農作物生長和人生挑戰的智慧和體悟。

「霜降遇重陽,穀滿頂正樑」:這句珠三角農諺反映了農夫們對於時節變化和農業收成的觀察和智慧,以及他們對於時機和農業生產的適切安排的能力,以確保農作物的豐收和效率。

「七月冇立秋,遲禾冇得收」:這句珠三角農諺反映了農夫們對於時節變化和農業生產的觀察和智慧,以及他們對於農作物生長和收

成時機的重視，以確保農作物的生長和收成。

「寒露過三朝，遲早一齊標」：這句珠三角農諺反映了農夫們對於時節變化和農業生產的觀察和智慧，以及他們對於時機選擇和農作物生長的理解，以及他們根據這些觀察做出的智慧農業管理決策，以確保農作物的生長和收成。

「寒露打大風，十個田頭九個空」：這句珠三角農諺反映了農夫們對於自然現象和農作物風險的觀察和智慧，以及他們對於農業生產中的不確定性的認識，以及他們根據這些觀察做出的智慧農業管理決策，以確保最大限度地減少農作物損失。

「七月紅雲蓋天頂，收好禾苗灣好艇」：這句珠三角農諺反映了農夫們對於天氣變化和農業生產的觀察和智慧，以及他們對於時機選擇和農作物收成的重視，以確保農作物的生長和收成。

「寒露風、穀不實；霜降雨，米多碎」：這句珠三角農諺反映了農夫們對於不同氣象條件對農作物生長和收成的影響的觀察和智慧，以及他們對於農業生產的不確定性的認識，以及他們根據這些觀察做出的智慧農業管理決策，以確保農作物的生長和收成。

「南風入大寒，冷死早禾秧」：這句珠三角農諺反映了農夫們對於氣候變化和農作物生長的觀察和智慧，以及他們對於保護農作物免受不良天氣影響的警覺性，以及他們根據這些觀察做出的智慧農業管理決策，以確保農作物的生長和收成。

「十月初一濃罩山坡，明年正月雨水多」：這句珠三角農諺反映了農夫們對於天氣變化和氣象模式的觀察和智慧，以及他們根據這些觀察做出的智慧長遠規劃，以確保農作物的生長和收成。

「冬早莫割早，冬遲莫割遲，立冬最當時」：這句珠三角農諺反映了農夫們對於冬季收割時機的觀察和智慧，以及他們對於農作物生長和氣候變化的瞭解，以確保農作物的品質和產量。

這些珠三角農諺不僅展示了農民的智慧，也體現了他們對生活、工作和困難的獨特看法。透過這些諺語，我們能更深入地瞭解他們在珠三角地區長期耕耘和生活的心態和價值觀。這些諺語也反映了農民的智慧和經驗，他們在長期的農業生產實踐中逐漸摸索出來的有效方法和技巧。它們體現了農民們對於自然規律的觀察和理解，並以此為指導來進行農作物的種植和管理。這些諺語不僅是他們智慧和經驗的結晶，也是他們對土地和自然環境的尊重和感激之情的體現。這些農諺不僅對當地農業生產有指導作用，同時也是一種文化傳承和價值觀的體現，代代相傳，成為珠三角農民特有的智慧寶藏。

第四節　反映農耕的生活哲學

一　人吵有事，風吵有雨

　　這句農諺指的是，當人與人之間發生爭吵或口角時，往往會有一些事情發生；同樣地，當風吹得很猛烈時，往往會下雨。這句農諺反映了一個生活哲學，即「人之常情」，即人的行為和動作往往會影響到周圍的環境和事物。從這句農諺中可以看出，人的行為和動作是能夠引起周圍環境的變化和影響的。因此，這句農諺告訴我們，人的行為和動作對周圍環境的影響是很大的，我們應該注意自己的行為和動作，以免對周圍環境造成不良影響。

二　五十養子不得力，五月種茄唔得食

　　這句農諺指出如果在五十歲時才開始養育孩子，那麼孩子可能無法得到很好的照顧和教育，因為父母可能已經年老體衰，無法很好地

照顧孩子。同樣，如果五月才開始種植茄子，那麼茄子可能無法在當季收穫，因為茄子需要更長的時間來生長和成熟。這種人生哲學強調的是，我們應該盡早開始努力，不要等到太晚才去做事情。因為隨著年齡的增長，我們的體力和精力可能會逐漸減弱，這可能會影響到我們的工作效率和質量。所以，我們應該珍惜時間，盡早開始努力，這樣才能更好地實現自己的價值和目標。

三　耕田唔養豬，猶如秀才唔讀書

這句農諺反映出人生中學習和成長的重要性。「耕田唔養豬」，意味著一個人在田地中勞作卻不養殖豬，這會讓土地缺乏豬糞糞肥的養分，生產力將會下降。而「秀才唔讀書」，是指一個聰明的人卻不去學習和提升自己，這樣會讓個人的知識和能力受限，無法跟上時代發展的步伐，甚至失去競爭力。

四　親生仔，唔似近身錢，靠買米不及自耕田

這句農諺反映出人生哲學中的「耕耘才有收穫」的道理。這句農諺告訴我們，只有辛勤耕耘，才能獲得豐碩的收穫。就像自耕田一樣，只要努力耕耘，就能獲得豐富的收穫。反之，如果不努力耕耘，就像靠買米一樣，只會得到有限的收穫，甚至可能什麼都得不到。因此，這句農諺告訴我們，要想獲得豐碩的收穫，就需要辛勤耕耘，不斷努力，不斷學習，不斷進步。只有這樣，才能真正實現自己的人生目標和理想。

五　早造唔成，晚造唔收，亂葬崗有得踎

「早造唔成，晚造唔收，亂葬崗有得踎」這句農諺反映出生活哲學中「時間就是金錢」的道理。這句農諺告訴我們，只有在適當的時間做適當的事情，才能夠獲得好的結果。如果過早或過晚去做某件事情，都可能得不到好的結果。因此，這句農諺也告訴我們，要想獲得好的結果，就需要掌握好時間，做好充分的準備，並且在適當的時間做適當的事情。只有這樣，才能真正實現自己的目標和理想，才能夠獲得好的結果。「亂葬崗有得踎」這句提醒人們要珍惜時間，不要拖延或錯過機會，因為機會一旦錯過，就可能無法再得到。這句諺語也暗示著人生短暫，要善用時間，不要浪費生命。

六　欲想斷窮根，勤力去耕耘

這句農諺意味著「勞動才能致富」的生活哲學。這句農諺告訴我們，只有辛勤勞動，才能夠創造財富，實現富足的生活。只有不斷地努力工作，不斷地提高自己的能力，才能夠在社會中立足，實現自己的人生目標和理想。因此，這句農諺提醒我們，要想擺脫貧困，實現富裕，就必須要勤力去耕耘，努力工作，不斷提高自己的能力，才能夠實現自己的人生目標和理想。

七　農民不下種，餓死秀才公

這句農諺表達的是一種重視農業、尊重勞動的生活哲學。它意味著，如果沒有農民的辛勤勞作，即使是知識豐富的人也無法生存。這種觀念強調了農業生產的重要性，以及勞動者在社會中的地位和價

值。同時，它也提醒我們要尊重勞動，珍惜勞動成果。

八　最有志，耕田掘地勤理莊稼事；最可恥，飲醉食飽坐處聽疴屎

這句農諺意味著勤奮耕田、勤勞務農是一種有志向的生活哲學，而沈迷於飲食娛樂、懶散無為則是一種可恥的生活態度。它強調了農民勤勞務農的價值，並警示人們不要沈迷於享樂而忽視勞動的重要性。這句農諺鼓勵人們以勤奮和責任感來面對生活，並將農業勞動視為一種崇高的事業。

九　人勤地不瘦，汗水冇白流

這句農諺意味著，只要人辛勤勞動，土地就能獲得豐收。這句話表達了「一分耕耘，一分收穫」的生活哲學，強調了辛勤勞動的重要性，也鼓勵人們不要輕易放棄，只有付出辛勤的努力，才能獲得豐碩的收穫。同時，這句話也強調了汗水的重要性，表達了只有辛勤的汗水，才能換來豐碩的收穫。

十　男耕田，女織布，有柴有米又有醋

這句農諺意味著，在傳統的農業社會中，男性和女性分工合作，男性耕田種地，女性織布製造衣物，這樣才能有柴有米又有醋，擁有基本的生活所需。這句話表達了「男女平等，分工合作」的生活哲學，強調了男女在家庭和社會中的平等地位，也強調了分工合作的重要性。

十一　起早三朝當一工，起早三年冇咁窮

　　這句農諺表達的是一種勤奮努力、自力更生的生命哲學。它意味著，早起三天就相當於工作了一天，早起三年就可以改善貧困的狀況。這種觀念鼓勵人們在面對生活中的困難和挑戰時，要有勤奮努力的精神，相信自己可以通過自己的努力改變自己的生活狀況。再者，它強調了勤奮努力的重要性，表明早起是成功的重要因素之一。早起可以讓你有更多的時間來完成工作，提高工作效率，避免落後於他人。這句農諺反映了中國傳統的勤奮努力、時間管理的價值觀。

十二　欲求下造好，再鋤三寸土

　　這句農諺表達的是一種精益求精、追求卓越的生活哲學。它意味著，要想獲得更好的收成，就需要更加精細的耕作，哪怕只是多鋤三寸土。這種觀念強調了細節決定成敗的道理，鼓勵我們在工作和生活中都要追求完美，追求卓越。

十三　就算年年豐足，都唔好囉撻一粒穀

　　囉，讀作陰平聲[ʃai^{55}]，不讀作陰去聲。這句農諺表達的是一種節儉、珍惜資源的生活哲學。它意味著，無論年年的豐收程度如何，我們都不能浪費任何一粒穀子。這種觀念強調了節儉的重要性，以及對資源的珍惜和合理利用。

第五章
珠三角當今之農諺傳承與瀕危現象

第一節 農諺傳承的瀕危現象

當代社會中,農諺的傳承面臨著眾多挑戰和瀕危現象,這些情況反映了現代化和城市化對傳統農村文化的深度影響,以及年輕一代與過去智慧的漸行漸遠。這一節,筆者會從城市和農村之間的差異是農諺傳承面臨的關鍵問題;現代媒體對農諺的文化衝擊;語言變遷對農諺傳承及詞彙語法的直接影響;傳承意識的下降是農諺傳承面臨的一個深刻問題四個方面進行探討。

一 城市和農村之間的差異是農諺傳承面臨的關鍵問題

這種差異不僅體現在生活方式和環境上,還體現在文化和價值觀上。隨著城市化進程的加速,城市和農村之間的差異逐漸擴大,對農諺的傳承造成了實際挑戰。

(一)城市和農村在經濟結構上存在明顯差異

城市通常是現代化經濟的中心,如珠三角的深圳經濟特區、廣州市、佛山市、東莞市、珠海經濟特區都提供了多種就業機會和現代生活的便利。相比之下,農村地區的經濟主要依賴於農業和傳統生產方式。這種經濟結構的不同,導致了城鄉居民生活方式的差異化。城市居民更多地受到現代科技和市場經濟的影響,而農村居民則繼續保持

傳統農業生活。

(二) 經濟差異對農諺的傳承產生影響

深圳開放,加上後期城市化進程吸引了大量農村居民前往城市尋找工作機會,特別是年輕人。年輕一代在城市環境中接受現代教育,他們的興趣和價值觀可能與農諺不太相符。農諺的知識傳遞通常是通過口耳相傳,但當年輕人遠離農村時,這種傳承方式變得更加困難。

(三) 城市和農村之間的文化差異也是一個重要考量

城市通常具有現代化、多元化的文化,受到不同文化和價值觀的影響。相比之下,農村地區可能更保持傳統的文化特色,包括語言、節慶和儀式。農諺是扎根於農村文化,反映了人們對土地和自然的理解,以及農業生活的智慧。然而,在城市文化的衝擊下,農諺對於年青人變得相對陌生,年輕人更容易受到現代文化的吸引,這使得農諺的傳承變得更加複雜。

(四) 城市和農村之間的價值觀差異

珠三角的城市化常伴隨著現代價值觀的傳播,例如個人主義、現實主義和消費主義。這些價值觀可能與農諺所強調的共同體、環保和質樸相衝突。年輕一代在城市生活中接受這些現代價值觀,可能不太願意理解和傳承農諺所蘊含的傳統價值觀。這種價值觀的差異也使得農諺在城市社區中的傳承變得更加困難。

(五) 傳承意識下降是城市化帶來的另一個衍生問題

城市通常傾向於現代科技和知識,而年輕一代更多關注現代化的生活方式。隨著大陸城市化進程的加速,農村社區逐漸失去了農諺的

核心傳承者。大多數年輕人選擇離開農村，前往城市尋求更好的工作和生活機會。這種流動性對農諺的傳承帶來了更多挑戰。年輕一代通常在城市環境中專注於科學、技術和現代產業。他們更容易受到現代科技和知識的吸引，而對於農村傳統智慧的關注相對有限。這種轉變不僅使得農諺的知識傳承變得更加困難，也對農村社區的文化特色帶來了挑戰。

　　城市和農村之間的差異對農諺的傳承帶來了挑戰，我們可以通過教育、社區參與、創新和跨代傳承來應對這些挑戰。農諺代表著我們文化的一部分，它們是珠三角農村智慧的結晶，政府有責任確保它們得以保存，並傳遞給未來的世代，以豐富文化生活。只有通過全社會的努力，才能實現這一目標，保護這些寶貴的農村智慧的寶藏。

二　現代媒體對農諺的文化衝擊

　　傳統農諺一直是農村社區中的文化支柱，它們不僅是智慧的載體，還體現了共同體和環境的價值觀。然而，現代媒體的崛起已經改變了人們的資訊獲取方式，並對文化價值觀提出了挑戰，這對農諺的存在和傳承帶來了複雜的問題。

　　現代媒體，特別是互聯網和社交媒體，已經成為當今社會的主要資訊來源。這種普及性使得媒體內容和網絡媒體已經深入農村社區，幾乎無所不在。年輕一代人通常在網絡上花費更多的時間，獲取新知識、探索不同文化，以及與全球社會互動。這種情況使得傳統農諺不可避免地面臨到文化衝擊和競爭。

　　過去，農諺以其悠久的歷史和深厚的文化底蘊，在珠三角農村社區中占據著主導地位。這些智慧的句子是老一代農民的座右銘，代代相傳。然而，現代媒體的浪潮威脅著它們的地位。新一代在數碼世界

中長大，他們更容易接觸到現代化的文化和價值觀，對農諺的興趣相對減少。在這個由虛擬世界主導的時代，農諺的古老智慧似乎顯得略顯陳舊，而年輕人更傾向於探索新的知識和媒體內容。

這種文化衝擊威脅著農諺的持續存在，因為傳統文化必須與現代文化競爭，並吸引年輕一代的關注。農諺通常蘊含豐富的生活經驗和智慧，但要讓這些寶藏在現代社會中保持吸引力，需要採取一系列策略，這些策略需要全社會的參與和努力。

教育和文化的傳承應該融入現代媒體，以更好地達到年輕一代。網絡平臺、社交媒體和視頻共用網站等現代媒體工具可以成為傳遞農諺的有效管道。透過創意的數碼媒體內容，可以吸引年輕人的關注，讓他們更容易理解和欣賞農諺所蘊含的智慧。這種媒體的互動性和參與性也可以促使年輕一代更積極參與農諺的研究和實踐。

農村社區和農業教育機構應該積極參與農諺的保護和傳承。這包括舉辦農諺比賽、文化節日和工作坊，以促進農諺的傳承和討論。這些活動可以成為社區聚會的場所，讓年輕人和老一輩農民共同參與，分享彼此的智慧和經驗。同時，農業學校和農村社區應該將農諺納入教育課程，使學生能夠更深入地瞭解農業智慧和文化價值。通過實際參與農業活動，年輕人可以更好地理解農諺的實際應用，並將其傳承下去。

農諺的保存和傳承需要社區的參與和支持。社區組織和文化團體可以扮演關鍵角色，促進農諺的研究、搜集和傳播。農諺的搜集，珠三角民間群眾和學者也做出一些成績，如《廣東農諺集》[1]、《廣州民間成語農諺童謠》[2]、《粵語農諺參考資料》[3]、《廣東農諺》[4]、《三水農

1　廣東省土壤普查鑑定委員會編：《廣東農諺集》（缺出版社資料，1962年）。
2　廣州民間文藝研究會、廣州市群眾藝術館編印：《廣州民間成語農諺童謠》（廣州市：廣州民間文藝研究會、廣州市群眾藝術館編印，1963年）。

諺選注》[5]、《中山諺語》[6]、《增城縣民間歌謠、諺語選》(第一集)[7]、《中山市沙田族群的方音承傳及其民俗變遷》[8]、《廣州黃埔區方音與漁農諺和鹹水歌口承民俗的變遷》[9]等。透過合作和互助，農諺可以在社區中得以保留並繼續流傳。農村社區可以籌劃農諺節展覽和工作坊，以提高對農諺的認識和興趣，並鼓勵年輕人參與。此外，政府和非政府組織也可以提供資金和資源，支援農諺的保存和傳承計劃。

現代媒體的文化衝擊對農諺的瀕危帶來了一定影響，但也提供了機會，可以通過創新的方式來保存和傳承這一寶貴的文化遺產。要實現這一目標，珠三角政府需要在教育、媒體和社區參與方面共同努力，確保農諺的智慧得以永續存在，並為我們的社會帶來價值。只有這樣，農諺將繼續為我們提供關於農業和生活的寶貴啟示，並成為我們文化遺產的一部分。這是一項需要長期承諾和協作的工作，但它確保了這些智慧的寶藏能夠在現代社會中永遠流傳下去，豐富我們的文化多樣性。

3　廣州市群眾藝術館：《粵語農諺參考資料》(廣州市：廣州市群眾藝術館，1963年6月)。
4　廣東省地理學會科普組主編：《廣東農諺》(北京市：科學普及出版社；廣州分社，1983年2月)。
5　麥昭慶編注：《三水農諺選注》(三水縣：三水縣科學技術委員會、科學技術協會印，1984年6月)。
6　中山市民間文學三套集成編委會印：《中山諺語》(中山市：中山市民間文學三套集成編委會印，1988年)。
7　增城縣文聯編印：《增城縣民間歌謠、諺語選》(增城縣：增城縣文聯，1988年11月)，第一集。
8　馮國強著：《中山市沙田族群的方音承傳及其民俗變遷》(臺北市：萬卷樓圖書公司，2018年8月)，〈第四節　農諺〉，頁276-284。
9　馮國強著：《廣州黃埔區方音與漁農諺和鹹水歌口承民俗的變遷》(臺北市：萬卷樓圖書公司，2021年8月)。

三 語言變遷對農諺傳承及詞彙語法的直接影響

農諺作為一種特殊的語言表達形式，不僅反映了特定地區的文化特色和歷史背景，還承載了深刻的農業智慧和價值觀。然而，在現代社會中，語言變遷成為農諺傳承的一大挑戰，可能導致詞彙和語法的陳舊，以及農諺的含義不再能夠準確傳達。

語言的變遷對農諺的詞彙和語法造成直接的影響。在中國，特別是在一九四九年以後，普通話的推廣和普及導致了許多方言和地區口語的衰退。這一趨勢在粵語方言區域也有所體現，特別是年輕一代更傾向於使用普通話而不是粵語。這使得農諺在當地方言中的使用和傳承變得更加困難，因為一些特殊的詞語和用法可能逐漸被淘汰。農諺的詞彙和語法之所以獨特，是因為它們能夠準確地表達農業和生活中的情境和智慧。如果這些詞彙和語法失去了流行性，農諺的表達方式就會變得陳舊，年輕一代可能無法理解或使用它們。

語言的變遷導致農諺的含義不再能夠準確傳達。農諺往往包含著深刻的農業智慧和文化價值，但這些智慧和價值通常以特定的語境和語言理解才能完全領會。然而，隨著語言的變遷，這些語境和理解可能不再存在，導致農諺的解讀變得模糊不清。當一個詞語或詞句的意義變得不明確時，農諺的教訓和智慧也可能失去了原本的深度和價值。這樣的情況可能使農諺變得虛無縹緲，無法真正傳達其背後的智慧。

為了應對語言變遷對農諺的傳承帶來的挑戰，我們需要採取一系列措施，確保這一寶貴的文化遺產得以保存和傳承。

（一）保護和保存當地方言是確保農諺傳承的關鍵

這可以通過多種途徑實現，包括語言教育和文化活動。舉辦方言比賽、口語課程和文化節日可以激勵年輕一代學習和使用當地方言，

這有助於使農諺在特定語境中得以保留並理解。同時，這些活動也可以成為社區聚會的場所，促使不同年齡層的人更深入參與並互相學習，從而實現語言和文化的傳承。這種參與不僅有助於保護當地方言，還能夠鞏固社區的凝聚力，讓人們更好地理解自己的文化根源。

（二）農村社區應該積極參與語言保護和農諺傳承

社區組織和文化團體在這方面可以發揮重要作用。它們可以提供場所和平臺，讓老一輩的農民能夠與年輕一代分享農諺和語言知識。透過互動和交流，不僅有助於語言和文化的傳承，還能夠促進不同年齡層之間的對話和理解。這種跨代交流有助於確保農諺不會被視為過時或陳舊，而是一個有價值的資源，可以繼續豐富當地社區的文化生活。

（三）政府與教育機構應積極保護語言及傳承農諺

這可以通過在學校課程中納入方言和農諺的教學，以及提供相應的資源和支援，來實現。政府可以通過立法和政策支持，確保方言的保存和傳承受到應有的重視。同時，網絡和數字技術也可以用來記錄和分享當地語言和農諺，以擴大它們的影響力，讓更多人能夠參與。

語言變遷對農諺的傳承構成了實際挑戰，但這也是一個機會，可以通過積極的教育、文化活動和社區參與，確保農諺的價值和智慧得以傳承下去。農諺作為一種珍貴的文化遺產，不僅豐富了我們的語言和文化，還提供了關於農業和生活的寶貴啟示。我們應該共同努力，確保這些智慧和教訓不會因語言變遷而消失，繼續為我們的社會和文化貢獻價值，並將這一寶藏傳遞給未來的世代。

四 傳承意識的下降是農諺傳承面臨的一個深刻問題

這一現象反映了社會價值觀的轉變，尤其是年輕一代對現代技術和知識的強烈興趣。隨著科技的飛速發展，年輕人更傾向於追求與數字世界相關的事物，例如智慧手機、社交媒體和虛擬現實。這種科技驅動的趨勢使得對傳統農諺和農村文化的關注逐漸淡化。

一個直接的結果是年輕一代對農諺的知識流失。以前，農村社區的教育主要基於口述傳承，年長者會把農諺和智慧傳授給年輕人。然而，現在，這種傳承方式受到威脅，因為年輕一代更多地關注數字技術和虛擬世界，而忽視了傳統的口頭傳承途徑。這導致農諺知識的流失，年輕人對農村生活和農業智慧的理解變得有限。

這種知識流失不僅關乎農諺本身，還關乎農村社區的文化傳承。農諺不僅是一些智慧的匯集，還承載著農村生活的情感和價值觀。它們是農村社會的精神支柱，代表著過去的生活方式和價值體系。因此，如果這些農諺被年輕一代遺忘，那麼農村社區的文化將受到威脅，並可能面臨價值觀的混亂。

除了知識流失，傳承意識的下降還可能導致農諺的淡化和危機。年輕一代的缺乏興趣和參與，可能使農諺的應用範圍縮小。農諺的真正價值在於實踐中的應用，而如果年輕人不再參與農村生活，那麼農諺可能會變得愈來愈陌生，失去實際應用的機會。

傳承意識的下降對農諺的傳承也造成了多方面的影響，包括知識流失、文化傳承的威脅以及農諺的淡化。為了應對這一問題，地方政府需要採取措施，包括強化教育和文化傳承，以提高年輕一代對農諺的認識和興趣。這樣才能確保這一寶貴的文化遺產在現代社會中得以保存和傳承，並繼續為農村社區帶來價值和連結。

為了應對這一挑戰，我們需要採取積極的措施，以提高年輕一代

對農諺的認識和欣賞。教育是關鍵，學校可以在課程中融入農諺和農村文化，使學生更多地接觸這一寶貴的遺產。透過課堂教學，年輕人可以瞭解農諺的背後故事、文化價值和實用性。這有助於激發他們對農諺的興趣，並讓他們意識到農諺是一個豐富而有價值的文化遺產。

農村社區活動、文化節日和社區工作坊等也可以成為激發人們對農諺的興趣和參與的場所。舉辦農諺比賽和文化展覽可以吸引年輕人參加，讓他們親身體驗農諺的魅力。這種參與性的活動不僅可以增加對農諺的認識，還有助於將農諺融入當代社會中，使其變得更具吸引力和有趣。

家庭也扮演著重要的角色。家長和祖輩可以通過口述傳承的方式將農諺傳授給年輕一代。這種口述傳承的方式是實現農諺文化傳承的關鍵，因為它不僅傳達了農諺的文字內容，還傳達了其中的情感、智慧和價值觀。在家庭環境中，長輩可以與年輕一代建立更緊密的聯繫，並將農諺融入日常生活和家庭活動中。這樣的互動有助於年輕人更深入地理解和欣賞農諺的價值，同時也強化了家庭內部的文化傳承。

此外，家庭也可以通過參與農村社區的文化活動，支持農諺的傳承，參加農諺比賽、文化節日和社區工作坊可以使家庭成員更緊密地參與農諺的傳播和討論。這種參與不僅促進了農諺文化的保存，還加強了家庭內部和社區之間的聯繫，形成了一個更大的文化共同體。

數位技術方面。技術的應用也是推動農諺傳承的一個關鍵因素。在現代社會中，數位平臺和媒體可以成為農諺傳承的有力工具。建立網絡平臺和社交媒體群體，專注於農諺的分享和討論，可以將這一文化遺產帶給更廣泛的受眾。這些平臺可以促進農諺的互動和參與，讓年輕人更容易參與到農諺的研究和實踐中。此外，數位媒體允許創造豐富多彩的內容，包括視頻、音頻和圖像，使農諺更具吸引力和互動性，進一步吸引年輕一代的關注。

在這個數位時代，創新的教育方法也是關鍵。教育機構可以採用現代化的教學工具和方法，使農諺和農村文化成為教育的一部分。在課堂中使用多媒體資源、數位互動和虛擬現實技術，可以生動地呈現農諺的內容，激發學生的興趣和參與。這樣的教育方法不僅有助於年輕人更深入地理解農諺，還可以將農諺融入現代生活和教育體系中。

政府和社區組織在農諺傳承方面的參與。政府可以通過資助文化活動、教育項目和數位媒體平臺來支持農諺的傳承。同時，社區組織可以發揮協作作用，促進農諺的研究、搜集和傳播。這種多方參與可以形成一個全面的傳承生態系統，確保農諺的永續存在。透過機構的協同合作，共同致力於農諺傳承的推動，確保這一寶貴的文化遺產在現代社會中繼續存在並繁榮。

傳承意識的下降對農諺的傳承構成了實際挑戰，但可以通過教育、技術和全社會的參與來應對這一挑戰。這需要多方努力，包括教育機構、農村社區組織、家庭和政府，以確保農諺的價值和智慧得以延續，並豐富我們的文化遺產。

教育是關鍵的一環。學校應該積極融入農諺和農村文化，使學生更多地接觸這一寶貴的遺產。透過現代教學方法，如多媒體資源和虛擬現實技術，可以使農諺變得更有吸引力和互動性，激發學生的興趣。同時，教育機構可以提供語言和文化課程，鼓勵年輕一代學習和使用當地方言，以更好地理解農諺的文化內涵。

在這個全球化和現代化的時代，農諺作為一種珍貴的文化遺產，代表著農業智慧和生活哲學，值得大眾共同努力保護和傳承。通過教育、技術、家庭和農村社區的參與，大眾可以確保農諺的價值和智慧得以延續，豐富的文化遺產，並讓這些寶貴的智慧繼續為我們的社會和文化帶來價值和連結。這是對過去和未來的尊重，也是文化多樣性的體現。

第二節　加強對農諺價值的認識

　　研究農諺不僅是對過去的回顧，更是對文化遺產的珍視和尊重。農諺是農村社區智慧的結晶，它們代表著農民的生活方式、價值觀和傳統知識。這些句子既簡單又深刻，蘊含了對大自然、農業、家庭和社區的理解，以及對生活的深刻體察。因此，研究農諺的價值在於保存這一重要的文化遺產，使其不被遺忘。

　　研究農諺有助於保存文化遺產。文化遺產是一個國家或社會的瑰寶，它代表著過去的歷史和價值觀。農諺作為口頭傳承的一部分，承載著農村社區的智慧和經驗。通過研究農諺，我們可以確保這些珍貴的句子和故事被保存下來，並傳遞給未來的世代。這樣，我們不僅保護了農村社區的文化遺產，還為我們的子孫後代提供了寶貴的資源，讓他們更好地理解自己的根源。

　　研究農諺有助於深入瞭解農民社會的特點和文化。農諺反映了農民對自然環境和農業生產的認知，以及對家庭、社區和生活方式的看法。這些句子中蘊含著深刻的社會觀察和價值判斷，通過研究它們，我們可以更好地理解農民的思維方式和行為模式。這種深入的瞭解有助於促進城鄉之間的相互理解和尊重，緊密聯繫不同社會群體，促進社會和諧。

　　研究農諺還可以尋找其中的啟示和啟發，幫助我們在農業領域中探索新的解決方法和創新理念。農諺中包含了許多關於農業生產和自然環境的智慧，這些智慧可能對當今的農業實踐仍然具有價值。通過深入研究農諺，我們可以發現不同時代的農民是如何應對氣候變化、農作物生長和農業管理的。這些經驗可以為現代農業提供有益的參考，幫助我們更有效地利用資源，實現可持續的農業發展。

　　農諺的研究還可以促進跨學科研究的發展。因為農諺涉及到農

業、民俗學、語言學、社會學等多個學科領域，它們為不同學科之間的不同學科之間的合作和交流提供了機會，豐富了相關學科的研究內容和方法。例如，農諺的研究可以幫助農學家、農藝師更好地理解農村社區的需求和挑戰，從而開發更適合的農業技術。同時，語言學家可以通過分析農諺中的語言結構和詞彙，深入研究當地方言和口語的變遷。社會學家則可以探討農諺如何反映社區的價值體系和社會結構。這種跨學科合作不僅豐富了各個學科的研究領域，還有助於我們更全面地理解農諺在農村社會中的角色和價值。

　　研究農諺不僅是一項具有重要價值的工作，它也有助於保存文化遺產，還有助於深入瞭解農民社會的特點和價值觀，並尋找啟示和啟發，促進跨學科研究的發展。然而，我們也必須面對現代化和城鄉差異等挑戰，以確保農諺得以繼續存在和傳承。通過加強教育和文化傳承，我們可以提高年輕一代對農諺的認識和欣賞，確保這一寶貴的文化遺產不會被遺忘，並繼續為我們的社會帶來價值和意義。只有通過這些努力，我們才能保護和傳承這一珍貴的文化寶藏，讓它們在現代社會中繼續發揮作用。

後記

　　二〇二〇年，筆者發表了關於兩廣海南地區海洋捕撈口頭文學——漁諺的研究成果。現今，筆者已將研究重心轉向田經之農諺（農諺乃田間經驗之結晶）。筆者的農諺搜集工作追溯至一九八二年，歷經多年，筆者親赴廣州的從化、增城、黃埔、天河、白雲、南沙等區，以及佛山市的三水、南海、順德區，中山市，深圳經濟特區，東莞市，肇慶市等多個區縣與鄉鎮區域，進行了深入的田野調研，並進行了細緻的記錄與整理。

　　筆者撰寫漁諺與農諺，源於本人對諺語抱有濃厚的興趣與熱愛，對諺語的熱愛深深植根於筆者的家庭背景之中。母親在廣東省臺山縣的農村環境中成長，那裡被綿延的田野所環繞。外公在香港從醫，並按月將薪資寄回家中，外婆先後用這些錢置辦了大片農田。儘管外婆一家並未親自躬耕於田間，但母親在農村包圍的氛圍熏陶下，自然而然地接觸到了豐富多彩的農諺與天氣預測的諺語。這樣的成長環境讓母親對天氣諺語瞭如指掌，她不僅熟記於心，更能運用這些諺語來準確預測天氣變化。

　　母親於四〇年代末移居香港，每逢天氣稍有變化的徵兆，她總會不由自主地念出當下的天氣諺語來預測天氣，例如「朝紅雨，晚紅風」、「早晨喜鵲鳴，今日見天晴」、「白翼（即撲燈蛾）撲燈火，狂風大雨隨即到」、「蜘蛛匿樑底，風雨即將來」、「三朝紅雲一朝風」、「夏季陣陣雨，秋季陣陣涼」、「天邊紅，唔係雨便是風」、「東紅風，西紅雨」、「東閃雨重重，西閃日頭紅，南閃長流水，北閃大南風」、「亂雲

天頂攪，無雨也天陰」等。這些天氣諺語成為了筆者童年時期的溫馨回憶。當時筆者還在上小學，這些諺語激起了筆者濃厚的興趣。後來，筆者進入研究所深造，便開始深入探究這一豐富的口頭文學——農諺。

　　語言是文化的核心載體，扮演著至關重要的角色，這在農諺的傳承中體現得尤為突出。農諺作為一種獨具特色的語言表達，不僅映照出特定地域的文化風貌和歷史積澱，更蘊含著深邃的農業智慧與價值取向。這些智慧與價值，源於耕種與農事管理的長期實踐，是農民們在漫長農耕歲月中積累起來的無價知識寶庫。

　　然而，現代社會中的語言變遷正成為農諺傳承的一大挑戰。隨著科技和全球化的快速發展，社會結構和價值觀也在逐漸變遷，這樣的變遷不可避免地影響著農諺的使用和傳承。在這個快速變化的時代，農諺所使用的詞彙和語法可能逐漸被淘汰，甚至有些農諺的真正含義無法準確地傳達。

　　因此，我們需要努力保存和傳承農諺這一寶貴的語言資產。透過記錄和研究農諺，我們可以更好地理解農民智慧和農業文化的價值。同時，我們也應該在教育和社區中推廣農諺的使用，以保護這一重要的文化遺產。只有通過努力保存和傳承農諺，我們才能夠保持連接過去和現在的紐帶，並從中獲得寶貴的智慧和啟示。

　　語言的演變對農諺的詞彙構成與語法結構具有直接的影響。自一九四九年以來，隨著普通話的廣泛推廣與普及，眾多方言及地域性方言口語逐漸衰落。這一趨勢在粵語方言區同樣有所反映，特別是年輕一代更寧願選擇使用普通話而非粵語，廣州黃埔區便是一個鮮明的例證。[1]這樣的情況使得農諺在當地方言中的使用和傳承變得更加困

1　馮國強著：《廣州黃埔區方音與漁農諺和鹹水歌口承民俗的變遷》（臺北市：萬卷樓圖書公司，2021年8月），頁267-268。

難,因為一些特殊的詞彙和用法可能逐漸被淘汰。農諺的詞彙和語法之所以獨特,是因為它們能夠精準地表達農業和生活中的情境和智慧。但如果這些詞彙和語法失去了流行性,農諺的表達方式就會變得陳舊和陌生,對於後代來說,可能無法理解或使用它們,或者理解和解釋農諺的內涵變得極具挑戰性。

此外,語言的變遷對農諺的傳承和理解帶來了更深遠的挑戰。以珠三角地區為例,這裡是粵方言區,農諺中融入了大量的方言詞彙和特定地域性的語言特色。隨著時間的推移,語言的演變使得這些方言詞彙變得越來越陌生,對於後代來說,理解和解釋農諺的內涵變得極具挑戰性。

農諺所蘊含的深刻農業智慧和文化價值通常需要在特定的語境和語言背景下才能完全領悟。這些諺語和格言旨在傳授關於農業、自然界和人生的寶貴教訓,但隨著語言的變遷,這些特定的語境和理解可能已經不再存在。因此,當一個詞語或詞句的意義變得不明確時,農諺的原始教訓和智慧也可能因此失去了深度和價值。

這樣的情況可能導致農諺變得虛無縹緲,無法真正傳達其背後蘊含的智慧和價值觀。這對於農業社區和文化傳承帶來了潛在風險,因為這些諺語承載著代代相傳的經驗和知識,它們不僅豐富了文化底蘊,還提供了寶貴的指導,幫助人們適應不斷變化的環境。

我們需要謹慎對待農諺的傳承,並尋找方法來保護這些珍貴的文化資產。這可能包括設立特殊的農諺保護機構,進行口頭傳承和書面記錄,以確保這些智慧和價值觀能夠被後代理解和欣賞。筆者寫口頭文學漁諺和農諺,都是為了搶救而進行記錄和分析,目的是好讓後代能理解其意。同時,我們也可以將現代教育和科技手段融入農諺的傳播,使之更具吸引力,吸引年輕一代參與和學習,以確保這些寶貴的文化寶藏能夠繼續綻放光彩,不被語言變遷所遺忘。

因此，保護和傳承農諺是非常重要的，我們需要採取措施來保存這些語言寶藏，包括記錄和教育，以確保農諺的價值和智慧能夠繼續流傳下去，不被語言變遷所淡忘。

馮國強

二〇二四年四月八日

參考文獻

一　古籍

〔明遺民〕屈大均：《廣東新語》，北京市：北京愛如生數字化技術研究中心據〔清〕康熙庚辰三十九年（1700）水天閣刻本影印，2009年。

二　專書

《中國優秀青少年成長讀本》編寫組編：《青少年科學常識書》，西安市：陝西師範大學出版社，2008年9月。

《海陸豐歷史文化叢書》編纂委員會編著：《海陸豐歷史文化叢書》卷8，民間風俗，廣州市：廣東人民出版社，2013年。

中國農學會編：《新的農業科技革命戰略與對策》，北京市：中國農業科技出版社，1998年12月。

《語海》編輯委員會編：《語海》，上海市：上海文藝出版社，2000年1月。

九天書苑編著：《新編二十四節氣生活宜忌全書》，北京市：中國鐵道出版社，2014年4月。

刁光全：《蒙山話》，南寧市：廣西人民出版社，2016年12月。

上海市農業局、上海市農業科學院、上海市氣象局編：《農業生產技術手冊》，上海市：上海科學技術出版社，1979年4月。

小　粵編：《學說廣州話》，廣州市：廣東旅遊出版社，2013年1月。

鶴山縣民間文學「三套集成」編委會編：《中國民間文學「三套集成」廣東卷鶴山縣資料本》，鶴山縣：鶴山縣民間文學「三套集成」編委會，1989年3月。

中山市人民政府地方志辦公室編：《中山村情》第3卷，廣州市：廣東人民出版社，2018年11月。

中山市民間文學三套集成編委會印：《中山諺語》，中山市：中山市民間文學三套集成編委會印，1988年。

中共廣東省委辦公廳編：《廣東省改良土壤平整土地典型經驗》，北京市：農業出版社，1958年12月。

中國科學院民族研究所廣西少數民族社會歷史調查組編：《睦邊縣那坡人民公社那坡生產大隊僮族社會歷史調查報告》，缺出版資料。

王士均：《長三角農家諺語釋義》，上海市：上海社會科學院出版社，2011年2月。

王永清主編：《內蒙古巴彥淖爾市氣象服務手冊》，北京市：科學普及出版社，2012年1月。

王曉濤、朱吏：《氣韻禾城　嘉興二十四節氣研究》，杭州市：浙江工商大學出版社，2021年8月。

貴州人民出版社編：《農村日用大全》，貴陽市：貴州人民出版社，1982年9月。

上海文化出版社編：《農村實用手冊新編本》，上海市：上海文化出版社，1981年12月。

石　夫編：《不可不知的中華二十四節氣常識》，鄭州市：中原農民出版社，2010年10月。

石柱土家族自治縣文化館編：《石柱民間歌謠》，缺出版社資料，2007年5月。

石道全編：《養魚問答三百題》，南昌市：江西科學技術出版社，1988年4月。

吉林省科學技術協會編：《吉林農諺淺釋》，長春市：吉林人民出版社，1964年8月。

朱振全編：《氣象諺語精選　天氣預報小常識》，北京市：金盾出版社，2012年9月。

朱道明：《平江方言研究》，武漢市：華中師範大學出版社，2009年6月。

江　冰、張瓊主編：《回望故鄉　嶺南地域文化探究》，長沙市：湖南師範大學出版社，2017年1月。

江西省景德鎮市地方志編纂委員會編；林景梧（卷）主編：《景德鎮市志》第1卷，北京市：中國文史出版社，1991年11月。

江泰樂：《綠野文集》，廣州市：廣東省農牧信息學會、廣東農業雜誌編輯部，2009年。

江蘇省建湖縣《物象測天》編寫組編：《物象測天》，北京市：農業出版社，1977年10月。

江蘇省無錫市蠡湖地區規劃建設領導小組辦公室、無錫市太湖文化研究會編：《蠡湖影蹤》，蘇州市：古吳軒出版社，2006年4月。

何文里：《春潮集　湛江農村改革與發展研究（1980-1992）》，廣州市：廣東高等教育出版社，1993年1月。

何春生主編：《熱帶作物氣象學》，北京市：中國農業大學出版社，2006年12月。

何綿山主編：《閩臺區域文化》，廈門市：廈門大學出版社，2004年3月。

何學威編：《中國古代諺語詞典》，長沙市：湖南出版社，1991年5月。

吳天福編：《測天諺語集》，長沙市：湖南人民出版社，1979年。

吳建生、安志偉主編；李中元叢書主編：《漢語語彙的變異與規範研究》，太原市：山西人民出版社，2017年12月。

呂錫祥編：《主要農業害蟲的防治》，北京市：中國青年出版社，1965年3月。

李　菲、甘於恩、謝鎮澤編：《龍門路溪方言詞典》，北京市、西安市：世界圖書出版公司，2020年6月。

李　雲、于亮編：《一葉落而知秋》，呼和浩特市：遠方出版社，2005年12月。

李學德：《農事與民生　農業文選》，廣州市：廣東農業雜誌社、廣東省農牧信息學會，2008年5月。

汪本學、張海天：《浙江農業文化遺產調查研究》，上海市：上海交通大學出版社，2018年6月。

林仲凡：《研究系列之十東北農諺匯釋》，長春市：吉林文史出版社，1992年11月。

林清書、羅美珍、羅滔：《閩西客家方言語詞文化》，北京市、西安市：世界圖書出版公司，2020年6月。

林慧文：《惠州方言俗語評析》，北京市：中國文聯出版社，2004年6月。

河北省保定農業學校主編：《農業氣象》，北京市：農業出版社，1985年6月。

竺可楨著；樊洪業主編；丁遼生等編纂：《竺可楨全集》第2卷，上海市：上海科技教育出版社，2004年7月。

金　鐘編：《實用萬年曆手冊》，瀋陽市：瀋陽出版社，1996年1月。

亮　才、董森主編：《諺海　第2卷　農諺卷2》，蘭州市：甘肅少年兒童出版社，1991年3月。

麥昭慶編注：《三水農諺選注》，三水縣：三水縣科學技術委員會、科學技術協會印，1984年。

胡希張、王東、陳小明主編：《客家山歌大典》下冊，廣州市：廣東人民出版社，2021年7月。

韋有暹、余汝南、陳連寶編：《民間看天經驗》，廣州市：廣東科技出版社，1984年10月。

韋有暹編：《民間看天經驗》，廣州市：廣東科技出版社，1984年10月。

夏　樺等：《晴雨冷暖話豐歉》，北京市：科學普及出版社，1992年10月。

徐蕾如：《廣東二十四節氣氣候》，廣州市：廣東科技出版社，1986年7月。

陳顏玉：《溫州俚語選析》，寧波市：寧波出版社，2016年6月。

浙江省嘉興地區農業學校：《農業昆蟲學》，北京市：農業出版社，1980年2月。

留　明編：《怎樣觀測天氣》上冊，呼和浩特市：遠方出版社，2004年9月。

貢貴訓、于皓：《永州風土謠諺集釋》，蕪湖市：安徽師範大學出版社，2015年9月。

郝　瑞：《解放海南島》，北京市：解放軍出版社，2007年1月。

陝西客家聯誼會編：《陝西客家人》，西安市：太白文藝出版社，2008年10月。

馬建東、溫端政主編：《諺語辭海》，上海市：上海辭書出版社，2017年8月。

馬啟榮：《農村改革實踐與研究》，合肥市：安徽人民出版社，1996年12月。

高埗鎮文學藝術界聯合會編：《風尚高埗　高埗水鄉民俗集粹》，缺出版機構名稱，2013年9月。

國家民委《民族問題五種叢書》編委會編：《當代中國民族問題資料‧檔案匯編：《民族問題五種叢書》及其檔案集成　第5輯：中

國少數民族社會歷史調查資料叢刊　第108卷》，北京市：中央民族大學出版社，2005年12月。

國家科學技術委員會編：《氣候》，北京市：科學技術文獻出版社，1990年11月。

張永錫編纂：《龍江千年回眸　增訂本》，廣州市：廣州出版社，2003年8月。

張明安、涂澤福：《漢水大道　漢水小鎮大道河》，西安市：西北大學出版社，2009年9月。

張芳均、黃桔梅主編：《農業氣象與氣候資源利用》，貴陽市：貴州人民出版社，2005年7月。

張國雄、劉興邦、張運華、歐濟霖：《五邑文化源流》，廣州市：廣東高等教育出版社，1998年8月。

曹廷偉編：《中國諺語集錦》，南寧市：廣西民間文學研究會，1980年8月。

梁光商主編：《水稻生態學》，北京市：農業出版社，1983年8月。

梁偉光編：《客家古邑民俗》，廣州市：華南理工大學出版社，2010年10月。

章振華、王佩興：《無錫傳統風俗》，無錫市：無錫市政協文史資料委員會，1991年12月。

莊初升、丁沾沾：《廣東連南石蛤塘土話》，北京市：商務印書館，2019年。

莊初升：《廣州方言民俗圖典》，北京市：語文出版社，2014年12月。

許以平編：《氣象諺語和氣象病》，上海市：上海科學普及出版社，2000年7月。

陳可偉編：《寧波氣象諺語淺釋》，北京市：光明日報出版社，2019年1月。

陳　　錘編：《白話魚類學》，北京市：海洋出版社，2003年11月。

陳顏玉：《溫州俚語選析》，寧波市：寧波出版社，2016年6月。

麥旺發、麥勝天、張瑞霞編：《黃閣古今》，北京市：中國文史出版社，2006年12月。

麥昭慶編注：《三水農諺選注》，三水縣：三水縣科學技術委員會、科學技術協會印，1984年。

博羅縣科學技術協會編：《水稻栽培技術》，博羅縣：博羅縣科學技術協會，1982年3月。

喬盛西、唐文雅主編、廣州市地方志編纂委員會辦公室、湖北省氣候應用研究所編：《廣州地區舊志氣候史料匯編與研究》，廣州市：廣東人民出版社，1993年9月。

曾昭璇：《廣州歷史地理》，廣州市：廣東人民出版社，1991年5月。頁101。

棗陽市民間文學集成辦公室、棗陽市文化館編：《中國諺語集成　湖北卷　棗陽諺語》，缺出版資料，1990年。

湖南師院、廣東師院、華中師院等生物系合編：《作物保護學　試用教材》下冊，缺出版社資料，1977年2月。

馮秀珍：《客家文化大觀　上》，北京市：經濟日報出版社，2003年7月。

馮林潤：《沙田拾趣》，北京市：中國文聯出版社，2001年3月。

馮國強：《中山市沙田族群的方音承傳及其民俗變遷》，臺北市：萬卷樓圖書公司，2008年8月。

馮國強：《兩廣海南海洋捕撈漁諺輯注與其語言特色和語彙變遷》，臺北市：萬卷樓圖書公司，2020年12月。

馮國強：《廣州黃埔區方音與漁農諺和鹹水歌口承民俗的變遷》，臺北市：萬卷樓圖書公司，2021年8月。

黃金河：《珠海水上人》，珠海市：珠海出版社，2006年10月。

黃劍雲主編；廣東省臺山縣志編輯部編：《臺山通略》，廣東省江門市
　　　地方志學會，1988年。
黃劍雲編：《臺山古今概覽　上》，廣州市：廣東人民出版社，1992年
　　　5月。
楊子靜、蕭卓光主編；廣州市民間文藝家協會、廣州市民間文學三套
　　　集成編委會搜集整理選編：《廣州話熟語大觀》，北京市：中
　　　國文聯出版公司，1998年2月。
楊　石：《嶺南春》，上海市：上海文藝出版社，1979年2月。
溫端政主編：《分類諺語詞典》，上海市：上海辭書出版社，2005年
　　　8月。
葉春生、林倫倫：《潮汕民俗大典》，廣州市：廣東人民出版社，2010
　　　年6月。
葉春生：《廣府民俗》，廣州市：廣東人民出版社，2000年6月。
葉智彰主編：《雲南客家文化研究會會訊》第9期集刊：客家鄉情，昆
　　　明市：雲南客家文化研究會，1998年6月。
農牧漁業幹部培訓班、浙江農業大學班編：《農業氣象》，上海市：上
　　　海科學技術出版社，1985年4月。
農業出版社編輯部編：《中國農諺》，北京市：農業出版社，1980年
　　　5月。
農業出版社編輯部編：《中國農諺》下冊，北京市：農業出版社，
　　　1987年4月。
達觀主編；江西省尋烏縣志編纂委員會編：《尋烏縣志》，北京市：新
　　　華出版社，1996年12月。
熊春錦：《中華傳統節氣修身文化　四時之冬》，北京市：中央編譯出
　　　版社，2017年1月。
趙雙喜編：《粵北壯族歷史文化》，廣州市：廣東人民出版社，2019年
　　　6月。頁117。

劉兆佳主編：《古鎮茶陽》，廣州市：廣東人民出版社，2010年6月。

劉明武著：《中醫十大基礎問題》，長沙市：湖南科學技術出版社，2021年10月。

劉金陵等主編：《中國商業諺語詞典》，北京市：中國統計出版社，1993年。

劉俊編；梅娜副主編：《關注大霧》，北京市：軍事科學出版社，2011年6月。

劉振鐸主編：《諺語詞典 上》，長春市：北方婦女兒童出版社，2002年10月。

增城縣文聯編印：《增城縣民間歌謠、諺語選》，第一集，增城縣：增城縣文聯編印，1988年11月。

廣州市政協學習和文史資料委員會編；葉小帆主編：《廣州文史》第74輯，廣州市：廣州出版社，2010年12月。

廣州市群眾藝術館編：《粵語農諺參考資料》，廣州市：廣州市群眾藝術館，1963年6月。

廣州民間文藝研究會、廣州市群眾藝術館編：《廣州民間成語農諺童謠》，廣州市：廣州民間文藝研究會、廣州市群眾藝術館編印，1963年3月。

廣西玉林。玉林市文學藝術界聯合會編：《玉林民間文學選粹》，桂林市：漓江出版社，2018年12月。

廣西壯族自治區第二圖書館編輯：《廣西氣候史料》，南寧市：廣西壯族自治區第二圖書館，1978年7月。

廣西桂平縣《農村氣象》編寫組編：《農村氣象》，桂平縣：廣西桂平縣《農村氣象》編寫組，1976年9月。

廣東省土壤普查鑑定委員會編：《廣東農諺集》，缺出版社資料，1962年。

廣東省文學藝術界聯合會、廣東省民間文藝家協會編：《廣東民間故事全書　肇慶高要卷》，廣州市：嶺南美術出版社，2010年9月。

廣東省民族研究所、廣東省群眾文化藝術館編：《民族民間藝術研究》第2集，廣州市：廣東人民出版社，1986年5月。

廣東省地理學會科普組主編：《廣東農諺》，北京市：科學普及出版社；廣州分社，1983年2月。

廣東省氣象臺編寫：《廣東民間看天經驗》，廣州市：廣東人民出版社，1966年5月。

廣東省氣象局編寫：《看天經驗》，廣州市：廣東人民出版社，1975年11月。

廣東省湛江市吳川縣。吳川民間文學精選編委會編：《吳川民間文學精選》，廣州市：廣州文化出版社，1989年9月。

廣東省農林水科學技術服務站革命委員會編：《水稻主要病蟲害　防治手冊》，廣州市：廣東人民出版社，1970年11月。

廣東省農業廳糧食生產局編寫：《早稻矮種栽培技術》，廣州市：廣東人民出版社，1965年12月。

廣東省農墾幹校農業植保學習班編：《農業植保講義》，廣東省農墾幹校農業植保學習班，1978年8月。

廣東師院、湖南師院、華中師院生物系合編：《生物學　第2冊　水稻》，缺出版社資料）

潘自華編：《浠水方言詞彙》，黃岡市：浠水縣文化館，2011年11月。

鄧玉倫主編：《大麻風華》，廣州市：廣東人民出版社，2011年12月。

盧景禧：《動物王國和它的居民》，廣州市：廣東科技出版社，1979年2月。

遼寧省教育廳編：《農業知識氣象》，瀋陽市：遼寧人民出版社，1959年7月。

謝如劍編:《大埔客家民俗》,廣州市:廣東人民出版社,2008年10月。
謝振岳編:《嵩江文存　1　嵩江民間文學》,寧波市:寧波出版社,
　　　　2012年4月。
韓湘玲、馬思延編:《二十四節氣與農業生產》,北京市:金盾出版
　　　　社,1991年12月。
羅定市社會科學聯合會編:《羅定歷史藝文選》,北京市:華夏文藝出
　　　　版社,2019年3月。
羅映堂:《慈溪民俗》,寧波市:寧波出版社,2018年7月。
關　宏:《佛山彩燈》,廣州市:廣東人民出版社,2017年10月。
蘇平修；王京瑞主編:《正定縣歌謠諺語卷》第1卷,石家莊市:正定
　　　　縣三套集成編輯委員會,1989年1月。
蘇育生主編；王若嶺等編寫《中華妙語大辭典》,西安市:陝西人民
　　　　教育出版社,1990年11月。
蘇易編:《雪災防範與自救》,石家莊:河北科學技術出版社,2013年
　　　　5月。
鍾偉今主編:《浙江省民間文學集成　湖州市歌謠諺語卷》,杭州市:
　　　　浙江文藝出版社,1991年7月。
饒玖才:《十九及二十世紀的香港漁農業傳承與轉變　下冊:農業》,
　　　　香港:天地圖書有限公司,2015年4月。
鶴山縣民間文學「三套集成」編委會編:《中國民間文學「三套集成」
　　　　廣東卷　鶴山縣資料本》,鶴山縣:鶴山縣民間文學「三套
　　　　集成」編委會,1989年3月。

三　新方志

《平南縣志》編纂委員會編:《平南縣志》,南寧市:廣西人民出版社,
　　　　1993年9月。

《東莞市厚街鎮志》編纂委員會編：《東莞市厚街鎮志》，廣州市：廣東人民出版社，2015年1月。

《容縣志》編纂委員會編：《容縣志》，南寧市：廣西人民出版社，1993年6月。

《桂平縣志》編纂委員會編：《桂平縣志》，南寧市：廣西人民出版社，1991年8月。

《蒙山縣志》編纂委員會編：《蒙山縣志》，南寧市：廣西人民出版社，1993年6月。

《蓮下鎮志》編纂委員會編：《蓮下鎮志》，廣州市：廣東人民出版社；廣東省出版集團，2011年12月。

上海市嘉定區《唐行志》編寫組編：《唐行志》，上海市：上海社會科學院出版社，1996年。

山東省鄆城縣史志編纂委員會編：《鄆城縣志》，濟南市：齊魯書社，1992年11月。

《中山市三角鎮志》編纂委員會編：《中山市三角鎮志》，廣州市：廣東人民出版社，2018年12月。

《中山市民眾鎮志》編纂委員會編：《中山市民眾鎮志》，廣州市：廣東人民出版社，2018年7月。

中山市沙溪鎮人民政府編：《沙溪鎮志》，廣州市：花城出版社，1999年6月。

《中山市阜沙鎮志》編纂委員會編：《中山市阜沙鎮志》，廣州市：廣東人民出版社，2018年5月。

仁化縣地方志編纂委員會編：《仁化縣志》，北京市：方志出版社，2014年4月。

王德全主編；宜春市地方志編纂委員會編：《江西省宜春市志》，海口市：南海出版公司，1990年9月。

全州縣志編纂委員會編；唐楚英主編：《全州縣志》，南寧市：廣西人民出版社，1998年5月。

朱健偉、陳洪光主編；吉陽鎮志編纂委員會《福建省建甌市　吉陽鎮志》，建甌市：建甌市宏發彩印廠，1999年8月。

謝　軍總纂；朱祥清、范銀飛、劉斌副總纂；《江西省氣象志》編纂委員會編：《江西省志　2　江西省行政區劃志》，北京市：方志出版社，1997年7月。

江門市地方志編纂委員會編：《江門市志（1979-2000）》下冊，北京市：方志出版社，2011年12月。

佛山市南海區文化廣電新聞出版局編：《南海市文化藝術志》，廣州市：廣東經濟出版社，2008年5月。

李德復、陳金安主編：《湖北民俗志》，武漢市：湖北人民出版社，2002年1月。

乳源瑤族自治縣地方志編纂委員會編：《乳源瑤族自治縣志》，廣州市：廣東人民出版社，1997年12月。

卓朗然主編；邵武市地方志編纂委員會編：《邵武市志》，北京市：群眾出版社，1993年9月。

周日健：《新豐方言志》，廣州市：廣東高等教育出版社，1990年12月。

東莞市道滘鎮志編纂委員會編：《東莞市道滘鎮志》，北京市：方志出版社，2019年6月。

河源縣地方志編纂委員會編：《河源縣志》，廣州市：廣東人民出版社，2000年5月。

長興縣志編纂委員會編：《長興縣志》，上海市：上海人民出版社，1992年1月。

信宜縣地方志編纂委員會編：《信宜縣志》，廣州市：廣東人民出版社，1993年12月。

姚瑞琪主編；江西省廣昌縣縣志編纂委員會編：《廣昌縣志》，上海市：上海社會科學院出版社，1994年12月。

英德縣地方志編纂委員會編：《英德縣志》，廣州市：廣東人民出版社，2006年9月。

茂名市地方志編纂委員會編：《茂名市志　上》，北京市：生活‧讀書‧新知三聯書店，1997年10月。

倪金龍主編；上海市嘉定區封濱鎮修志領導小組編：《封濱志》，上海市：上海社會科學院出版社，1994年6月。

夏老長主編；南豐縣地方志編纂委員會編：《南豐縣志》，北京市：中共中央黨校出版社，1994年10月。

恩平縣地方志編纂委員會編：《恩平縣志》，北京市：方志出版社，2004年6月。

馬邊彝族自治縣地方志編纂委員會編：《馬邊彝族自治縣志》，成都市：成都科技大學出版社，1994年11月。

高要縣地方志編纂委員會編：《高要縣志》，廣州市：廣東人民出版社，1996年9月。

高鶴縣志編修委員會編：《高鶴縣志》第6編：附篇初稿，高鶴縣：高鶴縣志編委員會，1960年8月。

張德金主編；上饒縣縣志編纂委員會編：《上饒縣志》，北京市：中共中央黨校出版社，1993年10月。

曹光亮主編；《安源區志》編纂委員會編：《安源區志》，北京市：方志出版社，2006年6月。

梧州市地方志編纂委員會編：《梧州市志　文化卷》，南寧市：廣西人民出版社，2000年8月。

清新縣地方志編纂委員會編：《清新縣志（1988-2005）》，廣州市：廣東人民出版社，2012年2月。

連南瑤族自治縣地方志編纂委員會編：《連南瑤族自治縣縣志》，廣州市：廣東人民出版社，1996年8月。

陳元珂主修：《臺山縣志》，臺山縣志編輯部，1991年8月。

曾培德主編；四會縣地方志編纂委員會編：《四會縣志》，廣州市：廣東人民出版社，1996年10月。

湖北省漢川縣地方志編纂委員會編纂：《漢川縣志》，北京市：中國城市出版社，1992年8月。

湖南省懷化市編纂委員會編：《懷化市志》，北京市：生活・讀書・新知三聯書店，1994年9月。

紫金縣地方志編纂委員會編：《紫金縣志》，廣州市：廣東人民出版社，1994年12月。

貴州省大方縣地方志編纂委員會編：《大方縣志》，北京市：方志出版社，1996年9月。

賀州市地方志編纂委員會編：《賀州市志 下》，南寧市：廣西人民出版社，2001年8月。

陽春市地方志編纂委員會編：《陽春市志（1979-2000）》，廣州市：廣東人民出版社，2013年12月。

雲垌村志編纂委員會編寫；鄧希文主編：《雲垌村志》，桂林市：漓江出版社，2019年9月。

黃仁夫、黃仲楫編寫：《臺山縣志1963年編》，臺山市：臺山市檔案館；原臺山縣志編寫組，2000年9月。

黃式國主編；萍鄉市志編纂委員會編：《萍鄉市志》，北京市：方志出版社，1996年8月。

新會縣地方志編纂委員會：《新會縣志》，廣州市：廣東人民出版社，1995年10月。

新興縣地方志編纂委員會編：《新興縣志》，廣州市：廣東人民出版社，1993年12月。

新興縣地方志編纂委員會編：《新興縣志（1979-2000）》，廣州市：廣東人民出版社，2012年10月。
筠連縣縣志編纂委員會編：《筠連縣志》，成都市：四川科學技術出版社，1998年12月。
寧南縣志編纂委員會編：《寧南縣志》，成都市：成都科技大學出版社，1994年11月。
熊第恕主編：《江西省氣象志》，北京市：方志出版社，1997年7月。
肇慶市端州區地方志編纂委員會編：《肇慶市志》，廣州市：廣東人民出版社，1996年10月。
臺山縣地方志編纂委員會編：《臺山縣志》，廣州市：廣東人民出版社，1998年12月。
韶關市地方志編纂委員會編：《韶關市志》下冊，北京市：中華書局，2001年7月。
鳳鳴街道志編委會編：《鳳鳴街道志》，北京市：方志出版社，2017年12月。
廣州市白雲區人和鎮政府編：《廣州市白雲區人和鎮志》，人和鎮：廣州市白雲區人和鎮政府，1997年。
廣州市白雲區蘿崗鎮人民政府修編：《廣州市白雲區蘿崗鎮志》，廣州市：廣州市白雲區地方志辦公室，2001年。
廣州市地方志編纂委員會編：《廣州市志》卷8，廣州市：廣州出版社，1996年1月。
廣州市地方志編纂委員會編纂：《廣州市志》卷17：社會卷，廣州市：廣州出版社，1998年2月。
廣州市越秀區礦泉街瑤臺村王聖堂經濟合作社編：《王聖堂村志》，廣州市：廣州出版社，2018年12月。
廣州市黃埔區大沙鎮地方志編纂委員會編：《大沙鎮志》，北京市：中華書局，2008年6月。

《昭平縣志》編纂委員會編：《昭平縣志》，南寧市：廣西人民出版社，1992年11月。

廣東省土壤普查鑒定土地利用規劃委員會編：《廣東農業土壤志》，廣東省土壤普查鑒定土地利用規劃委員會，1962年10月。

德慶縣地方志編纂委員會編：《德慶縣志》，廣州市：廣東人民出版社，1996年7月。

潁上縣地方志編纂委員會編：《潁上縣志》，合肥市：黃山書社，1995年7月。

潮州市地方志編纂委員會編：《潮州市志》上冊，廣州市：廣東人民出版社，1995年8月。

鄧汝強主編：《鴉崗風物志》，廣州市：廣東經濟出版社，2013年8月。

興寧縣地方志編修委員會編：《興寧縣志》，廣州市：廣東人民出版社，1992年4月。

蕉嶺縣地方志編纂委員會編：《蕉嶺縣志》，廣州市：廣東人民出版社，1992年10月。

蕭　亭主編、廣東省地方史志編纂委員會編：《廣東省志　風俗志》，廣州市：廣東人民出版社，2002年8月。

賴為傑主編：《沙井鎮志》編纂委員會編：《沙井鎮志》，長春市：吉林攝影出版社，2002年6月。

霍山縣地方志編纂委員會編：《霍山縣志》，合肥市：黃山書社，1993年9月。

黔東南苗族侗族自治州地方志編纂委員會編：《黔東南州志農業志》，貴陽市：貴州人民出版社，1993年12月。

龍川縣《佗城鎮志》編纂委員會編：《佗城鎮志》，龍川縣《佗城鎮志》編纂委員會，2005年2月。

龍門縣地方志編纂委員會編：《龍門縣志（1979-2000）》，廣州市：廣東人民出版社，2011年12月。

龍門縣地方志編纂委員會編：《龍門縣志》，北京市：新華出版社，
　　　1995年9月。
繆復元等編：《鄞縣水利志》，南京市：河海大學出版社，1992年12月。
簡陽縣禾豐區公所編：《簡陽縣禾豐區區志》，缺出版資料，1985年
　　　5月。
魏建平、藍師龍主編：《宜黃縣志》，西安市：三秦出版社，2008年7
　　　月，頁577。
隴縣地方志編纂委員會編：《隴縣志》，西安市：陝西人民出版社，
　　　1993年12月。

四　文史資料

中國人民政治協商會議四川省綿陽市委員會文史資料研究委員會：
　　　《綿陽市文史資料選刊》第6輯，綿陽市：政協四川省綿陽
　　　市委員會文史資料委員會，1990年11月。
中國人民政治協商會議西充縣委員會文史資料研究委員會：《西充文
　　　史資料選輯》第5輯，南充區：四川省西充縣政協文史資料
　　　工作委員會，1986年10月。
中國人民政治協商會議徐聞縣委員會編：《徐聞文史》第19輯，缺出
　　　版資料。
中國人民政治協商會議廣東省梅州市文史資料委員會編：《梅州文史》
　　　第1輯，廣州市：廣東梅縣印刷包裝工藝廠，1989年3月。
四會縣政協《四會文史》編輯組：《四會文史》第3輯，四會縣：四會
　　　縣政協文史組，1986年9月。
光澤中國人民政治協商會議福建省光澤縣委員會文史資料研究委員
　　　會：《光澤文史資料》第13輯，缺出版資料，1993年9月。

政協三水縣委員會文史組、三水縣文學藝術工作者聯合會合編:《三水文史》第3-4期,三水縣:政協三水縣委員會文史組;三水縣文學藝術工作者聯合會,1982年12月。

政協宜山縣委員會宜山縣志編纂委員會:《宜山文史》1988年總第2輯,政協宜山縣委員會宜山縣志編纂委員會,1988年3月。

新會縣政協文史資料研究工作組編:《新會文史資料選輯》第29輯,新會縣:新會縣政協文史資料,1988年5月。

五　諺語集成

中國民間文學集成全國編輯委員會,中國民間文學集成廣東卷編輯委員會,林澤生本卷主編;馬學良主編:《中國諺語集成　廣東卷》,北京市:中國ISBN中心,1997年7月。

中國民間文學集成全國編輯委員會、中國民間文學集成上海卷編輯委員會編:《中國諺語集成　上海卷》,北京市:中國ISBN中心,1999年9月。

平潭縣民間文學集成編委會編:《中國諺語集成　福建卷:平潭縣分卷》,平潭縣民間文學集成編委會,1990年12月。

武平縣民間文學集成編委會編:《中國諺語集成　福建卷:武平縣分卷》,武平縣民間文學集成編委會,1993年1月。

中國民間文學集成全國編輯委員會、中國民間文學集成廣西卷編輯委員會編:《中國諺語集成　廣西卷》,北京市:中國ISBN中心,2008年2月。

鍾瓊奎主編;傅忠謀、張炳勳副主編:《中國諺語集成　福建卷:建寧縣分卷》,建寧縣民間文學集成編委會,1991年10月。

中國民間文學集成全國編輯委員會、中國民間文學集成江蘇卷編輯委

員會編：《中國諺語集成　江蘇卷》，北京市：中國ISBN中心，1998年12月。
中國民間文學集成全國編輯委員會、中國民間文學集成浙江卷編輯委員會編：《中國諺語集成　浙江卷》，北京市：中國ISBN中心，1995年10月。
中國民間文學集成全國編輯委員會、中國民間文學集成雲南卷編輯委員會編：《中國諺語集成　雲南卷》，北京市：中國ISBN中心，2002年2月。

六　年鑑

《北川年鑒》編纂委員會編：《北川年鑒（1988-1997）》，成都市：巴蜀書社，1999年10月。

七　學報、期刊

何婉萍：〈廣州話農諺初探〉，《商丘職業技術學院學報》卷12第6期，商丘市：商丘職業技術學院學報編輯，2013年12月。
陳雄根〈廣州話ABB式形容詞研究〉，《中國語文通訊》第58期，2001年6月。
鄒德和、楊琴、戴小景、高永紅、李平：〈氣象日曆的創意設計與製作──以固原市氣象日曆為例〉，《江西農業學報》卷24第9期，南昌市：江西省農業科學院，2012年。
謝雲勝：〈祁門縣油茶林分類型經營技術探討〉，《安徽林業科技》第一期，合肥市：安徽林業科技編委會，2018年。

語言文字叢書 1000024

珠三角阡陌間口頭文學田經與其語言特色

作　　者	馮國強
責任編輯	林以邠
特約校對	林秋芬
發 行 人	林慶彰
總 經 理	梁錦興
總 編 輯	張晏瑞
編 輯 所	萬卷樓圖書股份有限公司
封面設計	黃筠軒
排　　版	林曉敏
印　　刷	百通科技股份有限公司
發　　行	萬卷樓圖書股份有限公司

臺北市羅斯福路二段 41 號 6 樓之 3
電話 (02)23216565
傳真 (02)23218698
電郵 SERVICE@WANJUAN.COM.TW

香港經銷　香港聯合書刊物流有限公司
電話 (852)21502100
傳真 (852)23560735

ISBN 978-626-386-194-7
2024 年 12 月初版
定價：新臺幣 380 元

如何購買本書：
1. 轉帳購書，請透過以下帳戶
　合作金庫銀行　古亭分行
　戶名：萬卷樓圖書股份有限公司
　帳號：0877717092596
2. 網路購書，請透過萬卷樓網站
　網址 WWW.WANJUAN.COM.TW

大量購書，請直接聯繫我們，將有專人為您服務。客服：(02)23216565 分機 610

如有缺頁、破損或裝訂錯誤，請寄回更換
版權所有・翻印必究
Copyright©2024 by WanJuanLou Books CO., Ltd.
All Rights Reserved　　　Printed in Taiwan

國家圖書館出版品預行編目資料

珠三角阡陌間口頭文學田經與其語言特色/馮國強著. -- 初版. -- 臺北市 : 萬卷樓圖書股份有限公司, 2024.12
　面； 　公分. -- (語言文字叢書 ; 1000024)
ISBN 978-626-386-194-7(平裝)
1.CST: 諺語　2.CST: 農業　3.CST: 聲韻　4.CST: 中國

539.92　　　　　　　　　　　　113016245